LA VIE & LES ŒUVRES

DE

JACQUES BERRIAT SAINT-PRIX

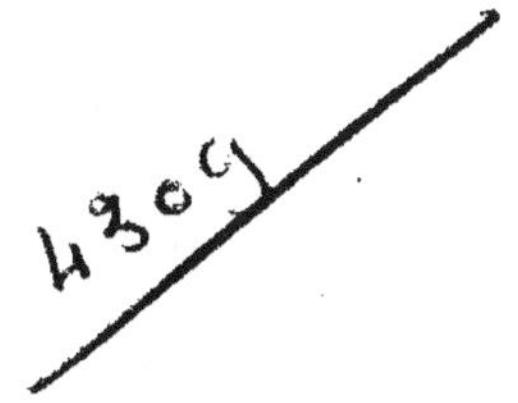

NOTICE

SUR LA VIE ET LES ŒUVRES

DE

JACQUES BERRIAT SAINT-PRIX

ANCIEN PROFESSEUR DES FACULTÉS DE GRENOBLE ET DE PARIS

ANCIEN MEMBRE DE L'INSTITUT

PAR

Henri LAURAIN

Docteur en droit

Lauréat de l'Académie de Législation de Toulouse, Concours de 1884 et de 1885

MÉMOIRE COURONNÉ PAR L'ACADÉMIE DE LÉGISLATION DE TOULOUSE

A SON CONCOURS DE 1885

PARIS

A. DURAND ET PEDONE-LAURIEL, ÉDITEURS

Libraires de la Cour d'appel et de l'Ordre des Avocats

G. PEDONE-LAURIEL, Successeur

13, rue Soufflot, 13

1889

INTRODUCTION

Peu de temps après la révolution française, tandis qu'une société nouvelle venait de s'élever sur les ruines du monde ancien, il fallait calmer les passions et rassurer les esprits. C'était une mission à la fois pénible et délicate à laquelle les hommes intelligents et éclairés de l'époque devaient tous coopérer dans la limite de leurs ressources intellectuelles et de leurs moyens d'action.

Comment prouver que la rupture avec le passé n'était et ne pouvait être aussi radicale que certains novateurs aimaient à le penser? Qui pouvait prendre sur soi de mener à bien une entreprise aussi hardie? En présence de cette difficulté de trouver quelqu'un qui pût servir de trait d'union entre un passé, objet de la réprobation, et un avenir, qui était l'inconnu, la devise du poëte italien : *Vous qui entrez ici perdez tout espoir*, semblait pleinement justifiée. Il surgit alors un guide intègre et impartial, qui jeta les fondements de l'interprétation des lois. Elevé dans le sein des vieilles universités françaises, il put mieux que tout autre faire comprendre les bienfaits de cette révolution et éclairer sur ses conséquences.

Ce guide fut Berriat Saint-Prix dont la doctrine est devenue depuis si féconde en déductions au point de vue de la science du droit. Destiné à porter la lumière au milieu de ce dédale d'obscurités tant par ses aptitudes particulières que par ses études de prédilection, ce savant jurisconsulte avait entrevu que, dans la vie des peuples, les mêmes causes produisaient souvent les mêmes effets et que l'étude de l'Histoire devait être une précieuse ressource pour l'enseignement du droit. De ceux qui condamnaient l'esprit de routine des siècles précédents, il ne dédaigna pas de s'oc-

cuper de Procédure civile et, pour rester fidèle aux principes de nos anciens auteurs, il soutint dignement avec Pigeau, Carré et Thomine-Desmasures l'honneur de ses devanciers.

La publication de ce *Cours de Procédure*, si estimé qu'il
attira sur lui l'attention, fut suivie peu après d'un *Cours de
Droit criminel* fait sur le même plan et avec les mêmes
soins. L'un et l'autre de ces ouvrages, qui lui avaient assuré la première place parmi les praticiens, avaient encore
ajouté à cette réputation de science acquise et de persévérance dans le travail devant laquelle chacun aimait à s'in-
cliner. Néanmoins, soit que l'époque à laquelle il a vécu
n'ait pu se rendre un compte exact des déductions à tirer
des principes par lui posés, soit que l'effervescence des
temps de transition au milieu desquels il s'est trouvé n'ait
pas permis de juger, suivant son mérite réel, le savant jurisconsulte dont nous avons à nous occuper, nous consta-
terons avec regret qu'il est resté presque dans l'oubli. Et
quelque effort que nous fassions pour l'en tirer nous ne
réussirons certainement pas à le faire considérer comme
une personne dont le mérite méconnu doit recevoir un
hommage d'autant plus éclatant qu'il est plus tardif.

Au moment du reste où cette si noble carrière a pris fin,
on pouvait considérer que les deux biographies, que nous
avons de lui, se complétaient l'une l'autre et que pour le
moment où elles avaient vu le jour, elles suffisaient au but
à atteindre. Mais aujourd'hui que la science, dont il a guidé
les premiers pas, a atteint un certain degré de perfection,
il ne nous semble pas que cet homme, dont le souvenir est
cher à ceux qui ont le respect de la science, puisse être étudié seulement pour rappeler avec soin et mettre à leur
place les diverses particularités de son existence si bien
remplie [1]. Selon nous, l'auteur qui nous le dépeint comme
un [modèle d'érudition, de patriotisme et de dévouement

---

[1] Notice sur la vie et les travaux de J. Berriat Saint-Prix, par M. Taillandier. Paris, Duverger 1846, in-8, 36 p.

aurait pu orner le portrait qu'il nous en fait d'un cadre plus simple et plus étendu. C'eût été le moyen d'éviter une appréciation peut-être un peu générale, où la modestie et la simplicité de Berriat Saint-Prix eût été mieux en relief[1].

Comme il ne nous appartient pas de dire que nous avons essayé de rien faire de ce genre, nous nous contenterons de présenter notre travail comme une tentative dont le but est d'indiquer comment les œuvres de notre éminent professeur se sont si rapidement succédé, d'examiner ses œuvres juridiques et, parmi celles-ci, celles qui paraissent les plus intéressantes et enfin d'apprécier en terminant sa doctrine et ses conséquences. Pour cela nous aurons à passer en revue les œuvres de cet écrivain et à signaler ses plus importantes monographies relatives à la science du droit, tout en ayant soin de rappeler son histoire du Droit romain et celle de Cujas. Cette première partie terminée nous tâcherons de caractériser d'après l'examen de l'histoire de Cujas la méthode développée par ce grand jurisconsulte en l'opposant à celles des écoles rivales de la science. Nous concluons enfin en marquant par des traits généraux l'influence de son enseignement sur le progrès des études historiques du Droit en France et en Europe.

Notre travail est divisé en trois chapitres dont le premier intitulé : *De la vie et des œuvres de Berriat Saint-Prix et en particulier de ses œuvres historiques* est consacré au récit de sa vie et aux diverses productions de son esprit. C'est avec intention que nous y avons souligné tout ce qui a trait à l'étude du droit car la renommée, qu'il sut se faire comme jurisconsulte, a contribué, selon nous, autant que sa rare activité, au nom qu'il parvint à se faire dans les autres travaux. Aussi après avoir rapporté l'appréciation de ses traités de Procédure civile et de Droit criminel, ainsi que la judicieuse critique qu'il a faite des répertoires

---

[1] Notice sur la vie et les œuvres de J. Berriat Saint-Prix, par M. Duchesne, Grenoble. Baratier, 1847, in-8, 23 p.

de jurisprudence et en particulier de Merlin, nous avons passé à l'examen de ses œuvres historiques.

Le résumé, que nous en donnons, paraîtra sans doute un peu long, mais, du moins, il pourra éviter la peine de les lire, si nous avons été assez heureux pour montrer les immenses recherches que ces travaux ont nécessité et faire voir que de cette œuvre date une sorte de reconstitution de l'enseignement du Droit Romain. Il importe d'ailleurs qu'aujourd'hui les élèves sachent ce qu'ils doivent à l'éminent professeur, que nous allons étudier et qui s'est tant occupé d'eux, pour qu'en l'entendant citer ils soient de suite familiarisés avec sa doctrine, ses conséquences et son origine primordiale. En associant ainsi dans leur pensée Cujas qu'ils ne connaissent que de fort loin et pour ainsi dire que de réputation, et Berriat, le propagateur de sa doctrine, le souvenir du premier leur évitera de manquer de mémoire pour le second. C'est d'ailleurs le plus sûr moyen de les faire juger chacun suivant leur mérite. Nous sommes du reste persuadés que notre savant jurisconsulte ne nous a fait faire connaissance avec Cujas que pour mieux nous prouver qu'il n'entendait rien lui disputer de sa gloire. En nous mettant ainsi sous les yeux l'existence du prince des jurisconsultes dans tous ses détails, il nous a fait voir de quel profond respect il savait entourer le mérite. A nous donc de profiter de cette leçon comme de tant d'autres qu'il nous a données et de lui témoigner tout le respect auquel il a droit.

Ce serait d'ailleurs un grand tort de ne pas considérer la justice à rendre aux sérieuses qualités de l'historien de Cujas comme une dette légitime à acquitter envers lui. Cet homme, si digne de sympathie, qui ne savait dissimuler la modestie, qui lui allait si bien, que pour en faire un plus noble usage au profit de la science comme au profit de son pays, était un de ces rares caractères qu'il était nécessaire de dépeindre avec cette attitude loyale et sincère dont tous ses actes portaient l'empreinte.

Humble écho de la douleur que sa mort a pu susciter, nous avons jugé que c'était une suite naturelle de nos investigations, pour ce qui le regarde, de joindre au récit de certaines particularités de sa vie celui des circonstances qui ont précédé et suivi son admission à l'Académie des sciences morales. Si nous n'avons pu réussir à faire honorer en lui la personne qui, durant toute sa vie, a été l'esclave du devoir, nous aurons du moins fait nos efforts pour le faire connaître en reproduisant les discours prononcés sur sa tombe.

Le chapitre deuxième qui porte pour titre : *De sa méthode, de ses plus importantes monographies relatives à la science du droit et de ses travaux en général*, traite de sa méthode, et de son enseignement et des données sur lesquelles elle s'appuie. Grâce à lui l'histoire du droit sera une science qui, à l'aide de la critique, c'est-à-dire de la philosophie, va triompher de bien des difficultés. Berriat, au courant de l'évolution que la science du droit avait faite dans le sens de l'école historique, a posé en principe qu'il fallait éclairer les lois par l'histoire.

Le moment était d'autant mieux choisi que la révolution ayant fait table rase du passé il fallait se préoccuper de l'interprétation des lois nouvelles. Cette pensée qui avait inspiré ses travaux sur le Droit romain lui avait suggéré l'idée d'une histoire du Droit français. Mais malheureusement elle ne nous est connue que par le titre dont la préface de son histoire du Droit romain fait mention. Quoi qu'il en soit, le principe était posé, ce qui a suffi pour permettre d'en tirer les conséquences. Aussi maintenant nous devons voir dans Berriat non seulement celui qui a répandu la doctrine de Cujas mais encore le jurisconsulte, l'homme d'initiative qui en a fait le premier l'application à nos lois.

Il nous a semblé utile de caractériser cette doctrine afin d'éviter la confusion et permettre de bien saisir le rôle de l'historien de Cujas comme jurisconsulte et comme professeur. Sous ce rapport c'est l'autorité attachée à son nom et à sa méthode que nous avons voulu envisager.

Nous avons ici à faire un aveu, c'est qu'à ce point de vue comme à bien d'autres nous avons complété ou pour mieux dire commencé notre instruction. Les œuvres de Berriat sont si variées qu'il ne nous a pas paru être de trop, après l'examen de certaines monographies sur la science du droit, de passer une revue rapide de ses écrits comme économiste et agriculteur, comme historien et antiquaire, comme littérateur et académicien et enfin comme éditeur et commentateur de Boileau. Il eût peut-être mieux valu nous abstenir que de traiter superficiellement et à la légère comme nous l'avons fait des travaux solides et sérieux qui ont fait époque dans la carrière de l'auteur. Mais, tenté de faire de la littérature et de compléter notre tâche par l'examen des traits de cet esprit si fin qui n'a jamais quitté notre savant professeur et lui permettait de donner de l'intérêt à tout ce dont il croyait devoir s'occuper, nous n'avons pas su résister.

Le chapitre troisième qui s'occupe *Des écoles rivales de l'école historique et de l'influence de son enseignement sur le progrès des études historiques du droit tant en France qu'en Europe* est destiné à l'examen des diverses écoles de jurisconsultes qui se trouvaient en présence au moment où l'historien de Cujas a jeté les fondements de sa théorie. Cet examen, que nous avons dû faire précéder de l'exposé rapide des travaux des jurisconsultes français, nous conduit à nous demander à quelle école nous devons donner la préférence.

A l'appui de la conclusion, que nous devons naturellement tirer, que l'école historique est celle qui réunit le plus grand nombre de suffrages, nous croyons devoir faire remarquer que le passé n'est pas plus à dédaigner maintenant qu'il ne l'était autrefois. Nous serions sans ramifications dans le passé, le présent n'aurait aucune relation avec l'avenir et l'histoire serait à la fois sans utilité et sans intérêt. Et si, pour interpréter les lois, on devait se renfermer dans la contemplation du présent, il est une multitude de faits qui seraient inexplicables. Comment en effet pourrait-on connaître l'origine des lois? On arriverait à nier nécessairement que le présent d'un peuple soit lié à son avenir, ainsi que la communauté de destinée entre ce même peuple et sa législation. Or, comme il est incontestable que les lois sont devenues telles après avoir été des coutumes et qu'elles ont acquis force de loi par suite du développement moral des peuples au milieu desquels elles ont pris naissance, on ne peut sérieusement affirmer que le présent est sans rapport avec le passé comme sans lien avec l'avenir. Depuis que la France existe, toutes les fois qu'elle a remporté des victoires et obtenu des succès pour ses armes, sa législation a brillé d'un nouvel éclat. Nous pouvons donc dire que les grands hommes qui ont participé à la restauration de la société française ont été par là même les rénovateurs de la législation.

Nous n'avons donc pas à répudier le riche héritage social et juridique de nos pères, puisque nos législateurs eux-mêmes ne l'ont pas répudié. Le passé fait donc partie de nos codes et pour les bien comprendre, nous devons étudier le passé. L'histoire en effet n'est pas seulement le récit des faits et des événements ; elle est aussi celui du développement de nos lois et de nos institutions. Elle est comme une sorte de flambeau à la lumière duquel on doit étudier le droit si on veut l'étudier avec fruit.

C'est par cette démonstration que nous avons cru devoir finir en insistant particulièrement sur les liens qui rattachent l'étude du droit à la philosophie, à l'histoire, à l'économie politique, car c'est là un ensemble d'études, qui nous met à même de bien saisir l'ensemble de nos lois fondamentales. De la sorte il est facile de voir que la méthode actuelle, née de la doctrine de Berriat, constitue une sorte de révolution dans l'enseignement du droit dont l'importance n'échappe à personne et qui promet d'être féconde en résultats dans l'avenir.

CHAPITRE PREMIER

DE LA VIE ET DES ŒUVRES DE BERRIAT SAINT-PRIX ET DE
SES ŒUVRES HISTORIQUES EN PARTICULIER.

De tous les contemporains de l'homme éminent, dont
nous allons essayer d'écrire la vie et d'apprécier les ouvrages, il en est peu qui ait poussé aussi loin que lui l'a-
mour de la science et le désir de s'instruire. Doué d'une
ardeur infatigable pour la méditation et l'étude, Berriat
Saint-Prix fut un homme d'un haut mérite comme jurisconsulte et comme littérateur. Si nous le voyons siéger, de
bonne heure, à la Société des Antiquaires de France où il
se fait remarquer par son dévouement aux intérêts de cette
compagnie autant que par son assiduité aux séances, nous
pouvons nous étonner à juste titre, qu'un homme, dont les
vues sur la législation répondaient à l'élévation et à la ma-
turité de son esprit, n'ait pas fait plus tôt son entrée à
l'Institut où des travaux utiles et des recherches consciencieuses le rendaient digne de tenir sa place. Tant de mérite, de difficultés surmontées, un patriotisme ferme et
éclairé, tant et de si belles vertus publiques et privées,
tant de services rendus à l'enseignement doivent sinon ef-
frayer du moins rendre hésitant, celui qui, malgré son insuffisance, ose les rappeler même à grands traits. Ne se
tient pas qui veut à la hauteur de son sujet !

Né à Grenoble le 22 septembre 1769 [1] d'un père qui était

---

[1] Suivant Rochas, auteur d'une biographie du Dauphiné en 2 vol. comme suivant M. Taillandier, Berriat serait né à Grenoble le 22 septembre
1768. M. Duchesne au contraire fixe la date de sa naissance au 12 septembre 1769.

procureur au baillage de cette ville, Jacques Berriat Saint-Prix appartenait par sa mère à une famille de magistrats.[1] Esprit droit et précis, ses parents par le genre d'éducation qu'ils lui donnèrent n'eurent que peu de peine à développer ses aptitudes naturelles afin d'en faire un jurisconsulte comme c'était son désir. Il avait d'ailleurs un goût très prononcé pour la littérature.

Placé au collège Dauphin qui était le principal établissement d'instruction publique de Grenoble, le jeune Berriat y fit toutes ses études. Durant son séjour au collège il ne cessa de s'y faire remarquer comme un élève laborieux et intelligent. On ajoute même que, dans un moment où il lui était interdit de travailler à la lumière à cause d'un mal d'yeux, il trouva le moyen, afin de satisfaire sa passion pour le travail, de tromper la surveillance de sa mère et de lire le soir à la clarté vacillante de la lune.

A sa sortie du collège, Berriat pensa à étudier le droit. Dans ce but il se mit à suivre le cours de Benoit Pal, avocat distingué devenu depuis professeur à l'école de droit et recteur de l'Académie de Grenoble. A cette époque les universités d'Orange[2] et de Valence, les seules qui existassent

[1] M. Trousset, le frère de sa mère, est mort doyen des conseillers de la Cour royale de Grenoble.

[2] L'université d'Orange fut fondée par Raymond V en 1365. Celle de Valence dut sa création au dauphin Humbert II en 1339 dans la ville de Grenoble. Transférée en 1454 à Valence elle devint la 10e par ordre de date tandis que celle d'Orange était la septième. Voici l'ordre de leur établissement : 1º celle de Toulouse en 1229 par une bulle de Grégoire IX. 2º Celle de Montpellier créée en 1289 fut confirmée par François Ier en 1537; 3º Orléans fut établie en 1305 par Clément V, et confirmée par Philippe le-Bel; 4º celle d'Angers date de 1364, sous Charles V; 5º L'université de Dôle, établie en 1422 par Philippe-le-Bon, fut transférée à Besançon en 1676 ; 6º celle de Poitiers, créée par Grégoire IV fut confirmée en 1431 ; 7º celle de Caen date de l'occupation anglaise en 1436 ; 8º celle de Nantes, établie à la prise du dernier duc de Bretagne par le pape Pie II, remonte à 1460 ; 9º celle de Bourges a été fondée en 1465 ; 10º celle de Bordeaux doit sa fondation à Louis XI en 1472 ; 11º celle de Reims date de 1548 ; 12º celle de Douai a été créée par les Espagnols en 1572 ; 13º celle de Pau est de 1722 et celle de Nancy de 1769. Celle de Paris, la plus ancienne, date de 1200. Toutes ces universités, à l'exception de celles de

dans le Dauphiné étaient délaissées et dans un état d'abandon absolu. Par suite de leur nullité malheureusement si évidente, les jeunes gens de Grenoble, qui voulaient embrasser la carrière du barreau, aimaient mieux suivre les cours volontaires de jurisconsultes habiles de ce pays que d'aller passer leur temps en pure perte dans l'une des deux universités de la province. Quoi qu'il en soit, notre jeune étudiant fut obligé d'aller prendre ses grades à Orange.

Il est regrettable qu'on ne puisse plus entendre de sa bouche le récit piquant et spirituel qu'il faisait de sa réception comme bachelier en droit au mois d'octobre 1787. On l'aurait entendu qu'on se serait mieux représenté que nous ne saurions les peindre nous-même les usages de ce temps où les examinateurs étaient aussi heureux de recevoir les candidats aux examens que les hôteliers de les loger et de les nourrir. Cet heureux moment pour certains candidats a été trop vite passé et que ceux qui leur ressemblent aujourd'hui ne croient pas que, nous essayons de faire ce récit, dans la pensée de susciter en eux des regrets de n'être pas venus au monde cent ans plus tôt. Aussitôt descendu à l'hôtel, le candidat était conduit par l'hôtelier chez le secrétaire de l'université : celui-ci le présentait au recteur qui fixait son examen et sa thèse au surlendemain matin. Cette amélioration avait été introduite, disait-on, non pas sur la demande des examinateurs afin d'augmenter leur prestige, mais à la sollicitation des aubergistes eux-mêmes. En effet, avant le recteur qui y était alors, on recevait les candidats le jour même de leur arrivée. Immédiatement après la présentation au recteur on se rendait à la maison du secrétaire trésorier. Celui-ci, après avoir fait consigner au postulant la somme représentant les droits d'examen du baccalauréat, lui dictait huit inscriptions sur huit registres différents et ouverts à des dates antérieures.

Montpellier, Orléans et Dijon étaient composées de 4 facultés. Art, théologie, Droit et Médecine; Montpellier n'avait que le Droit et la Médecine, Orléans et Dijon (qui date de 1722) n'avaient que le Droit.

Ces inscriptions étant échelonnées de trois mois en trois mois, le premier livre constatait l'existence d'une inscription remontant à deux ans. Le second contenait une inscription ayant vingt-et-un mois de date, tandis que dans le troisième figurait l'inscription vieille de dix-huit mois et dans le quatrième une autre de quinze mois, etc., etc. On a par là une idée de cette manière de procéder au moins originale suivant laquelle on sautait par-dessus les inscriptions ce qui faisait nommer *per saltum* ce moyen de conférer les grades.

Lorsque la visite au professeur trésorier était faite, venait celle du professeur d'Institutes, vieillard octogénaire servant ordinairement de patron au candidat. Ce fut le fils de ce vénérable professeur qui remit à Berriat la thèse latine de droit canonique et deux arguments contre cette thèse avec leurs réfutations ou réponses, puis enfin le texte entier de l'examen à subir. Au jour fixé pour les épreuves le récipiendaire, après force révérences, commençait la lecture de sa thèse et presque aussitôt on l'invitait à passer à la dernière ligne. Alors les quatre agrégés assistant le recteur et trois professeurs lui faisaient, après lui avoir adressé de nombreux saluts, des arguments ou questions auxquels il ripostait par des réponses écrites. En ce moment on le priait poliment de sortir pour procéder à un scrutin et cela toujours sans oublier les salutations ni même les droits d'assistance que les examinateurs avaient soin de se distribuer. Quelques minutes après le candidat était invité à entendre prononcer son admission. De suite le patron le conduisait au recteur qui le faisait mettre à genoux et lui donnait à lire à haute voix le symbole de Nicée. Seulement après ces mots : *credo in unum Deum* le même patron lui montrait au doigt la dernière ligne et *vitam venturi sœculi*. D'une durée d'un quart d'heure à peine cette cérémonie se réduisait assurément à quelques minutes si on en retranchait les salutations et les formules *Rector nobilissime.. antecessores consultissimi.. Candidate ornatissime..*

L'étrangeté d'une pareille cérémonie, si fidèlement rapportée dans le discours sur l'enseignement du droit avant et
depuis la création des écoles actuelles prononcé [1] par Berriat Saint-Prix, le 5 novembre 1838, à la séance solennelle
de rentrée de la faculté de droit de Paris, se rapprochait
quelque peu du récit fait par Charles Perrault dans ses mémoires de sa réception à Orléans [2] en 1651. Sous ce rapport
on ne paraissait pas avoir fait beaucoup de progrès puisque
ce qui se passait à Orléans en 1651 avait une certaine ano-
logie avec ce qui se passait à Orange en 1787. Bien qu'il n'en
eût pas été ainsi autrefois devant l'école de médecine de
Montpellier, [3] lorsque Rabelais y fut reçu bachelier sans
avoir pris d'inscription, de tels usages, il faut le reconnaître, ne rappellent que trop la cérémonie burlesque du malade imaginaire. Aussi on comprend sans peine que Berriat se fît un jeu d'une pareille épreuve. Lui qui, en effet,
dans un ouvrage manuscrit écrit en entier de sa main, commencé le 30 septembre 1787 et fini le 30 avril 1788, dont le
titre était : *Paratitles* ou sommaires de ce qui est contenu
dans chaque titre du Code et du Digeste par le célèbre Cujas, traduites librement du latin par Jacques Berriat Saint-
Prix prouve que son [4] instruction, à lui simple bachelier,
était plus complète que celle des docteurs qui l'interro-
geaient, devait trouver là un succès facile.

Notre jeune étudiant, à qui une intelligence vive et prompte
permettait de varier ses travaux, se mit à étudier les sciences naturelles et médicales, mais sans, pour cela, négliger le
droit. Il fréquenta alors les cours où elles étaient professées
à l'hôpital de la Charité de Grenoble dont le père Elysée,
depuis chirurgien sous Louis XVIII, était prieur et où enseignait Villars, l'auteur des plantes du Dauphiné.

Tout allait à souhait pour le mettre à même d'exercer

[1] Paris. Langlois, 1838 in-8°.
[2] OEuvres choisies de Perrault 1836.
[3] Larousse. V° Université.
[4] Manuscrit, petit in-folio.

à bref délai une profession savante, lorsque malheureusement pour lui l'horizon politique commença à s'assombrir. Il dut alors renoncer aux études qu'il affectionnait, distrait qu'il fut par les évènements qui allaient se produire et dont le germe se manifesta dans son pays et sous ses yeux.

On se rappelle la lutte qui s'éleva en 1788 entre les parlements d'une part et la cour de l'autre. Pour combler des déficits provenant de causes diverses on avait recours à des édits bursaux et comme les parlements refusaient de les enregistrer, de toutes parts on réclamait la réunion des Etats-Généraux. A Grenoble en particulier, à la suite d'une violente insurrection[1], une assemblée nombreuse des notables de la ville réunie, le 14 juin 1788, sanctionna par son adhésion, les arrêts du Parlement et réclama le rétablissement des anciens Etats du Dauphiné. Ce fut cette même assemblée qui invita les trois ordres de la Province à envoyer des députés le 21 juillet suivant à une assemblée générale devant se réunir à Vizille et où toutes les grandes questions devaient être discutées.

Considérés, à bon droit, comme le prélude de la Révolution Française, ces grands et mémorables événements firent une vive et profonde impression sur le jeune Berriat. Après en avoir suivi les mouvements avec le plus grand intérêt, il devint un des chauds partisans des nouveaux principes. Aussi le trouve-t-on à Paris en 1790 où il vient pour la première fois comme délégué de la garde nationale de son pays à la fête de la fédération[2].

[1] Berriat, quelques jours après cette insurrection dite journée des Tuiles, écrivit son premier opuscule qu'il signa Jacques Berriat Saint-Prix, bachelier en droit.

[2] Les Etats particuliers du Dauphiné se tinrent en 1788 à Vizille, à 15 kilomètres de Grenoble.

[3] M. Couder s'était adressé à Berriat pour avoir des renseignements dont il avait besoin pour composer son beau tableau de la Fédération aujourd'hui au musée de Versailles et qui fut exposé en 1844. Berriat Saint-Prix, l'un des rares témoins de ce grand événement, y est représenté en uniforme de garde nationale.

Rentré dans son pays, Berriat déjà mûr, bien que jeune encore, dut réfléchir au choix d'un état. S'il y avait en lui l'entraînement rapide et irrésistible qui trace au génie sa carrière en lui révélant sa puissance, les événements se dressaient devant lui comme autant d'obstacles à ses tendances. La carrière du barreau s'ouvrait bien devant lui, brillante et pleine d'avenir ; seulement comme l'ordre des avocats venait d'être implicitement supprimé par l'art. 10 du décret des 2 et 10 septembre 1790, [1] il dut se résigner à prendre rang parmi les défenseurs officieux. Il commençait à exercer cette profession [2] devant les nouveaux tribunaux lorsqu'il fut nommé chef des bureaux du clergé et des contributions à l'administration du district de Grenoble, puis archiviste du département de l'Isère. Nous étions alors en 1791, à l'époque où la France ayant à combattre la grande coalition européenne appelait sous les drapeaux tous les citoyens en état de porter les armes. Berriat, dont les goûts ne s'alliaient guère à la vie des camps dut lui aussi entrer dans la carrière militaire. Néanmoins, tout en payant sa dette au pays, il essaya de prendre de cette carrière la partie qui était le plus en rapport avec ses habitudes d'ordre et de tranquillité. Une loi du 14 octobre 1791 mettait au concours les fonctions de Commissaire des guerres. Berriat, précédemment nommé aide-commissaire se présenta au concours ouvert à Grenoble pour une place de commissaire en septembre 1792. Reçu à l'unanimité des suffrages avec une note expresse portant que : « il était en état dès ce moment de remplir la place » il acquit la preuve que le témoignage des juges du concours ne suffisait pas, puisque la nomination devait venir du ministre de la guerre. Il vint donc à Paris, au commencement de 1793, pour sol-

---

[1] Les hommes de loi ci-devant appelés avocats ne devant former ni ordre ni corporation n'auront aucun costume particulier dans leurs fonctions.

[2] Les défenseurs officieux sont visés dans l'art. 4 du décret du 15 décembre 1790.

liciter cette nomination. Comme il ne pouvait l'obtenir qu'avec l'appui des députés et des hauts fonctionnaires montagnards de son département, il préféra renoncer à cette carrière que de recourir à un pareil patronage.

A son retour à Grenoble il fut, par le choix de ses camarades, nommé capitaine et commandant de l'une des compagnies franches qui furent levées lors de l'invasion piémontaise en Maurienne et en Tarentaise pendant le siége de Lyon[1]. Après avoir fait la campagne de Savoie et s'être avancé jusqu'au Mont-Cenis, il devint, en 1794, quartier-maître-trésorier du 10e bataillon de volontaires de l'Isère. Heureusement pour Berriat, cette vie agitée ne tarda pas à cesser. Des occupations plus calmes et plus en rapport avec ses goûts lui étaient réservées par l'administrateur de son district qui, conformément à la loi du 9 brumaire an III désigna pour être l'un des élèves de la première et célèbre École Normale[2]. Il suivit les cours de ce grand établissement qui, comme toutes les institutions de cette époque, n'eut qu'une existence éphémère ; mais il eut du moins le mérite de profiter des leçons des illustres maîtres du moment tel que Volney, Garat, Bernardin de Saint-Pierre, Laplace, etc.

Aussitôt après la clôture des cours de l'École Normale Berriat retourna à Grenoble où il devint administrateur du district. Il s'y trouvait lorsque les lois du 7 ventôse an III (15 février 1795) et 3 brumaire an IV (15 octobre 1795) portant création des Écoles centrales et organisation de l'Instruction publique furent promulgués. Toutefois il ne fut appelé aux fonctions de professeur qu'en 1796 et ce n'est qu'à partir de cette époque qu'il se consacra à l'enseignement avec une distinction à laquelle chacun s'est plu à rendre hommage.

---

[1] Lyon comptait 200.000 habitants en 1793. Lorsqu'elle se révolta sous la Convention elle eut à subir un siège terrible dont le résultat fut la destruction presque totale de la ville.

[2] Loi rendue sur le rapport du conventionnel Lakanal.

Lors de sa nomination comme professeur il fut d'autant plus satisfait de reprendre ses études que, par suite d'une heureuse réaction qui s'était opérée dans les esprits, il n'était plus question de supprimer les Académies et la culture des lettres ne rendait plus suspects ceux qui s'y livraient. Pour lui comme pour bien d'autres, la création des Ecoles Centrales avait l'avantage de réunir sur un même point des savants qui, par suite des événements antérieurs, avaient été dispersés ou réduits au silence. Cette influence salutaire se produisit notamment à Grenoble où les professeurs de l'École Centrale, à l'instigation de leur collègue Berriat, conçurent et réalisèrent la reconstitution de l'ancienne Académie Delphinale. Rétablie sous le titre de Lycée, cette compagnie conserva son nom jusqu'à la création de l'Université, époque à laquelle elle prit celui de Société des Sciences, des Lettres et des Arts. Une des premières publications de notre savant professeur fut un Mémoire sur la filature à froid de la soie qu'il avait lu à cette Société le 20 septembre 1795 et qui fut inséré dans le Magasin Encyclopédique de Millin [1]. Les 6 et 17 août 1799 il lut encore à la même Société une notice historique sur Pierre Liotard, botaniste à Grenoble et correspondant de J.-J. Rousseau : Cette notice fut également insérée dans le même recueil périodique [2].

En outre de son Cours de législation, Berriat commença le 14 février 1800 un Cours volontaire d'économie politique qu'il a continué pendant trois ans. Le discours d'ouverture de ce cours, prononcé par lui à l'École centrale de Grenoble, a été publié depuis dans les Mémoires d'économie politique du conseiller d'État Rœderer [3]. Depuis cette époque jusqu'en 1803 inclusivement, c'est-à-dire de l'an IX à l'an

---

[1] Deuxième année, tome IV, page 175 et suivantes.

[2] Tome XI, Magasin encyclopédique et en partie dans les Siècles littéraires de Desessarts et dans le Nouveau dictionnaire historique de Chaudon et Delaudrin, où il a fait aussi l'article Alciat.

[3] Tome I, page 382 et suivantes.

XII, notre laborieux professeur publia un Annuaire statistique ou Almanach général, contenant des dissertations et des recherches particulières sur divers sujets d'histoire, d'économie politique, etc. [1]

A cette époque de l'existence si bien remplie de ce professeur grave et sérieux, tout entier à des recherches si nombreuses et si variées, toujours prêt à se dévouer dans l'intérêt de l'enseignement, qui le croirait? les préoccupations du professorat ne suffisaient pas à l'ampleur de ses vues et à la profondeur de son esprit. Il a cédé à l'influence de sa belle imagination et a pensé à composer un roman ! N'est-il pas assez surprenant qu'un érudit si patient, qui a passé quarante ans de sa vie à méditer sur la procédure civile et sur l'instruction criminelle, c'est-à-dire sur la partie la plus difficile de notre législation, se soit laissé aller aux caprices de son imagination. Ce roman, publié en 1801, qui a pour titre : *l'Amour et la Philosophie* [2], présente des caractères parfaitement tracés et des situations bien dignes d'intérêt. On y remarque comme personnage principal un jeune homme élevé dans les principes de la philosophie stoïcienne que l'amour pousse à rompre avec ses habitudes et à devenir aussi aimable qu'il était taciturne et sauvage auparavant. Autour de ce jeune homme viennent se grouper des personnages réellement originaux ; un vieux moine, grand amateur de livres; un capitaine de vaisseau pourvu de la dose de brusquerie que l'on donnait alors aux marins de la comédie et une héroïne peinte sous des couleurs vraies et touchantes. Si vous ajoutez à cela que les scènes se passent en Dauphiné, on reconnaît à la description du pays l'exactitude que Berriat mettait dans tous ses ouvrages.

Comme suite à l'élan de cette brillante imagination, nous

---

[1] Grenoble, Allier, 4 vol. in-16.

[2] L'Amour et la philosophie, Paris, Lavillette, 1801, 5 vol. in-12, rare. Il y a des exemplaires sur grand papier (Bibliothèque de Grenoble, 17548, manuscrits).

devons indiquer que, vers la même époque, c'est-à-dire à peu près vers 1802, notre éminent professeur écrivit une comédie en deux actes et en prose intitulée : *L'Amour et le bel esprit* [1] et une comédie-vaudeville en deux actes qui avait pour titre : *Les médecins de village* [2]. Ces deux pièces, laissées par lui à l'état de manuscrits, font nécessairement supposer que ce genre de travail, ainsi que le roman de 1801, n'étaient pour lui qu'une heureuse diversion aux difficultés si ardues que son esprit vif et pénétrant avait à résoudre. Notre appréciation sur ce point paraît d'autant mieux justifiée pour cette époque de 1801 à 1803 que la surcharge de travaux, imposée par lui à son étonnante activité, lui faisait éprouver le besoin de se distraire. Ce fut, en effet, vers 1803 qu'il commença à publier le Précis du cours de législation qu'il faisait à l'École centrale de l'Isère. Le premier volume de cet ouvrage contient des notions préli- minaires sur le droit romain et du droit français ancien et moderne. Le second, qui a paru en 1804, s'occupait du premier livre du Code civil, c'est-à-dire des personnes. La nomination de l'auteur à une chaire de procédure, en 1805, l'empêcha de continuer cet ouvrage dont les notions ont retrouvé leur place dans d'autres plus étendus qu'il a publiés plus tard.

C'est aussi vers 1800 que Berriat eut l'idée de faire paraître un Dictionnaire universel de droit ou Nouveau Ferrière [3] en 2 volumes in-4, qui comprennent la lettre A et la lettre B. Mais comme il tenait à payer largement sa dette à la Société des sciences, des lettres et des arts de Grenoble, le temps lui a manqué pour compléter son œuvre qu'il a laissée à l'état de manuscrit. On le voit, en effet, lire successivement à la Société de sa ville natale : le 21 février

---

[1] Précis du cours de législation fait à l'Ecole centrale de l'Isère, an XI, in-8, tome Ier et an XII, tome II, Grenoble, Allier.

[2] Claude de Ferrière, doyen des professeurs du droit de Paris, publia un Dictionnaire de droit en 2 vol. in-4 en 1740.

1800, un Mémoire sur le plâtre considéré comme engrais [1];
le 24 juin de la même année un Mémoire sur les progrès
de la population de la France et en particulier de la ville de
Grenoble pendant la Révolution [2]; Le 2 février 1803, un Mémoire sur les engrais tirés des immondices des latrines de
la ville de Grenoble [3]; le 26 juillet de la même année, des
Observations sur le divorce et l'adoption et sur l'usage et
l'abus qu'en faisaient les grandes familles à Rome [4]; en
1803, des Recherches sur la législation criminelle et de police du Dauphiné au moyen âge, suivies d'une notice sur
le président Valbonnais et d'une description des repas
d'Humbert II [5]; en 1804, le 14 juillet, des Observations sur
les citations des auteurs profanes et surtout d'Homère dans
les lois romaines [6]; en 1806, un Éloge de M. Mounier, conseiller d'État; le 31 décembre de la même année, des Observations sur les traductions des lois romaines [7]. Ce fut
lui aussi qui, en 1807, dans la séance de clôture de l'École
de droit de Grenoble, prononça un discours sur les Vices
du langage judiciaire [8]; et, pour reprendre la suite de ses
lectures devant la Compagnie qu'il avait contribué à rétablir, il lui communiqua en dernier lieu, la même année,
son Discours sur les jouissances des gens de lettres [9].

Parmi les divers travaux de Berriat, que nous venons

[1] Annales de l'agriculture, par Tessier.

[2] Annales de statistique française et étrangère. Paris, tome VII, page
1 et suivantes.

[3] Annales de l'Isère, 1808, tiré à part, Grenoble, Allier, 1808, in-8.

[4] Magasin encyclopédique de Millin, 1814, tome III.

[5] Paris, Renouard, 1836, in-8, c'est la réunion de trois opuscules déjà
publiés : Magasin encyclopédique, 1805, tome VI, la notice sur de Valbonnais, Magasin encyclopédique, 1802, tome Iᵉʳ.

[6] Paris, Langlois, 1839, in-8. Revue étrangère et française de législation et d'économie politique, 2ᵉ série, tome VII, page 292 et suivantes.
C'est la reproduction avec augmentation et correction de cette dissertation
tirée le 14 juillet 1804.

[7] Grenoble et Paris, 1807, in-8.

[8] Paris, 1835, Magasin encyclopédique, 1807, tiré à part. Paris, Dufour, 1809, in-8. Journal des avoués, tome IV.

[9] Grenoble et Paris, 1807, in-8. Peyrennard.

de citer, il en est quelques-uns qui paraissent avoir plus
d'importance que les autres, ce sont : Les Observations sur
les citations des auteurs profanes et surtout d'Homère dans
les lois romaines ; l'éloge historique de M. Mounier ; les
Recherches sur la législation criminelle et de police du Dauphiné au moyen âge ; les Observations sur les traductions
des lois romaines et le Discours sur les jouissances des
gens de lettres. L'éloge de M. Mounier offre même cet intérêt particulier que celui-ci, après avoir été secrétaire des
États-Généraux du Dauphiné, devint député aux États-Généraux de 1789. A son retour de cette Assemblée, dont il
avait été le président et où il avait montré tant de fermeté
pour tenir tête aux factieux, la ville de Grenoble le reçut
de la façon la plus honorable[1]. La population voulut lui témoigner par là que la réponse, faite par lui à Lally-Tolen-
dal le 8 octobre 1789 : Le Dauphiné a appelé les Français à
établir la liberté ; il faut qu'il les appelle aujourd'hui à défendre la royauté, était l'interprétation fidèle de ses sentiments. A ce moment, d'ailleurs, Mounier, qui préférait se
retirer pour provoquer la réunion d'une nouvelle assemblée en état de résister au flot démagogique, donnait un
exemple de patriotique dévouement. Berriat, qui partageait ses vues sous ce rapport, crut de son devoir de lui
rendre l'hommage qu'il méritait. Notre laborieux et infatigable savant a été trop mêlé aux événements qui se sont
passés dans son pays au moment de la Révolution française pour qu'on ne nous pardonne pas facilement la digression à laquelle nous venons de nous livrer. Elle était,
selon nous, aussi utile à l'intelligence de notre travail que
celle à laquelle nous allons nous livrer maintenant au sujet
de son mémoire de 1807 sur la traduction des lois romaines. Nous aurons, en effet, à examiner ses œuvres juridiques et pour cela il nous paraît nécessaire de rapporter

---

[1] On lisait au bas du portrait qu'il avait à Grenoble ce vers de Virgile :
Illum non populi fasces, non purpura regum fluxit.

que, dans ce mémoire, il prouve que toutes les versions faites jusqu'à l'époque où il écrivait étaient mauvaises. Ses Justifications sont tirées de Duteil, des deux Ferrière, de Troussel, de Leduc, Lalaure, d'Hulot et de Gouges du Savril, tous traducteurs de parties plus ou moins considérables de la compilation de Justinien et tous également étrangers à la langue latine et à la langue française.

C'est donc, à juste titre, que Berriat a relevé, et avec tant de perfection, de si inconcevables bévues de la part de ceux qui se donnaient pour des traducteurs et qui n'en étaient pas. La traduction des lois offre, d'ailleurs, des difficultés que n'a pas celle d'un ouvrage de science, de littérature ou d'histoire. En effet, aucun mot n'est indifférent à cause des fâcheuses conséquences que l'altération la plus légère peut entraîner surtout chez nous où les lois des anciens ont été fréquemment citées et ont eu par conséquent une certaine influence sur les décisions à rendre [1].

Durant cet intervalle de 1800 à 1804, nous venons de suivre pas à pas les travaux particuliers de Berriat et ses communications à la Société des Sciences de son pays. Nous avons à mentionner ici un grand événement qui vint à se produire et qui pouvait notablement changer sa position. Ce fut la promulgation d'une loi du 11 floréal an X (1er mai 1804) aux termes de laquelle les Écoles centrales furent supprimées. Malgré ce brusque revirement, notre infatigable professeur n'en persista pas moins à faire son cours et à former, comme par le passé, de nombreux et bons élèves. En ce moment, le conseiller d'État Fourcroy, directeur général de l'instruction publique, qui était de passage à Grenoble où il visitait les établissements littéraires, vint faire une inspection à son cours. Les notes de ce cours particulier lui parurent si régulières et si bien tenues qu'il revêtit, de suite, de sa signature le registre sur lequel elles étaient, afin de faire foi en faveur des élèves qui l'avaient suivi.

[1] Extrait du Moniteur universel du 3 juillet 1812.

Peu de temps après, c'est-à-dire vers 1805 [1], tandis que les écoles de droit s'organisaient en exécution de la loi du 22 ventôse an XII (13 mars 1804), Berriat, en récompense d'un zèle si éclairé, fut nommé professeur de procédure civile et de législation criminelle à cette école. C'est à la réputation qu'il sut se faire dans cette chaire difficile qu'il dut d'être appelé à l'École de Paris.

La publication de la première partie de son Cours de procédure civile date de 1808 [2], c'est-à-dire du moment même où il lisait, à la séance de rentrée de l'Ecole de droit de Grenoble, ses recherches sur les diverses modes de publication des lois depuis les Romains jusqu'à nos jours. La seconde et la troisième ne parurent qu'en 1810. Le compte rendu de cet ouvrage, par M. Dupin [3], auquel nous ne pouvons mieux faire de nous reporter, est conçu en ces termes : « Il s'en faut que le Code de procédure ci-
« vile compte autant de commentateurs que le Code civil,
« soit que les jurisconsultes n'aient pas voulu s'exercer
« sur des lois, dont l'étude a naturellement moins d'attrait
« que celles du droit civil, soit qu'ils aient trouvé moins
« facile de développer la marche souvent neuve d'une
« procédure dans les détours de laquelle ils craignaient
« de s'égarer, soit qu'ils aient trouvé plus commode de
« grouper mécaniquement autour de chaque article du
« Code civil des décisions que Pothier, Domat et nos au-
« tres auteurs leur offraient libéralement et dont ils pou-
« vaient s'emparer hardiment sans crainte d'être accusés
« de plagiat ou de contrefaçon.

« D'un autre côté le petit nombre de ceux qui se sont

---

[1] Décret impérial du quartier-général de Braunau (haute Autriche) du 1er novembre 1805.

[2] Grenoble, Allier, in-8. Paris, Langlois, 1838, in-8. Extrait de la Revue étrangère et française de législation et d'économie politique, 2º série, tome Iᵉʳ. Magasin encyclopédique de 1809, tome V. Paris, imprimerie de Sajou, 1809, in-8. Grenoble, Allier, 2 vol. in-8 ; la 3e édition du Cours a paru en 1835. Paris, Nève. 3 vol. in-8.

[3] Moniteur universel du 28 décembre 1811.

« exercés dans ce genre d'écrire ont cru ne pouvoir expli-
« quer le Code de procédure civile qu'à l'aide de longues
« formules qui, multipliées à profusion, défiguraient leurs
« ouvrages et en faisaient des styles de pratique plutôt que
« des traités *ex professo*. La matière n'était donc pas épui-
« sée lorsque Berriat Saint-Prix a entrepris de la traiter
« et l'on peut dire avec vérité que le plan qu'il a choisi et
« la manière dont il l'a rempli jusqu'à ce jour ne laissent
« rien à désirer.

« Au lieu de s'évertuer à compiler des formules et à don-
« ner au public des dossiers imprimés, il s'est uniquement
« attaché à poser des principes et à en déduire les consé-
« quences, et faisant avec discernement la part des juris-
« consultes et des gens d'affaires en même temps que celle
« des élèves, il a relégué dans les notes tous les dévelop-
« pements qui pouvaient être utiles aux uns et n'auraient
« fait que surcharger la mémoire des autres ! Ces notes
« sont un vrai chef-d'œuvre de concision. On y trouve ana-
« lysés en quelques lignes et souvent en peu de mots le
« sentiment d'un auteur, le jugé d'un arrêt, une exception
« importante, une question neuve, la décision d'une longue
« controverse. Les curieux peuvent recourir aux sources
« indiquées, le commun des lecteurs peut s'en tenir à l'ou-
« vrage. Toute la peine a été pour l'auteur. On voit que
« son érudition est immense et la sobriété avec laquelle il
« en use y ajoute un nouveau prix.

« L'ouvrage est divisé en trois grandes parties. Dans la
« première, l'auteur, sous le titre d'Introduction à la pro-
« cédure, parle de la juridiction, des actions et des règles
« générales de la manière de procéder. Dans la seconde il
« traite de la procédure judiciaire. On y trouve, développé
« avec beaucoup d'art et de méthode, tout ce qui regarde la
« demande, l'instruction, le jugement des procès, les voies
« à prendre contre les jugements pour les faire réformer
« et les moyens de les faire exécuter, lorsqu'ils sont une
« fois passés en force de chose jugée. Dans la troisième,

« l'auteur, sous le titre de procédure extraordinaire, classe
« toutes les procédures particulières qui, sans cesser d'ê-
« tre assujetties dans leur marche à l'observation des prin-
« cipes généraux, développés dans les deux premières par-
« ties, ont reçu du législateur des modifications particu-
« lières plus appropriées à leur nature. Un si vaste plan
« est renfermé dans un volume in-octavo, considérable à
« la vérité, mais enfin dans un in-octavo. Il en résulte pour
« les élèves un double avantage, il est moins cher et plus
« portatif que les in-quarto, dont nous avons parlé et comme
« il est en même temps plus analytique, mieux nourri des
« principes et dégagé des formules, il est plus propre à
« leur faire entendre les principes du Code de procédure
« civile. En un mot c'est un ouvrage, un bon ouvrage et
« non pas une de ces spéculations de librairie à l'aide des-
« quelles on asseoit sur les élèves un impôt d'autant plus
« onéreux qu'il ne leur est guère possible de se soustraire
« à sa perception. »

Il est vrai de dire que, dans cet ouvrage, l'auteur a séparé la partie élémentaire de la partie scientifique. La première est renfermée dans le texte proprement dit, tandis
que la seconde est rejetée dans les notes. Le texte, chef-
d'œuvre de clarté et de concision, offre dans un exposé raisonné les principes généraux joints à une analyse brève et
succincte de la loi. Quant aux notes, elles renferment un résumé complet de la jurisprudence des cours et tribunaux
ainsi que de la doctrine des auteurs. Berriat Saint-Prix s'est
beaucoup trop effacé dans cette dernière partie ; au lieu de
formuler son avis dans bien des endroits, et cela par pure
modestie, il se contente d'analyser et de citer celui des autres. Ce cours de procédure civile était beaucoup plus considérable en réalité qu'il ne l'était en apparence : c'était encore il y a trente ans le seul ouvrage où se trouvaient traitées, outre la procédure proprement dite, les règles sur l'organisation judiciaire de la France, les tribunaux et les fonctionnaires qui en dépendent. Le nombre de documents de
toute nature, que l'on y trouvait, était effrayant.

Sans doute le morcellement du texte et la multiplicité des notes en rendaient et en rendent encore aujourd'hui la lecture difficile. Mais l'auteur,dans son excessif désintéressement, avait préféré cette méthode à celle du discours suivi. Par là il avait pu renfermer plus de matière en moins de pages et rendre son ouvrage moins cher. Son but était que le plus pauvre de ses élèves pût acheter son cours. Tout à l'avantage du savant professeur ce jugement a été pleinement ratifié tant par les élèves que par les jurisconsultes auxquels l'ouvrage était destiné. Aussi, sans compter les traductions, qui en ont été faites, ce cours de procédure civile a-t-il eu six éditions depuis 1808 à 1835. [1] La dernière, celle de 1835, avait été revue et annotée par un des fils de l'auteur, M. Félix Berriat St-Prix. A peu de temps d'intervalle de la seconde édition de son cours de procédure,Berriat fit paraître ses remarques sur les collections générales de jurisprudence française et principalement sur le répertoire de M. Merlin. [2] Nul mieux que lui n'était à même d'apprécier, avec impartialité et distinction, l'œuvre de celui qui, non content d'avoir été le premier de nos magistrats, a tenu aussi à être à la tête de nos jurisconsultes. Le résumé, que nous allons faire de ses recherches,prouvera une fois de plus combien était minutieux l'examen qu'il faisait d'un ouvrage et quelle valeur avaient ses appréciations.

« Depuis que les tribunaux français ont recouvré la ju-
« ridiction que les cours ecclésiastiques avaient enlevées
« pendant l'anarchie féodale,on s'occupa de recueillir leurs

---

[1] Les deux premières éditions ont été indiquées par nous précédemment, la 3e, Paris, Nève, 1813, 2 vol.,la 4e, Paris,Nève, 1821, 2 vol. in-8o, 800 pages ; la 5e,Paris, Nève. 1825,2 vol. in-8o,834 pages ; la 6e Paris, Nève, 1835, 2 vol. in-8o, 880 pages. Ce cours de procédure a été tra-duit trois fois en italien. Palerme, Albate, 1823, 2 vol. in-8o sur la 3e édition ; Naples, Cresenola, 1825-26, 3 vol. in-8o sur la 4e édition; Naples, Tramates, 1826-1827, 2 vol. in-8e sur la 5o édition. Il a été contrefait en Belgique et traduit en allemand.

[2] Merlin, célèbre jurisconsulte,né à Arleux en Cambrésis en 1754,mort en 1838, avait mérité par ses grands travaux d'être surnommé le Papinien Français.

« décisions. A dater de la collection de Gui-pape [1] com-
« mencée en 1440 pour le Conseil delphinal ou le Parlement
« de Grenoble, il ne s'est pas passé d'année où on en ait mis
« au jour de nouvelles. A la fin du xviiᵉ siècle on en comptait
« une centaine formant plus de 200 volumes. Divisées sou-
« vent d'une manière différente, elles jetaient fréquem-
« ment de l'embarras dans l'étude et l'application de la ju-
« risprudence.

« D'autres parurent, mais leur compilation fut bientôt
« effacée par le dictionnaire de Brillon.[2] Toutefois Brillon se
« trouva au-dessous de son courage. Il n'avait pas assez de
« méthode ni assez de discernement pour mener à bien
« l'entreprise qu'il avait commencée. Ce qu'il avait promis
« dans sa préface manquait à son dictionnaire, qui n'était
« qu'un recueil d'arrêts et de citations d'autorités.

« Si imparfait qu'il était, ce dictionnaire était utile et le
« barreau français désirait un ouvrage du même genre qui
« pût en tenir lieu. En présence de la difficulté de l'entre-
« prise personne n'osait se mettre en avant ; alors M.
« Guyot,[3] aussi courageux et plus modeste, publia avec le
« concours de quarante avocats le Répertoire universel et
« raisonné de jurisprudence de 1777. Le succès de cet ou-
« vrage excita l'émulation et l'on vit paraître les deux De-
« nizart.[4] On pressent que le plan de cet ouvrage était le
« plus vaste de tous et il est juste de dire, à la louange des

[1] Gui-Pape, jurisconsulte, du 15ᵉ siècle, né à St-Symphorien d'Ozore, fut conseiller au Parlement du Dauphiné. Chorier a donné un abrégé de ses œuvres sous le titre de jurisprudence de Gui-Pape avec une vie de l'auteur. Grenoble, 1692, in-4º.

[2] Brillon, conseiller au conseil souverain des Dombes, substitut du Procureur général au grand conseil est l'auteur de la Jurisprudence du Parlement en 6 vol. in-folio 1727.

[3] Pierre J.-J. Guyot. Répertoire universel et raisonné, 17 vol. in-4º a perdu tout son prix depuis les nouvelles éditions de Merlin.

[4] Denizart, procureur au Châtelet, Nève en 1765 a donné une collection de décisions plusieurs fois imprimées de 1754 à 1772. Cet ouvrage contenait des inexactitudes que l'on a fait disparaître dans un nouveau recueil publié de 1783 à 1808 sous le nom de nouveau Denizart.

« principaux auteurs, MM. Prost de Royer, Rioz et Espa-
« gne, que le plan n'était pas inférieur à l'ouvrage. On y
« trouvait la science du droit, la critique, la sagacité et la
« méthode qui avaient manqué à Brillon. D'après l'espace
« qu'occupe la lettre A, on comprend qu'il n'aurait pas fallu
« moins de quatre-vingts volumes. Les auteurs du Réper-
« toire Merlin ne donnèrent pas dans un tel excès. On peut
« leur reprocher, à juste titre, de n'avoir pas toujours traité
« avec autant de développement, d'érudition et de sagacité
« des matières d'une égale importance. Ces reproches ne
« portaient que sur une partie du répertoire dont un quart
« avait été fait par Merlin. Voilà ce qui lui assura la répu-
« tation dont il a joui et lui mérita l'honneur rarement ac-
« cordé à des recueils d'être cité au barreau.

« Au lieu de trois cents coutumes nous avons un seul
« Code civil, nous avons un seul Code pénal, on voit, par
« cet aperçu que de modifications le Répertoire devait su-
« bir pour être mis en rapport avec la jurisprudence. C'est
« de ce travail que M. Merlin a bien voulu se charger. Pour
« cela il a fallu revoir l'ancien ouvrage, supprimer cer-
« tains articles pour l'intelligence du droit transitoire, rec-
« tifier bien des erreurs, y mettre de l'ordre, ajouter des
« matières omises ainsi que des discussions et difficultés
« nées depuis la seconde édition. Il ne fallait pas moins
« que le talent et les connaissances de M. Merlin pour rem-
« plir une telle tâche et, dire qu'il s'en est acquitté d'une
« manière digne de sa réputation, c'est reconnaître que le
« Répertoire est un ouvrage classique. On y lit, en effet, le
« dernier état de la jurisprudence, la doctrine la plus saine
« et les discussions les plus savantes et les plus instructi-
« ves. Tout ce que l'on pourrait désirer ce serait de multi-
« plier les suppressions et faire, comme Brillon, une table
« des auteurs que l'on rejette.

« Comme additions nous avons à ajouter les réquisitoi-
« res de Merlin où l'auteur se place, par la force et la clarté
« de sa discussion, la sagacité de sa critique, la profondeur

« des recherches, la pureté de la doctrine, au premier rang
« des magistrats du ministère public dont les fonctions
« étaient inconnues à l'antiquité. C'est encore lui qui re-
« monte aux sources, en présente les variations, la filiation
« et l'histoire comme Cujas et Montesquieu. Ce système
« l'entraîne à bien des détails, mais ses réquisitoires n'ont
« jamais dépassé de justes bornes. En un mot il a secoué la
« vieille routine des avocats-généraux et il a su trouver le
« moyen de développer les raisons de la meilleure cause. »

Parmi les ouvrages nouveaux, dignes de figurer à côté
du Répertoire, on ne doit pas hésiter à placer ceux sur les
inscriptions, la saisie mobilière, l'expropriation et les pri-
vilèges de MM. Tarrible, Favard de Langlade, Henrion de
Pansey et Barris. [1]

Nous n'aurions que faire d'ajouter un mot à tant de réflexions si justes et si clairement énoncées : justes à l'époque où l'habile critique les faisait, elles le sont encore aujourd'hui malgré le grand nombre d'années qui nous sépare du Répertoire de Merlin. Actuellement, quel que soit
le mérite des recueils que l'on consulte, on ne peut se défendre du désir de voir un jour un Répertoire rappelant celui de Merlin. Ainsi que le dit Berriat : il est sans intérêt
de discuter le droit si on ne remonte pas aux sources pour
en présenter les variations, la filiation et l'histoire.

Comme complément de son cours de procédure, Berriat
fit paraître peu après un cours de droit criminel qui, composé d'après le même plan et avec le même soin, le plaça
au premier rang parmi les praticiens. Dans une matière
aussi délicate que celle-là et où la moindre erreur peut être
si fatale, l'attention de l'auteur a été de ne rien laisser au
hasard. La doctrine y est constamment appuyée sur l'autorité des arrêts de la Cour suprême ou des plus habiles praticiens. Cet ouvrage, enfin, présente au même degré le talent, le mérite et l'utilité des cours de procédure, et c'est

[1] Extraits résumés du Moniteur universel du 19 septembre 1811.

sans doute l'éloge le plus complet qu'on en puisse faire. [1]

Lors de la terrible catastrophe de 1814, Berriat partageait ses occupations entre les travaux de ses cours et ses études littéraires. A ce moment où le sol français était souillé par la présence de l'ennemi et où l'indépendance de notre pays était sérieusement menacée, il eut l'âme profondément troublée. Il était même encore sous l'impression de ces pénibles émotions lorsque les montagnes du Dauphiné commencèrent à retentir du nom glorieux de l'empereur. Quelque temps après, le 7 mars 1815, Napoléon, entré le soir à Grenoble, la première ville importante de France qui lui ait ouvert ses portes, allait y occuper une modeste auberge. Le lendemain de son arrivée, à la présentation du Corps académique, Napoléon, après avoir adressé quelques mots au doyen de la faculté de droit, arrive à Berriat et lui fait cette question : « Que pensez-vous du Code de procédure ?» Interpellé ainsi d'une manière claire et catégorique, le pro-

---

[1] « L'auteur de ce cours est depuis longtemps connu dans la républi-« que des lettres aussi avantageusement qu'il l'est en jurisprudence. Par-« mi cette foule d'ouvrages, que les praticiens ont publié, le public a cons-« tamment distingué le cours de procédure civile du savant professeur de « Grenoble. Ce livre n'est pas fort étendu ; mais il contient beaucoup de « choses et des choses très essentielles. On y trouve d'abord les éléments « de la pratique combinés de manière à expliquer le Code dans son ordre « naturel et d'après la série de ses articles. Ensuite on y remarque à cha-« que page les sources où les auteurs du Code ont puisé ; les raisons qui « les ont déterminés à modifier l'ancienne jurisprudence ou à introduire « des formes nouvelles. Chaque principe est éclairé par une note ; mais « cette note est toujours un trait de lumière. L'ouvrage est terminé par « une table chronologique des meilleurs praticiens et par un tableau des « principaux axiomes de droit et de procédure. » Moniteur universel du 1er août 1813. Cours de droit criminel fait à la faculté de droit de Grenoble par Berriat Saint-Prix. Paris, chez Nève, libraire au Palais de Justice.

Grenoble, V. Peyronnard, 1817 in-8°. Paris, Nève, 1821 in-8. Cette édition a été traduite deux fois en italien sous le titre de : Corso de diritto penale de Giuseppe Malta, Napoli 1824, in-8° et des Giuseppe Reservato, Palerme, Albate, 1824, in-8°. 3e édition, Paris, Nève, 1845 in-8° ; 4e édition, revue et annotée par le fils aîné de l'auteur, M. Charles Berriat Saint-Prix. Paris, Nève, 1836 in-8. V. Edition Bruxelles, 1837 grand in-octavo. Le cours de Droit criminel a été aussi traduit en allemand.

fesseur, tout en reconnaissant que cette législation était la plus parfaite que nous ayons eu sur cette branche du droit, n'hésite pas à déclarer qu'elle laissait encore bien à désirer. Sur la demande faite par l'empereur des parties qui réclamaient un plus prompt changement, Berriat répond que c'était d'après lui la saisie immobilière,[1] et la vente du mobilier des mineurs. Cédant alors au désir de son illustre interrogateur, il se mit à énumérer les formes qui accompagnaient la saisie immobilière et dont beaucoup étaient tout à fait inutiles. Napoléon s'écrie aussitôt :

« C'est Treilhard !... Voilà bien Treilhard !... J'avais en « effet un sentiment confus que tout cela était trop minu- « tieux, trop long, trop chargé... Je crois même avoir es- « sayé une fois de le représenter à Treilhard, mais Treil- « hard avait de la tenacité, et j'étais hors d'état de lutter « contre lui dans une matière à moi étrangère et qu'il avait « au contraire approfondie... Croyez-vous qu'on peut faci- « lement y remédier. » Berriat répond : « Cela exigerait du « temps et des méditations parce que cette matière est éten- « due et difficile et se lie d'ailleurs à plusieurs points fort « importants du Code civil. — Eh bien ! passons, dit l'em- « pereur, à la vente du mobilier des mineurs. » Le professeur énonce succinctement les formalités dilatoires et coûteuses qui accompagnent cette procédure, Napoléon, après l'avoir écouté avec une profonde attention, s'écrie : « Cela est clair ! Voilà une chose à réformer. » Et il ajoute : « Quelles seraient vos vues sur ce point ? » Berriat résume alors en peu de mots les réformes qui lui semblaient devoir être apportées à la matière ; et l'empereur coupe court à cet entretien en disant : « C'est bien ! C'est bien ! » Alors, après avoir adressé quelques mots au doyen de la faculté des sciences et successivement aux autres professeurs de cette même faculté et de celle des lettres, il fait un demi-tour à

---

[1] Cette partie du Code de procédure civile a été simplifiée par la loi du 2 juin 1841.

droite, traverse l'ovale que forment autour de lui les divers membres du Corps académique et revient au professeur de procédure pour lui dire : « Ce que vous m'avez exposé sur « la vente du mobilier des mineurs m'a beaucoup frappé, « et, ajoute-t-il en portant l'index à son front, j'y penserai. »

Une conversation aussi curieuse, dans un pareil moment, avait fait une impression très vive sur Berriat. Et les détails lui en avaient si peu échappé que, vingt-deux ans après, il se les rappelait parfaitement et en rendait compte à l'Académie des sciences morales et politiques dans un mémoire sur la législation relative à la vente du mobilier des mineurs. [1]

Lorsque la seconde Restauration apparut, elle ne put faire autrement que de savoir mauvais gré aux professeurs des diverses facultés de Grenoble de ce qu'ils s'étaient fait présenter à l'empereur. Il y avait assez de cet empressement pour qu'ils fussent suspects. Pour le recteur de l'académie en même temps professeur à la faculté de droit, ce même M. Pal que nous avons vu être le premier maître de Berriat, cette démarche lui valut une révocation. Parmi les autres, plusieurs furent inquiétés et notamment le professeur de procédure civile qui fut suspendu de ses fonctions et exilé à Montpellier. S'il obtint de passer dans une maison de campagne près de Grenoble le temps de son exil, c'est grâce à l'intervention d'amis dévoués. Sa suspension fut d'une année, à la suite de laquelle il remonta dans sa chaire pour continuer son enseignement.

Ce fut en 1819 que le président de la commission de l'instruction publique [2] appela à Paris le professeur de procédure civile de la faculté de droit de Grenoble pour lui confier une des deux chaires de procédure établies auprès de la faculté de droit de la capitale. Il est vrai de dire que Ber-

---

[1] Inséré au Journal des avoués, tome 53, pages 335 et suivantes. Tiré à Pau, Paris, Langlois 1837, in-8°.

[2] Royer-Collard fut nommé président de la Commission de l'Instruction publique en 1816.

riat n'était pas personnellement connu de l'homme illustre qui tenait en ses mains les destinées de l'enseignement. Néanmoins ce choix s'imposait tant à cause du mérite du professeur que de la lucidité de ses doctrines. Il était d'ailleurs indiqué par l'inspecteur général des facultés de droit qui, dans ses tournées à Grenoble, avait pu juger du remarquable talent avec lequel il savait maintenir l'attention des élèves. Sous ce rapport nous ne pouvons mieux faire de laisser la parole à l'un de ses confrères de la Société des antiquaires de France. [1] « J'étais alors assis sur les bancs « de l'école de droit et je puis affirmer que M. Berriat rem- « plissait toutes les conditions qui font le bon professeur. « Son enseignement était lucide, sa science sans pédan- « tisme ; sa ponctualité extrême poussée même jusqu'à l'ex- « cès. Il aimait les anecdotes et parsemait ses leçons de « faits curieux qui était destinés à soutenir l'attention des « auditeurs. Son impartialité s'étendait sur tous ses élèves « et il se serait fait scrupule d'affranchir quelques-unes « des règles auxquelles ils étaient assujettis. »

Pour justifier cette belle qualité du professeur il nous suffira de raconter qu'un jour le fils d'un ministre, qui suivait son cours, lui dit que, son père le faisant travailler dans son cabinet, le priait de l'exempter des appels faits pour constater la présence des élèves. Berriat lui répondit : « Votre père est ministre de l'intérieur et comme tel il est « chargé des affaires de l'instruction publique ; [2] qu'il fasse « un nouveau règlement supprimant ceux qui exigent des « appels et alors je ferai ce qu'il désire. » Il y aurait assez de ce fait pour démontrer que notre respectable professeur a toujours eu pour guide de ses actions une scrupuleuse

---

[1] Taillandier, conseiller à la Cour royale de Paris. Notice sur la vie et les travaux de Berriat Saint-Prix. Paris, 1846. Duverger, in-8.

[2] Le ministère de l'intérieur est resté chargé de l'Instruction publique jusqu'au 26 août 1824, époque à laquelle l'instruction publique passa dans les attributions du ministère des affaires ecclésiastiques. Le ministère spécial de l'instruction publique ne date que du 10 février 1828.

honnêteté. Esprit droit et ferme, il mettait autant d'exactitude et de rigueur dans l'accomplissement des devoirs de sa profession que dans tous ses autres rapports. Pour nous, qui n'avons pas eu l'honneur de le connaître, dans la crainte d'omettre ce qui peut être le fond de son caractère, nous nous en rapporterons encore à l'avis d'un de ses collègues de la Société des antiquaires de France qui, parlant de sa remarquable loyauté, s'exprimait ainsi : « Cette stricte jus-
« tice faisait également aimer et vénérer M. Berriat de ses
« élèves. Il avait des notes sur chacun d'eux et pouvait dire,
« avec la plus grande exactitude, à combien de leçons ils
« avaient assisté en une année et constater leur plus ou
« moins de progrès. Je donnerai une preuve suffisante de
« la ponctualité qu'il mettait dans ses fonctions en disant
« qu'il n'a manqué dans ses cinquante années d'exercice que
« sept leçons et encore était-ce en raison de ces deuils de
« famille qui ne permettent pas à un professeur de monter
« dans sa chaire le jour où il a perdu un de ses parents les
« plus proches. » [1]

L'exactitude consciencieuse de Berriat à remplir ses devoirs de professeur, ne tempérait en rien l'ardeur qu'il déployait dans la culture des lettres. Il donna, en effet, en 1817 un ouvrage où, pour restreindre le récit des faits dans un espace de 94 pages, il aima mieux rejeter dans des notes qui en occupent un plus grand nombre, non-seulement des citations et des pièces, mais encore des observations qui lui appartiennent en propre. Ce travail, intitulé Jeanne d'Arc [2] ou coup d'œil sur les révolutions de France au temps de Charles VI et Charles VII, avait été composé à l'occasion d'un concours ouvert par une Académie. La composition de ce livre eut à souffrir de la forme qu'il dut employer. Aussi, parmi les pièces justificatives, il en est plusieurs qui n'ont pas un trait bien direct à l'histoire de

---

[1] M. Taillandier. Notice sur Berriat, Duverger, 1846, in-8°.
[2] Paris, 1817. Pillet, un vol. in-8, Vide art. de Danou. Journal des savants, n° de novembre 1847.

Jeanne d'Arc ; et, s'il avait jugé à propos de les insérer dans
son volume, c'était pour lui donner plus de vingt feuillets et
par là échapper à la censure qui pesait alors sur les ouvrages n'ayant pas cette étendue. Dans ses recherches sur la
Pucelle d'Orléans, notre savant professeur s'applique surtout à relever les erreurs où l'on était tombé en ne faisant
pas assez attention à la mobilité de la fête de Pâques par
laquelle commençaient alors les années. L'itinéraire exact
des expéditions de Jeanne d'Arc y est aussi tracé, mois par
mois et quelquefois jour par jour, avec une grande précision. Quoique moins complet que celui de Lebrun des Charmettes, publié vers la même époque, cet ouvrage restera
enfin comme un de ceux que consulteront avec fruit les
personnes dont l'attention sera portée sur l'une des époques les plus dramatiques de notre histoire.

C'est entre la publication de son livre sur Jeanne d'Arc
et celle de son Histoire du droit romain que se place la réception de Berriat Saint-Prix comme membre résidant de
la Société des Antiquaires de France. Plusieurs des chapitres de cette Histoire du droit avaient déjà été communiqués à la Société des Lettres, des Sciences et des Arts de
Grenoble dans les séances des 24 janvier, 21 février et 30
août 1815, tandis que la publication n'en eut lieu qu'en 1821[1].
Quant à l'histoire de Cujas[2] qui la suit, composée en 1818
pour la soumettre à la Société des Sciences de Grenoble à
laquelle elle était destinée avant le départ de son président,
M. Savoie de Rollin, qui était alors membre de la Chambre
des Députés, elle fut lue à la séance du 16 novembre 1818.
A ce moment l'auteur n'avait pu réunir tous ses documents
ni faire toutes les recherches que ce travail comportait,
et ces recherches n'ont été mises à sa disposition que le 17

---

[1] Voir dans le Journal encyclopédique de Millin, 1818, page 362, un article dans lequel Berriat Saint-Prix rend compte avec autant d'impartialité
que d'exactitude de son propre ouvrage et de celui de M. Lebrun des
Charmettes sur le même sujet.

[2] Paris, Nève, 1 vol. in-8, 1821.

novembre 1818 et le 23 février 1819[1]. A peine installé dans sa chaire de procédure civile à la faculté de droit de Paris, notre éminent professeur, déjà correspondant de l'Académie celtique depuis 1807 et ensuite de la Société des Antiquaires de France, se présenta pour être membre résidant. Il y fut reçu le 9 juillet 1820 après avoir lu une dissertation à ce sujet : « Cujas fut-il refusé dans la demande qu'il fit d'une chaire de professeur à Toulouse[2] ainsi que son Histoire de l'ancienne Université de Grenoble. »[3]

Ces deux lectures sur lesquelles nous ne pouvons nous appesantir et que nous aurons à examiner ultérieurement, font partie intégrante d'ouvrages qui se complètent l'un l'autre et dont nous aurons à faire l'analyse. Ces ouvrages dont nous venons de parler et qui sont intitulés : Histoire du droit Romain et Histoire de Cujas, ont en effet entre eux une relation intime qui n'échappe à personne. Il suffit du reste de faire des études de droit pour savoir que Cujas, continuateur de l'œuvre d'Alciat, eut la gloire d'achever la révolution commencée par celui-ci dans les études juridiques et de fonder ainsi la grande école historique du droit. Or, quand au frontispice d'un livre on lit que l'histoire du droit est l'exposé des évènements qui ont fait naître les règles suivies par un peuple à une certaine époque, ainsi que de ceux qui ont fait modifier ou abolir les règles primitives et des constitutions qui ont exercé une influence sur leur rédaction ou leur modification, on ne peut se refuser à voir dans ce résumé succinct une analogie véritable avec la doctrine du premier[4]. Il est

[1] L'ouvrage de M. Bernardi ne lui fut remis que le 17 novembre 1818. Les autres documents lui sont parvenus par l'intermédiaire de M. Champollion-Figeac, correspondant de l'Institut, à qui M. Hugo les avait adressés.

[2] Thémis, tome 2, page 297, et histoire de Cujas, 482 et suivantes.

[3] Histoire de Cujas, 391 et suivantes.

[4] Histoire du droit romain suivie de l'histoire de Cujas par Berriat Saint-Prix, professeur de procédure civile et de droit criminel à la faculté de droit de Paris. Paris, Nève, 1821.

vrai de dire que, pour l'étude du droit romain en particulier, l'ordre chronologique est difficile à suivre, car les constitutions impériales ont pris naissance avant que les réponses des prudents n'eussent cessé d'exister. Toutefois, comme ce n'est pas en étudiant le droit romain que l'on peut étudier l'histoire romaine, le développement séparé de chacune des diverses branches de cette législation ne troublera que peu l'ordre chronologique. En effet, en commençant par l'examen des sources du droit, l'auteur, sans déroger à son principe, nous montre l'institution à son début et nous fait suivre toutes ses modifications en nous les faisant en quelque sorte toucher du doigt. Pour cela, après un chapitre préliminaire où il énonce rapidement le plan qu'il se propose de suivre, le savant professeur divise son histoire du droit en cinq sections, lesquelles sont ensuite subdivisées en chapitres.

La première de ces sections contient six chapitres destinés à nous faire connaître autant de sources du droit Romain. Parmi ces sources sont les lois, les actions, les édits des princes, les réponses des jurisconsultes, les décisions des Pontifes, les mœurs et les usages.

Au nombre des lois nous trouvons les lois royales qui furent abolies ou tombèrent en désuétude, au commencement de la République, la loi des XII tables appelée aussi loi ancienne, droit ancien, droit décemviral. C'est la vraie source du droit romain et pour laquelle les éloges n'ont pas manqué. Viennent ensuite les plébiscites, qui sont des décisions prises par le peuple réuni dans ses comices ; les sénatusconsultes, décisions prises par le Sénat et qui n'ont force de loi qu'à une certaine époque et enfin les constitutions impériales consignées dans les codes Grégorien et Hermogénien que Constantin voulait abroger.

De là, l'auteur, avec la précision qui caractérise ses travaux, passe à la procédure romaine, mais à cette procédure primitive qu'il nomme des actions des lois et qui, après avoir été la procédure des actions de la loi, est devenue le système formulaire, pour être ensuite remplacée sous Justinien par le système de la procédure extraordinaire. Cet examen trop rapide, qui pouvait suffire alors que l'étude du droit romain était peu répandue, avait, en outre de la clarté qui le faisait lire et le gravait dans l'esprit, le mérite incontestable d'une exactitude précise. Il n'y aurait même eu que la relation des formes spéciales nécessaires à l'action, c'est-à-dire au moyen d'exercer un droit en justice que ce travail, si incomplet qu'il soit, avait déjà de l'intérêt.

Après cet abrégé de la procédure romaine, Berriat s'occupe de l'édit des préteurs, magistrats chargés dès l'origine de rendre la justice. Publié par le préteur à son entrée en charge pour indiquer comment il devait appliquer ou interpréter la loi, cet édit était désigné sous le nom d'*edictum in albo* ou d'*Album prœtoris*. Des divers édits successifs rendus par les préteurs, lors de leur entrée en fonctions, il était résulté une certaine confusion à laquelle on avait dû parer par les *edicta tralatitia* ou *edicta translatitia*. Ceux-ci, tout en étant permanents, permettaient toujours au préteur de corriger les principes rudes et sauvages du droit civil sans paraître le détruire. Le seul reproche que l'on pouvait faire au savant professeur serait de n'avoir pas assez appuyé sur le rôle bienfaisant du droit prétorien, lequel consistait *ad adjuvandum vel supplendum vel corrigendum jus civile*. Il nous représente, en effet, jusqu'à Adrien le préteur comme jouissant de la considération légitime attachée à cette magistrature, en ayant soin d'indiquer toutefois qu'à cette époque l'administration de la justice a cessé d'avoir un caractère mystérieux par suite de la promulgation de l'Édit perpétuel. Cet édit, coordonné par Didius Julianus, devait désormais servir de base au préteur dans l'administration de la justice. Ainsi il ne devait plus y avoir de distinction ni de subterfuges pas plus que de changements de mots. A ce moment, du reste, ils devaient avoir moins d'utilité et c'est là que l'auteur de l'ouvrage que nous analysons, aurait dû, d'après nous,

établir que le rôle du droit prétorien,sur lequel il aurait dû
insister davantage, était très important. Les réponses des
Prudents forment un autre chapitre où il est dit que l'interprétation des lois, d'abord confiée aux décemvirs, fut ensuite transmise, pour cent ans, au collège des pontifes pour
être ensuite abandonnée aux particuliers dont les talents
et les connaissances en jurisprudence avaient mérité la
confiance publique. Comme sources du droit romain, les
décisions des Pontifes perdirent bientôt de leur autorité,
soit parce que ceux-ci usaient du même procédé mystérieux que les préteurs, soit parce qu'en réglant ou chan-
geant le calendrier ils arrivaient à favoriser les plaideurs
ou les receveurs d'impôts.

Quant aux mœurs et usages, bien que ce principe con-
corde peu avec un gouvernement monarchique, on a pu
considérer avec raison qu'à Rome plusieurs institutions
ont été introduites ou confirmées par les mœurs et les usages. Cette circonstance ayant été relevée dans la compilation Justinienne, on a cru devoir diviser le droit romain en
droit écrit et droit non écrit, ce qui engage les auteurs à
ranger les mœurs et les usages parmi les sources du droit
romain.

Les sources, indiquées dans les six chapitres de la première section, sont les sources proprement dites du droit
romain. Ce sont celles-là, en effet, qui constituent les éléments avec lesquels on a formé le recueil de Justinien.
Quant aux auteurs chez lesquels on a puisé, Berriat cite
notamment l'édit perpétuel d'Adrien ; et il mentionne
même une sorte d'édit provincial dont l'existence a souvent
été révoquée en doute. Cet édit perpétuel, durant les trois
siècles qui suivirent le règne d'Adrien,donna lieu à divers
commentaires ou traités dont la conséquence a été une sorte
de dégoût de l'étude du droit. Théodose alors, pour y remédier, fit publier les constitutions promulguées depuis
Constantin,c'est-à-dire depuis l'époque où parurent les codes Grégorien et Hermogénien. Ce travail, œuvre de huit

jurisconsultes qu'on a dit être de premier rang, fut mis au jour avec force de loi sous le nom de code Théodosien. Sous le deuxième chapitre de la deuxième section où il traite des principaux jurisconsultes, il déclare que Papinien était le premier et le plus célèbre des jurisconsultes romains et il l'aurait été peut-être de tous les peuples anciens et modernes si la France n'eut produit l'immortel Cujas. « Il était défendu, dit Berriat, en le citant, de citer les no- « tes qu'y avaient fait Paul et Ulpien ; il fallait même une « permission de l'Empereur pour que Tribonien put faire « usage de ses notes dans le Digeste.» Ulpien et Paul, tous deux condisciples et assesseurs de Papinien, sont les deux jurisconsultes qui ont laissé le plus grand nombre d'ouvra- ges qu'on a le plus cités dans le corps du droit. On a bien dit que les écrits d'Ulpien étaient plus estimés et qu'ils étaient d'une grande clarté, mais Cujas a prétendu que Paul a égalé Ulpien *virtute, fortunâ et auctoritate.*

C'est sous Auguste seulement que nous voyons apparaî- tre deux sortes de jurisconsultes très opposées l'une à l'au- tre qui se perpétuent jusque sous les Antonins et dont les opinions passent aux âges suivants. L'une de ces deux sectes, celle des Proculiens avait pour chef Antistius La- béon, homme distingué, qui ne faisait aucun cas des fa- veurs d'Auguste et savait mettre de côté l'autorité des ou- vrages anciens, lorsqu'elle ne lui semblait pas en harmo- nie ni avec les principes d'équité, ni même avec les maxi- mes rigoureuses du droit. L'autre secte, celle des Sabiniens, était dirigée par Attéius Capiton, qui observait au contraire les principes de la jurisprudence avec un minutieux rigo- risme, ce qui ne l'a pas empêché d'être le servile adula- teur d'Auguste et de son successeur. La section troisième est celle où l'auteur fait l'histoire du corps du droit romain, lequel se compose de quatre parties : le Code, le Digeste, les Instituts et les Novelles ou authentiques. La Commis- sion qui fut chargée de rédiger le Digeste y mit tant d'ar- deur qu'elle le termina en trois années au lieu d'en mettre dix que Justinien lui avait donné. Seulement, comme cet ouvrage était beaucoup trop étendu pour être mis entre les mains des élèves, ce prince résolut d'en faire composer les éléments par ce même questeur Tribonien. Ces éléments ou Instituts furent publiés un mois avant le Digeste et ils eurent force de loi à la même date. Parmi les collections de Justinien, le code fut celle qui était le plus spécialement destinée aux constitutions impériales. Ces nombreuses lois, dit Cujas, sont rangées dans l'ordre chronologique des Empereurs qui les ont rendues à des temps dans lesquels elles ont été promulguées. Ce sont les rescrits qui forment la plus grande partie du Code. Quant à la fixation du nombre des livres du Code, elle n'a point été déterminée par une classification générale des matières mais, selon Cujas, à l'imitation de la loi des XII Tables. Au lieu de douze livres, il eut peut-être été plus rationnel de choisir un nombre de livres équivalent à celui du Digeste. Mais, comme le fait remarquer Berriat, tous les titres ne peuvent pas correspondre, car il y en a au Code qui ne sont pas au Digeste.[1]

Comme le Code Théodosien, le Code de Justinien a pris aussi pour modèle le Code Grégorien. Bien que n'ayant pas le même nombre de livres que le Code Théodosien, la disposition et la série des matières y sont les mêmes. La seule différence existant entre eux provient de ce que Justinien a consacré les premiers titres à la foi chrétienne, aux élèves, clercs, moines, etc., tandis que le Code Théodosien les a réservés aux principes généraux du droit et à l'exposition des règles.

Lors de la composition du Digeste, on a eu soin de met-

---

[1] Aussi le livre 1er du Code à partir du titre 14 correspond au livre 1er du Digeste. Le livre 2 aux livres 2-3 et 4, le livre 3 aux livres 5 à 11 ; le livre 4 aux livres 12 à 22 ; le livre 5 aux livres 22 à 27 ; le livre 6 aux livres 28 à 38 ; le livre 7 aux livres 40 à 42 ; le livre 8 aux livres 39, 43 et 46 ; le livre 9 aux livres 46 et 48 ; le livre 10 depuis le titre XIV du livre 49 et à une partie du cinquantième. Berriat Saint-Prix. Histoire du droit romain, pages 146 et 147.

tre de côté tous les jurisconsultes antérieurs à Auguste comme ayant travaillé à une époque trop éloignée du Bas-Empire, aussi bien que ceux qui avaient vécu après Adrien, puisqu'à cette date les Constantins leur avaient retiré la liberté de l'interprétation. Entr'autres recommandations on leur avait notamment fait celle d'éviter toute antinomie ou tout double emploi. Le but que l'on se proposait était de ne pas surcharger un travail, qui devait déjà être assez grand, puisqu'il devait embrasser toutes les matières du droit. Nonobstant toutes les mesures de précaution, les doubles emplois, les lois géminées, les lois semblables, les lois ou solutions inutiles, toutes les incorrections sont dans le Digeste et on y trouvera des décisions abrogées par les Instituts qui avaient été promulguées un mois avant. Tous ces défauts eussent été facilement évités par les rédacteurs, puisque Justinien leur avait donné le pouvoir, dont ils ont abusé largement, de diviser et rectifier les textes des jurisconsultes et d'y faire des additions ou des suppressions.

Divisé en deux parties et en cinquante livres, le Digeste contient des fragments de 39 jurisconsultes différents. Chacune des lois, qui y sont insérées, porte pour inscription la désignation de l'intitulé et du livre de l'ouvrage dont elles sont tirées. Elles ont aussi un nom d'auteur auquel souvent elles n'appartiennent guère en entier par suite des corrections que Tribonien leur a faites, corrections qu'on nomme vulgairement ses emblêmes ou des tribonianismes comme on en trouve chez beaucoup d'interprètes modernes. Il est vrai de dire que Tribonien y était autorisé mais, du moins, n'était-il pas naturel de prévenir de ce que l'on se permettait, surtout si l'on considère que des mentions de ce genre pouvaient faire découvrir le véritable sens des décisions dont elles auraient été suivies. Berriat fait remarquer au chapitre du mérite du corps du droit romain, qu'un des grands reproches, faits au Digeste, c'est le défaut de méthode analytique sous le rapport de la distribution des matières et des décisions. Colombet, à ce propos, va même jusqu'à dire que. si on a appelé ce recueil le Digeste, c'était assurément par antiphrase. On ne sait pas bien pourquoi le Digeste a été distribué en cinquante livres, mais l'Empereur Justinien, dans son excessive prévoyance, a cru devoir nous dire, pour éviter sans doute des recherches, qu'il faisait diviser cet ouvrage en sept parties à cause de la nature, des propriétés ou peut-être de l'excellence du nombre sept. En vérité, nous devons rendre hommage à Justinien d'une pareille prévoyance. Seulement nous croyons nécessaire de dire que, s'il eût été suffisamment attentif, il n'aurait pas étalé au grand jour la superstitieuse ignorance de son temps. Il aurait ainsi évité aux commentateurs, condamnés à trouver tout beau, la justification de ce qu'il dit en expliquant que Justinien avait ainsi divisé son œuvre soit parce qu'il y avait sept sphères, ou sept planètes, ou sept jours dans la semaine, ou sept sacrements, ou sept péchés capitaux. Extrait de près de deux mille livres sur la jurisprudence, le Digeste contient, dit-on, 9,200 lois et celles-ci, toujours à ce que dit Justinien, cent cinquante mille versets lesquels ont été tirés de plus de trois millions que renfermaient les mêmes livres. Les éditions anciennes de cet ouvrage contiennent une ancienne division en *Digestum vetus, digestum infortiatum, digestum novum.* Cette division, d'ailleurs illégale, était étrangère à Justinien, qui avait déjà à se reprocher assez de fautes.

Malgré toute la négligence que les rédacteurs du Digeste ont pu mettre à employer telles ou telles mesures de précaution, qui auraient pu le perfectionner, nous n'en répéterons pas moins, avec Berriat Saint-Prix, que c'est le corps de loi le mieux fait et le plus recommandable de tout le monde connu.

En ce qui touche les Institutes,[1] qui sont presque la reproduction des Institutes de Gaïus[2], que l'on enseignait dans

---

[1] L'expression Instituts dont se sert Berriat Saint-Prix est celle adoptée par M. Ortolan.

[2] Niebuhr a découvert les Institutes de Gaïus en 1816 dans un palimpseste de Vérone ; l'ouvrage fut publié à Paris en 1822 seulement.

les écoles, du temps de Justinien, leur division en quatre
livres n'a de rapport ni avec la division générale du droit,
ni avec celle des matières principales qui en eut exigé cinq.
Sous le rapport de la rédaction, les Institutes sont bien supérieures au Code. « Ce livre dit Cujas[1], est le plus clair,
« le plus poli et le plus aisé de tous les livres du droit, on
« n'a nul besoin d'interpréter pour l'entendre. » Cette supériorité de rédaction du Digeste et des Instituts tient à
la différence de temps où ont été publiés les ouvrages ou
les Constitutions dont leurs lois sont tirées.

Les novelles, qui sont étudiées dans le chapitre cinquième
de la troisième section, forment la quatrième et dernière
partie du corps du droit romain. Dans ses novelles, Justinien avait pour but de remédier aux défauts et omissions qui pouvaient s'être glissées dans le Code, dans le
Digeste et les Institutes. Par malheur pour lui il le dépassa
dans une foule de novelles. En effet, sans tenir compte
de ce que la stabilité dans les lois est l'un des fondements
les plus stables de l'ordre social, il fit tant d'innovations,
opposa tant de changements à ses propres lois, puisqu'il
corrigea par des novelles d'autres novelles, de très peu de
temps plus anciennes, que même on a prétendu que, s'il
eût vécu quelques années de plus, il aurait fini par abroger
toutes les lois du Code et du Digeste. Toute exagérée que
soit cette conjecture, il faut cependant reconnaître que les
innovations ont été trop nombreuses. Ces modifications ont
nécessité des rapprochements avec les parties modifiées et
Justinien fut le premier à en faire l'essai. Cet ouvrage était
néanmoins peu avancé sous Justinien et il n'a été terminé
qu'au douzième siècle par les jurisconsultes Irnériens. Il
est un certain nombre d'autres ouvrages annexés au *Corpus Juris* et dont la nomenclature fait l'objet du chapitre
sixième. Un coup d'œil sur cette nomenclature doit suffire
pour prouver qu'on a eu tort de le surcharger de la plu-

[1] Berriat Saint-Prix, Histoire du droit romain, page 172.

part de ces ouvrages, dont plusieurs d'entre eux, comme une partie des treize édits de Justinien et des dix novelles de Justin II et de Tibère, étaient déjà compris, au moins par fragments, dans les novelles 8, 111, 112, 136, 154, 161, 163 et 164 et que d'autres n'ont aucun rapport avec le droit civil.

Nous pouvons voir, sous la section quatrième, que la compilation de Justinien n'a pas eu une destinée aussi brillante que celui-ci l'avait espéré. En Orient, sous son règne même, on traduisit en grec le Code et le Digeste et, à ce qu'on présume, le petit nombre de Novelles écrites en latin, puisque la langue usuelle des sujets de l'Empereur Justinien était le grec. Quant aux Instituts, ils furent paraphrasés par le jurisconsulte Théophile, contemporain de Justinien et avec tant de soin que la paraphrase était considérée comme supérieure au chef-d'œuvre de la collection Tribonienne. D'après Cujas, le vrai moyen de bien entendre les Instituts de Justinien était de les comparer avec la paraphrase de Théophile. Bien que la traduction et les paraphrases eussent affaibli la vénération qu'on portait à l'ouvrage de Justinien, elles lui laissaient cependant toute son autorité.

Néanmoins, lors de la prise de Constantinople en 1453, la compilation de Justinien était tombée dans un tel état de discrédit et d'oubli que, parmi les nombreux ouvrages qui furent rapportés en Occident, il ne se trouva pas un seul exemplaire de ses quatre parties à l'exception des Novelles. Pour les basiliques, elles n'eurent guère un sort plus heureux. Tirées indifféremment de tout le corps du Droit romain, elles ont été réunies dans chaque titre à la matière dont elles traitent. Bien que sur soixante livres il ne nous en soit resté que quarante-trois, on aperçoit facilement, par ce qui reste, qu'elles l'emportent beaucoup quant à la méthode sur la collection de Justinien.

En dirigeant nos regards du côté de l'Occident, nous remarquons que les Codes de Justinien y ont encore moins de succès que dans les pays grecs proprement dits. D'ailleurs dans les trente années qui précéderont la confection du Digeste, on publie, pour les provinces occidentales de l'Empire, trois corps de lois puisés dans la législation romaine antérieure à Justinien. Le premier de ces corps de lois est un édit de Théodoric pour les Goths. Le second fut publié par Alaric, roi des Wisigoths. Il était extrait des codes Théodosien, Grégorien et Hermogénien, des Institutes de Gaius et des Sentences de Paul. Ce recueil est connu sous les noms de loi Romaine, loi Théodosienne et abrégé ou bréviaire d'Arius. Il y en avait encore un autre qui était la loi romaine des Bourguignons et que l'on nommait *Papiani responsum* du nom de Papien, son rédacteur. Nous en devons la connaissance à Cujas, qui le fit imprimer avec le code Théodosien en 1566 et successivement en 1586.

Quoique les monarques européens des siècles suivants aient manifesté leur préférence pour les lois romaines, elles tombèrent peu-à-peu dans l'oubli et selon l'opinion la plus généralement accréditée il n'en était plus question, lorsqu'au commencement du XIIe siècle la découverte des Pandectes Florentines [1] en ranima, dit-on, subitement l'étude. Ici nous devons accepter l'appréciation de Berriat qui ne croit pas à l'influence exclusive de la découverte des Pandectes Florentines sur l'expansion du droit romain. Il nous montre, en effet, Irnérius, professeur à Bologne, jouissant d'une telle considération que lui et ses élèves obtinrent du crédit au barreau, des places dans les cours de justice et des faveurs des souverains. Ce serait

---

[1] Ce manuscrit précieux aurait, dit-on, été apporté de Constantinople à Amalfi près de Salerne, royaume de Naples. Trouvé au pillage de cette ville par les troupes de Lothaire II, il fut donné aux Pisans qui avaient aidé ce prince dans son expédition et passa en 1406 au pouvoir des Florentins lorsqu'ils se rendirent maîtres de Pise. Beaucoup d'auteurs du 18e siècle ont qualifié cette découverte de fable en ajoutant qu'il n'était guère naturel que des guerriers ou des administrateurs du 12e siècle aient choisi, pour leur part de butin, un manuscrit qu'ils ne pouvaient pas lire et dont ils ne devaient pas faire cas si le droit romain était inconnu.

lui, selon toute apparence, qui aurait fait reprendre au droit romain son nouvel empire ; et cette explication serait d'autant plus vraisemblable qu'Irnérius et ses disciples durent redoubler d'efforts et obtenir plus de crédit puisqu'ils avaient à leur disposition une collection complète et authentique. Cette renaissance du droit romain prit de telles proportions que, dans la crainte qu'il ne nuisit au droit canon, le Concile de Trente de 1163 et une décrétale du pape Honorius III de 1225 en défendent l'étude aux ecclésiastiques. Ainsi le droit romain, enseigné avec tant d'enthousiasme, finit par prévaloir en Europe grâce à la sagesse, à l'humanité et à la sagacité de ses décisions [1]. Nous le voyons tantôt comme droit commun, tantôt comme droit supplétif à défaut de lois et coutumes locales. A cet égard, le savant professeur entre dans de très-longs détails qui doivent se résumer à peu près ainsi. Le droit romain était la législation des provinces ou sous une forme ou sous une autre, loi ou coutume ; il avait toujours subsisté ce qui faisait appeler les Provinces, pays de droit écrit. Le sud, le sud-est et le sud-ouest, précédemment compris dans les royaumes des Bourguignons et des Wisigoths, qui constituaient le ressort des parlements de Grenoble, Aix, Toulouse et Bordeaux, formaient les pays de droit écrit. Au nombre des pays de droit écrit on comptait encore le Lyonnais, le Mâconnais et une partie de l'Auvergne et de la basse marche du Parlement de Paris. Il y avait aussi quelques contrées situées entre la Saône et le Rhône, la Franche-Comté, la Suisse et la Savoie. Pour certaines provinces, comprises dans les pays de coutumes, le droit romain formait le droit commun. Dans certains pays comme dans le Bourbonnais, la Haute Marche, la Bourgogne et le Berry il était admis comme droit supplétif pour les matières qui ne lui étaient pas étrangères.

[1] C'était le plus bel éloge que l'on pouvait faire de la législation des premiers maîtres du monde. Berriat Saint-Prix, Histoire du droit romain, page 206.

On ne peut pas dire que le propre des pays de droit écrit était de n'avoir pas de coutumes, car il y en avait même dans les métropoles de ces provinces et dans un grand nombre de villes comme Toulouse, Bordeaux, Mont-de-Marsan, Bayonne, Saint-Sever en Béarn sans compter les coutumes générales des duché et comté de Bourgogne et celles de l'Auvergne. C'était l'autorité du droit commun attribuée au droit romain; mais cette autorité n'était pas la même pour toutes les parties du droit de Justinien dans les pays de droit écrit. Il arrivait souvent aussi qu'il n'avait dans ce pays que l'autorité de coutume, c'est-à-dire celle dérivant de son application. Dès lors ce n'était que les parties reçues ou appliquées de ce droit qui y avaient force de loi; et ce n'était pas toujours facile de savoir si telle ou telle partie était reçue, car la jurisprudence des quatre grands Parlements n'était pas toujours le même sur ce point. Sous le chapitre III nous trouvons des conseils pour l'intelligence du texte des Pandectes Florentines, lesquelles, selon toute apparence, remontent à la fin du seizième siècle. Il est regrettable, comme le fait observer Berriat, que Cujas n'en ait pas donné une nouvelle édition, car on eût été dispensé d'une foule de recherches qui souvent suscitent de nouveaux embarras dans une étude déjà si difficile en elle-même. L'édition dite des Vulgates du XVe et du XVIe siècle, la Norique, publiée de 1529 à 1531 par Grégoire Haloender, les Pandectes Florentines de Taurelli, publiées en 1533 et l'édition usuelle de Denis Godefroy paraissent être les seules ayant quelque valeur. L'auteur, qui apprécie fort peu les éditions princeps du Digeste, recommande d'avoir au moins celle de Denis Godefroy avec les Pandectes de Pothier [1].

Quelque critique que l'on ait faite du droit romain, il n'en est pas moins certain que, lorsque nous avons dû réaliser cette unité législative si ardemment désirée depuis si long-

---

[1] Pandectes de Pothier. Paris, 1748. Lyon 1782, 3 vol. in-folio.

temps, nous avons dû encore lui faire des emprunts. C'est ce qui faisait dire à M. Portalis à l'Académie de législation le 23 novembre 1803 : « Les philosophes et les jurisconsul-« tes de Rome sont encore les instituteurs du genre hu-« main. C'est en partie avec les riches matériaux qu'ils « nous ont transmis que nous avons élevé l'édifice de notre « législation nationale. Rome avait soumis l'Europe par « les armes ; elle l'a civilisée par les lois. »

Parmi les interprètes du droit romain nous citerons les Irnériens ou glossateurs qui s'attachaient à fixer les textes et à les interpréter littéralement [1] ; les Accursiens qui, profitant des recherches de leurs devanciers, y joignirent les leurs aussi considérables, mais faites avec un peu plus de critique ; c'est Accurse, [2] leur chef, qui publia la grande glose. Les Bartolistes composaient l'école dogmatique. Ceux-ci voulaient employer dans la discussion du droit le mode d'enseigner et de discuter de la scolastique et de la dialectique [3] ; enfin les Cujaciens ou l'école historique. Il nous semble, quant à la dernière catégorie, celle des Ramistes, qui voulait appliquer la méthode philosophique à l'enseignement du droit, que leur prétention n'était pas sérieuse et qu'ils n'avaient qu'à s'en tenir à la théorie de Cujas dont elle était un démembrement.

Après quelques renseignements sur les citations des textes et des ouvrages décrits, notre auteur passe en revue les empereurs avant Justinien avec l'indication du nombre de leurs constitutions, insérées au code, les divers âges de la jurisprudence, les jurisconsultes romains avec les lois du Digeste, extraites de leurs ouvrages, ainsi que le nombre des lois du Code et du Digeste et la date des Novelles. C'est

---

[1] Irnérius, le réformateur de la jurisprudence au moyen-âge, professait le droit à Bologne de 1100 à 1120.

[2] Accurse, célèbre jurisconsulte né à Florence en 1151 a enseigné le droit à Bologne.

[3] Barthole est le premier qui ait fait des commentaires sur le Corpus juris. Il a enseigné le droit à Pise et à Pérouse.

ainsi qu'il termine son ouvrage, qui, par là, devient complet sous le rapport de l'histoire des sources du droit romain. A l'époque où cet ouvrage a été publié, si le droit romain n'était plus enseigné en latin il n'y avait que peu de temps. Il devenait alors nécessaire de poser les bases d'un enseignement mieux à la portée des élèves et qui puisse leur permettre de compléter leur instruction juridique. C'est à Berriat Saint-Prix que revient l'honneur de ce travail que des interprètes comme Pothier, Heineccius et d'autres ont nommé spécialement l'histoire du droit. Il fut, en effet, le premier qui sut coordonner les sources du droit romain. Esprit sûr et précis, il présenta avec la simplicité de l'homme de mérite le fruit de ses minutieuses recherches. Le relâchement général de l'enseignement et des études dans nos anciennes universités avaient fait écarter, avant même qu'on eût cherché à l'apprécier, le fondement de sa doctrine que l'histoire du droit est une introduction à son étude.

Instruire sans surcharger la mémoire, tel paraît avoir été le but du savant professeur dans l'ouvrage que nous examinons. Aussi pensons-nous que, quand on lui reproche d'une part de n'avoir pas fait l'exposé du développement successif des institutions juridiques de Rome, et d'autre part de n'avoir pas présenté des considérations sur l'influence que les lois romaines ont pu avoir sur les mœurs publiques des Français, on s'attaque surtout au titre de l'ouvrage. Il est vrai de reconnaître, en effet, qu'il eût été préférable d'intituler cet ouvrage : *Histoire des sources du droit romain*, mais du moins la lecture de l'introduction suffit pour faire comprendre que jamais l'auteur n'a eu l'idée de faire une histoire externe et philosophique du droit romain. Pour les interprètes qu'il invoquait et qui avaient été ses devanciers, son travail était de l'histoire du droit.

Assurément on doit reconnaître qu'aucun travail aussi savant n'a été publié en France sur cette matière car, aujourd'hui encore, bien que cet ouvrage ne soit plus nouveau, il est encore le préliminaire indispensable d'un cours de droit romain. Quant aux rectifications qui doivent y être faites, elles ne sont pas encore bien nombreuses. Il est donc regrettable qu'il n'ait pas pu profiter de la découverte des Institutes de Gaius ; car, si son travail a déjà de la valeur, à combien plus forte raison en aurait-il, s'il en était autrement.

Certains critiques prétendent trouver dans cet ouvrage les qualités et les défauts de Berriat et, tout en rendant hommage à sa profonde érudition et à ses savantes recherches, ils regrettent que son style n'ait pas la précision et l'élégance des grandes compositions historiques [1]. Quelle que soit l'autorité de leurs appréciations, nous nous permettrons de n'être pas de leur avis. Un professeur qui publie son cours, doit, avant tout, tenir à se faire comprendre de ses élèves auxquels il s'adresse plus spécialement. C'est pour cela, comme on doit bien le penser, qu'il ne peut aucunement être l'esclave de la forme, surtout quand, en outre de cette première difficulté, il y a encore diverses obscurités à éclaircir.

Ne perdons donc pas de vue que notre éminent professeur, sans cesse préoccupé de son cours, se proposait de reconstituer la science du droit ou de l'histoire du droit que le défaut de style ou de critique de certaines histoires du droit, la prolixité ou la trop grande étendue de plusieurs autres avait laissée confuse et peu claire et que si, pour atteindre son but, il a dû assurer son enseignement et employer une méthode qui avait l'avantage d'empêcher la confusion des matières, loin de lui en faire reproche, nous devons au contraire lui en témoigner de la reconnaissance.

---

[1] En raison de son importance, l'histoire du droit romain a été longuement et vivement critiquée par diverses personnes et notamment par M. Rossi dans ses Annales de législation et de jurisprudence de Genève, tome II, et par M. Taillandier dans la Revue encyclopédique, tome XII, mars 1822.

Il peut se faire que l'étude isolée de chacune des sources du droit romain lui ait fourni l'occasion de traiter divers sujets se rattachant plus ou moins directement entre eux ; mais, du moins, sachons nous souvenir que l'auteur de l'histoire du droit romain ne voulait pas faire une grande composition historique et qu'il n'entendait nullement traiter de l'ensemble du droit romain à une époque où il était encore si peu étudié. Quoi qu'il en soit, il a travaillé modestement et sans éclat, peu préoccupé de la pensée qu'il pouvait faire école ou que son œuvre resterait, et sans nul autre souci que de graver ses recherches dans l'esprit des jeunes légistes qu'il a comptés au nombre de ses disciples. On nous pardonnera de trouver un peu sévère le jugement porté par quelques personnes sur une œuvre qui a été en quelque sorte le point de départ d'une étude sérieuse de la législation romaine. En homme d'initiative, Berriat a pris sur lui de démontrer et a démontré, de la façon la plus péremptoire, que l'étude des principes élémentaires du droit était incomplète sans l'exposé de leur origine et pour ainsi dire de la filiation des règles dont ils étaient le résumé. Seulement il a considéré, et selon nous avec raison, que son travail laisserait à désirer s'il ne publiait pas la vie de celui qui lui avait sans cesse servi de guide et à qui revenait le mérite de la doctrine qu'il a si bien présentée.

Il suffit de connaître le caractère profondément honnête de notre illustre professeur pour savoir que chez lui ce sentiment de scrupuleuse délicatesse s'alliait on ne peut mieux avec le véritable culte qu'il avait voué à Cujas. Nous allons trouver ce sentiment plus naturel encore, lorsque nous étudierons l'histoire, faite par lui, de celui qui fut appelé, à juste titre, le prince des jurisconsultes français.

En 1590, presque aussitôt après la mort de Cujas, Papyre Masson publia, de ce grand jurisconsulte, une vie qui, deux siècles après, était encore ce qu'il y avait de mieux fait sur son compte. Dans l'intervalle, divers articles furent publiés sur lui, mais sans aucune citation de sources ni d'autorités. Ces publications, remplies d'erreurs ou d'omissions importantes, violent sans cesse la chronologie. Quant aux notices de M. Bernardi et Hugo [1], si elles contiennent un certain nombre d'inexactitudes, c'est parce que ces deux savants n'ont pu recourir aux sources authentiques.

D'après Berriat, Jacques Cujas naquit à Toulouse en 1522 d'un père foulon ou tondeur de draps dont le nom était Cujaus. Ce nom fut abrégé de bonne heure d'une lettre par raison d'euphonie par Cujas fils. On prétend savoir que le père avait assez de ressources pour permettre à son fils d'abandonner son obscur métier et de se vouer à l'étude de la jurisprudence. Mais, ce qui paraît certain, c'est qu'il reçut les premiers enseignements du droit d'Arnaud Ferrier, dont le nom serait tout à fait ignoré sans l'honneur d'avoir formé un disciple tel que Cujas. Successivement professeur, conseiller aux Parlements de Toulouse et de Paris, puis ambassadeur de France au concile de Trente et chancelier, le maître de notre savant jurisconsulte ne paraît pas lui avoir donné des leçons bien profitables. On nous le représente, en effet, après ces leçons, comme suppléant à leur insuffisance par un travail opiniâtre. C'est ainsi qu'il apprend, seul et sans maître, les langues anciennes, l'histoire, l'éloquence, la poésie, la philosophie et les mathématiques.

Ainsi pourvu de la somme de connaissance qui était nécessaire à l'accomplissement de son œuvre, celui qui fut appelé *divinus interpres* ouvrit à Toulouse, à l'âge de vingt-cinq ans, un cours particulier sur les Institutes de Justinien. Ce cours qu'il continua pendant sept années avec éclat, fit pâlir l'enseignement contemporain et attira autour de sa chaire un concours immense d'auditeurs des pays les plus éloignés. Le moment où il fut moins heureux, ce fut en

---

[1] La notice de M. Hugo, professeur à Gottingue, insérée en 1803 dans son Magasin de droit civil a été réimprimée en 1814. Celle de M. Bernardi a été insérée en 1813 dans la Biographie universelle de Michaud. Tome I, V. Cujas.

1554, lorsqu'il se mit sur les rangs pour une chaire de droit romain, vacante à l'université de Toulouse. A cette date, ses compatriotes, et peut-être aussi les collègues auxquels il voulut s'unir, se refusèrent à tenir compte de ce mérite que sept années de succès, couronnés par des suffrages tels que ceux des de Foix, des Faur et Loisel auraient dû les empêcher de méconnaitre. Et pour surcroit de malheur, la nouvelle théorie, enseignée à Bourges vingt-cinq ans avant par Alciat, qui avait été successivement admise par Perrier et par Cujas, venait d'être repoussée à Toulouse, à l'instigation du fameux Jean Bodin, ennemi acharné du célèbre jurisconsulte dont nous analysons la biographie.

Ainsi Cujas quitta Toulouse sa ville natale en 1554 pour n'y plus jamais rentrer. Toutefois ce fut en 1556 seulement et grâce à la faveur de ce même Bodin, qu'un des partisans les plus prononcés de la méthode barbare des bartolistes, du nom d'Etienne Forcadel, fut installé dans la chaire qu'il avait sollicitée.

Résolu jusque-là à réunir des matériaux et à les coordonner pour les ouvrages qu'il méditait, notre grand jurisconsulte attendait une époque plus éloignée pour faire participer le public au fruit de ses veilles, lorsqu'un de ses élèves, nommé Jean Amariton, qui ne partageait pas ses vues, publia en secret ses notes sur les titres d'Ulpien et les lui dédia. Cette publication, dont Cujas accepta l'hommage par un sentiment délicat de reconnaissance, dut donner une idée du mérite de l'homme que les juristes de Toulouse avaient repoussé. Amariton, que Cujas affectionnait, tenait beaucoup à ce qu'en ce moment son professeur continuât la publication de ses ouvrages, mais ce dernier résistait et il fallait, pour qu'il s'y décidât, qu'il fut en butte à de nouvelles intrigues afin de prouver par là aux jurisconsultes de l'Europe les titres qu'il avait à l'emploi dont il avait été écarté. Cependant cette preuve ne fut pas attendue par la ville de Cahors pas plus que la publication de ses notes sur Ulpien, car presque aussitôt, elle l'appela à une chaire illustrée par Antoine Govéa. Sa réputation devait être très brillante pour que, sans titres littéraires,une ville voisine de Toulouse,foulant ainsi aux pieds les revers qu'il venait d'essuyer,lui déférât un tel honneur.

Suivi à Cahors par plusieurs de ses disciples, Cujas fut appelé huit ou neuf mois après à l'université de Bourges, la plus célèbre du monde quant au droit civil,afin d'y remplir la chaire d'un autre grand jurisconsulte français Baudoin,à qui ses opinions religieuses venaient de faire quitter la France. Ces emplois, il est vrai, ne furent pas dus à des succès obtenus à un concours ; il fut simplement l'objet d'une offre, puis d'une nomination faite par Marguerite de France, duchesse de Berry, fille de François I⁰ʳ, sur l'avis du chancelier l'Hôpital, ce qui, selon Berriat,constituait un signe de mérite plus décisif que des épreuves où l'intérêt, l'intrigue ou l'esprit de parti avaient une si grande influence.

Malheureusement Cujas rencontra des rivaux dans d'autres jurisconsultes célèbres, Hugues Donneau et François Duarein. Donneau, le moins ancien des deux, qui professait à Bourges depuis quatre ans, grâce à la protection de l'Hôpital,écrivit à celui-ci pour se plaindre vivement,mais sans succès,de la préférence accordée à Cujas pour la chaire vacante. Sur le refus éprouvé par celui-ci, Duarein et Donneau mirent de telles entraves à l'installation de leur collègue qui professait déjà,que,pendant un voyage qu'il fit à Paris, ils avaient excité contre lui un certain nombre d'élèves pour leur faire demander qu'on l'empêchât de revenir à Bourges; d'autres élèves formèrent,il est vrai,une demande opposée, que le conseil municipal appuya de son avis et que Marguerite approuva par un rescrit formel, mais les esprits étaient tellement surexcités, lorsqu'il reprit ses fonctions, qu'il se décida bientôt à y renoncer. Il abandonna donc l'université de Bourges où il était soutenu du suffrage d'un des plus grands jurisconsultes et professeurs du XVIᵉ siècle, Antoine Leconte, pour se retirer momentanément à Paris [1].

Il y était à peine depuis trois mois, lorsque des députés de la ville de Valence traitèrent avec lui pour une chaire de leur université aux appointements de six cents livres. Cette prédilection des Valentinois, après le nouvel échec de Cujas, doit peu surprendre, lorsqu'on se rappellera que pendant les deux années de son professorat de Bourges ; il avait commencé la publication de ses ouvrages, ce qui, mieux que l'enseignement, lui avait assuré la prééminence entre tous les interprètes du Droit. Il mit à profit son passage dans cette ville pour ajouter, en publiant ses notes sur les Sentences de Paul, un nouveau titre à ceux qui avaient déterminé le choix des habitants de Valence.

Le départ de Cujas pour Valence où il fut accompagné par plusieurs disciples ne diminua ni l'animosité de ses rivaux ni la bienveillance de Marguerite. Les premiers manifestèrent leur inimitié en faisant publier par un des leurs séides, Adrien Pulvœus, une satyre violente contre notre jurisconsulte et Marguerite ses intentions généreuses soit en lui tenant compte de ses honoraires pendant le temps de ses voyages, soit en lui substituant dans sa charge de Bourges son intime et son admirateur, Antoine Leconte. Mais ces titres et ce choix firent hériter celui-ci de la haine que Doneau et Duarien avaient vouée à Cujas et ce ne fut qu'après deux années d'altercations qu'il put remplacer son ami.

Ce sentiment d'hostilité ne fut pas celui des membres de l'université de Valence. Au contraire, bien que Cujas fut le dernier professeur par ordre de rang, tous ses collègues lui déférèrent le premier rang avec les droits et prérogatives qui y étaient attachés. Quoi qu'il en soit, son séjour à Valence ne fut guère plus long que son séjour à Bourges[2].

---

[1] Cujas quitta Bourges à la fin d'août 1557.

[2] Cujas partit de Valence en octobre 1559. Eclaircissements, § 21. Eclaircissements. Eloges, § 16.

Dans cette ville, en effet, il aurait pu être utile aux progrès de la jurisprudence s'il n'avait eu le souci et les embarras d'une transplantation à une si grande distance de son domicile ainsi que d'un mariage qu'il contracta avec la fille d'un médecin d'Avignon. Il y publia cependant une seconde édition de ses ouvrages à laquelle il y joignit la quatrième de ses observations et de son commentaire sur les titres des pactes, des transactions et neuf autres du Digeste.

Cet ouvrage [1] était dédié à l'évêque de Valence Jean de Montluc, dont il avait acquis l'amitié. Le mérite du jurisconsulte devait être bien réel pour effacer la distance existant entre un Montesquiou, déjà évêque et connu par plusieurs ambassades, du fils d'un foulon. On considérait, d'ailleurs, que ses écrits étaient entre les mains de tout le monde et qu'il était inutile d'en rapporter les fragments.

Sur ces entrefaites, Duarein, qui avait été l'obstacle principal au maintien de Cujas à Bourges, vint à mourir, et Marguerite de France conçut alors le projet de l'y rétablir. Notre célèbre jurisconsulte, malgré les pressantes sollicitations des Valentinois, ne crut pas devoir résister au désir de sa bienfaitrice et partit, comme toujours, suivi de plusieurs disciples, pour aller occuper la chaire laissée vacante par son rival.

Les manœuvres déloyales auxquelles le savant professeur avait été en butte et qui, lui inspirant le dégoût de sa profession, lui avaient suggéré l'idée d'y renoncer, lui avaient été utiles en excitant en lui une vive émulation et en l'encourageant à redoubler d'application et d'efforts dans la méditation et les recherches. On s'en aperçut dans les ouvrages qu'il publia pendant son cinquième professorat, le second de Bourges, aussi ses succès et sa réputation s'accrurent-ils encore, comme on en peut juger soit par

---

[1] Dédicaces 36 nos 3 et 13.

les éloges dont il fut l'objet, soit par les discours qu'on lui adressa.

Il est probable qu'avec de tels avantages Cujas eût fini ses jours à Bourges sans quelques circonstances particulières. A ce moment, en effet, où la France s'était emparée d'une partie des Etats de la maison de Savoie, les ducs avaient transféré à Mondovi l'université de Turin. Lorsqu'ils recouvrèrent cette ville en 1562, Emmanuel Philibert et Marguerite, son épouse, projetèrent de reporter cet établissement à Turin mais avec éclat et en y appelant des professeurs d'une grande réputation. Leur choix tomba d'abord sur Antoine Govéa, alors attaché à l'université de Grenoble. Malheureusement,lors de la réintégration de l'école de droit, Govéa y mourut presque subitement.

Le seul moyen de réparer cette perte fut, pour le duc et la duchesse, d'appeler Cujas à la succession de Govéa ; on comprend aisément qu'en raison des bienfaits que notre savant jurisconsulte devait à Marguerite, celui-ci ne pouvait guère refuser, surtout si l'on considère le souci qu'il avait d'échapper aux guerres intérieures dont la France était menacée et le désir manifesté par lui d'étudier les manuscrits des bibliothèques italiennes. Marguerite pourvut, d'ailleurs, largement aux frais de voyage de Cujas et à ses honoraires comme professeur. Elle lui fit de plus conférer le titre de conseiller du duc que celui-ci avait déjà donné à Govéa.

Cujas partit donc pour Turin vers le 21 septembre 1566, après avoir obtenu l'agrément de l'illustre chancelier l'Hôpital. Selon l'usage, il partit accompagné de plusieurs disciples, lesquels, en présence du mérite de leur professeur et de l'affection qu'il avait su leur inspirer, ne regardèrent ni aux dépenses, ni aux difficultés du voyage [1]. Pendant son séjour à Turin,sur lequel nous avons peu de détails,le

---

[1] Nous pourrions citer, au nombre de ceux qui l'ont suivi, Claude Dorsaune, fils d'Antoine Dorsaune, lieutenant général au bailliage d'Issoudun.

savant jurisconsulte fit un voyage dans quelques villes d'I-
talie, soit pour observer la méthode d'enseignement de leurs
universités, soit pour examiner les manuscrits de leurs bibliothèques et tâcher d'en acquérir quelques-uns. Parmi
les villes qu'il visita nous pouvons citer Venise où il était
conduit, tant par un but scientifique que par le désir de revoir son professeur Ferrier et son ancien disciple Paul de
Foix. Cosme de Médicis essaya même de l'attirer à Florence, mais sans résultat, ce qui explique le refus qu'il
éprouva d'obtenir en prêt le manuscrit des pandectes florentines, même avec la protection et sous la garantie du
souverain Emmanuel Philibert.

Entièrement opposés au caractère et aux habitudes de
Cujas, les mœurs et les usages de l'Italie ne lui permirent
pas de profiter longtemps des bienfaits de Marguerite.
Cette dernière eût sans doute désiré le renvoyer à Bourges,
mais comme, après son départ à Turin, elle avait disposé
de sa chaire de Bourges au profit de François Hottoman,
qu'elle ne pouvait déplacer, elle dut consentir à ce qu'il
remplît une chaire ailleurs. Ce choix ne fut, en effet, pas difficile pour l'éminent jurisconsulte ; car, redemandé par les
habitants et l'évêque de Valence, il se décida à rentrer dans
l'université de cette ville, dont l'importance s'était récem-
ment accrue par la réunion de l'université de Grenoble.

Les Valentinois et leur évêque, afin de le fixer définitivement dans cette ville, firent tous leurs efforts pour lui assurer une position au moins égale à celle qu'il tenait de la
générosité de Marguerite. Pour cela, ils le rétablirent dans
la première chaire, bien qu'il l'eût abandonnée contre leur
gré et qu'il y eût des professeurs beaucoup plus anciens
quant à l'âge et aux fonctions. En un mot ils lui donnèrent
la direction arbitraire de l'université, même pour la promotion aux chaires vacantes. Ceux-ci portèrent enfin ses
honoraires à six cents livres, ce qui, en y ajoutant la loca-
cation d'une maison où il était logé gratuitement lui et ses
pensionnaires, les rétributions des grades beaucoup plus

considérables pour lui que pour ses collègues, puisqu'on lui laissait toujours exercer le patronage des thèses, équivalait, d'après Berriat, à un revenu de douze mille livres. Ce traitement était relativement considérable pour l'habitant d'une petite ville de quatrième ou cinquième ordre telle que Valence, où les vivres ont toujours été à bas prix.

Il semblait que plus Cujas tenait à la tranquillité et plus elle fuyait devant lui. En effet à peine était-il installé dans son nouveau poste que l'insurrection générale des protestants, connue sous le nom de Saint-Michel ou de seconde guerre civile, éclata dans toute la France et en particulier à Valence, dont les protestants s'emparèrent deux jours après.

En présence de réquisitions de vivres et surtout d'argent, suite fâcheuse et inévitable des conquêtes, le conseil de ville de Valence, dénué de ressources, dut penser à un emprunt. « Cujas, informé de cette résolution, se rendit sur « le champ à l'assemblée et proposa à la ville deux cents « livres libéralement et sans aucun change [1] ». Les Valentinois ressentirent d'autant mieux le prix de ce service qu'au bout de quinze jours ils furent forcés de recourir à un nouvel emprunt qu'ils ne purent obtenir pour quatre mois qu'au change de dix pour cent et encore sous l'obligation personnelle de deux consuls, tandis que Cujas s'était contenté de la délibération du conseil.

Telle fut la cause des témoignages d'estime et de respect qu'ils lui donnèrent en l'appelant à plusieurs de leurs assemblées, bien qu'il ne fut pas membre du conseil de ville, ou en le nommant arbitre souverain d'une contestation très importante qui s'était élevée entre le premier consul et l'un des notables. Seulement comme la situation de la ville allait toujours s'aggravant, le service de l'université fut interrompu et Cujas dut chercher un asile où il put se livrer au moins aux travaux du cabinet. Il le trouva au château de

[1] Berriat Saint-Prix. Histoire de Cujas. Paris, Nève, 1821, page 395.

Charmes, en Vivarais (à deux lieues au midi de Valence) chez M. Antoine de Crussol, duc d'Uzès, chevalier d'honneur de Catherine de Médicis qui lui-même y était temporaire ment. Il y séjourna jusqu'aux vacances de Pâques suivantes, pendant lesquelles la seconde paix, faite à Chartres, le 23 mars 1568, fut publiée à Valence le 15 avril suivant, époque à laquelle le gouvernement protestant en remit les clefs.

Malgré cette paix boiteuse et mal assise, lorsque Cujas reprit son enseignement, sa réputation, parvenue au plus haut degré, lui attira un nombre considérable d'auditeurs. Les étrangers et même les Allemands se rendirent en foule à Valence sans être retenus par la distance, la différence des mœurs et du langage et les troubles religieux et politiques qui désolaient la France, troubles que Cujas essayait d'écarter de sa pensée en s'enfonçant plus que jamais dans l'étude.

Au moment de la troisième guerre civile, les cours de l'université de Valence ne furent point suspendus, car les hostilités, qui étaient concentrées dans les provinces occidentales, aboutirent aux batailles de Jarnac et de Moncontour, 1569. Mais il n'en fut pas de même un an plus tard, tandis que Coligny conduisait une armée au sud du Dauphiné. A cette époque, Cujas dut se retirer à Lyon avec sa famille. Ce fut là qu'il s'occupa de la composition de nouveaux ouvrages et que, lors d'une nouvelle édition de ses œuvres, il éprouva l'embarras assez rare de ne pouvoir trouver pour l'imprimeur un exemplaire de chacun d'eux. Ce séjour à Lyon a fait supposer qu'il était disposé à quitter l'université de Valence, car d'autres universités, notamment celles d'Avignon, Besançon et Bourges cherchèrent à l'attirer. Mais aussitôt que l'espoir de la conciliation commença à apparaître, Cujas rentra à son poste et, à l'automne de 1570, il renouvela, pour quatre années, son engagement avec la ville de Valence.

A son retour l'affluence des auditeurs redoubla et pour

ce motif il serait sans intérêt de citer ici les principaux. Toutefois il nous paraît nécessaire de faire une exception pour deux d'entre eux. Le premier, le prince des érudits modernes, Joseph Scaliger, qui, malheureux et en butte à diverses persécutions, était venu trouver auprès de Cujas un asile comme dans un port à la suite d'un naufrage. Le deuxième, le plus grand de nos historiens, Jacques-Auguste de Thou, qui avait quitté, pour celle de Valence, les universités d'Orléans et de Bourges. Lors de l'arrivée de ce dernier, Cujas venait de faire une maladie qui avait fait craindre pour ses jours et, malgré l'état de faiblesse extrême qui en était la suite, il ne quitta pas ses cours. C'est pourquoi de Thou, qui tenait à ne pas abandonner un pareil professeur, suivit ses cours avec exactitude pendant près d'une année, c'est-à-dire jusqu'à ce que les avant-coureurs de la Saint-Barthélemy le fissent rappeler par son père, alors premier président au parlement de Paris.

Déjà, avant cette journée fatale, Cujas avait bien mérité de sa seconde ville adoptive en conciliant un différend sérieux qui s'était élevé entre la légion du maréchal d'Ornano et les étudiants de l'université de Valence. L'aplanissement de ce différend, à l'occasion duquel plusieurs soldats et élèves avaient été tués ou blessés, ne fut pas un service moindre pour les lettres et la jurisprudence que celui qu'il rendit en sauvant la vie de Scaliger et d'Ennemond Bonnefoi que des forcenés voulaient joindre aux victimes déjà faites par suite des ordres sanguinaires de la Cour. Loin de lui en vouloir pour une conduite aussi généreuse, Charles IX récompensa Cujas de ses services par un brevet de conseiller honoraire au parlement de Grenoble. Cette espèce de charge, jusqu'alors inconnue, lui conférait les honneurs et les prorogatives des conseillers titulaires et même la voix délibérative, lorsqu'il serait présent, mais avec dispense de toute obligation d'assistance. Cette exception aux règles usitées ne fut pas sans provoquer des murmures et il ne fallait pas moins que l'estime profonde due aux talents et aux ouvrages du professeur pour surmonter les difficultés que le second avocat général du roi faisait à son admission. Elle eut lieu, toutefois, avec le concours et en la présence du Parlement et de la Chambre des comptes et avec cette autre circonstance remarquable que le chef de l'assemblée, Guillaume de Portes, second président au même Parlement, prononça un discours dans lequel il fit l'éloge du récipiendaire.

Quelques écrivains pensent que c'est à ce moment qu'il augmenta son nom du *de* nobiliaire par une raison d'innocente vanité. Suivant d'autres, cette addition daterait de l'époque où il fut conseiller du duc de Savoie. Toutes ces conjectures sont dépourvues de fondement ; elles sont d'ailleurs démenties par une classification chronologique soigneuse de ses actes et de sa correspondance. On ne trouve, en effet, aucun motif plausible à cette acquisition de titre qu'il prit, quitta et reprit six ou sept fois pendant les trente dernières années de sa vie. Rien ne prouve non plus qu'il ait jamais tiré vanité de son nouveau rang de magistrat souverain, ni de la charge qu'il obtint ensuite et qu'il ne sollicita que pour laisser une position honorable à son fils. En eût-il conçu quelque amour-propre, il en aurait assurément exercé quelquefois les fonctions, lorsqu'il se trouvait dans le voisinage de Grenoble, ou au moins il en aurait pris le titre dans ses œuvres, tandis qu'il affecte d'ajouter à son nom la seule qualification de jurisconsulte.

Henri III était animé pour Cujas des mêmes sentiments que son frère, car aussitôt après avoir quitté le trône de Pologne, il le confirme dans la sinécure, que son frère lui avait conférée, et lui assure même la première place de conseiller en titre qui deviendrait libre. En effet, deux mois après il dispensa le professeur de l'assistance et lui en assura les gages tant qu'il enseignerait à Valence ou dans toute autre ville.

Le roi, non content de témoigner ainsi à Cujas toute l'estime qu'il lui inspirait, le chargea encore avec Montluc de vérifier et apurer la gestion des préposés au service des vivres et munitions qui, durant la dernière guerre, s'étaient approprié les fonds de l'Etat. Aussi ne vit-on pas sans surprise le nom du jurisconsulte placé avant celui de l'Evêque ministre d'Etat et ambassadeur. De si grands honneurs et des liaisons intimes avec les principaux fonctionnaires de la province, tels que l'évêque Montluc, le premier et second président Truchon et des Portes, enfin avec le baron de Gordes, commandant pour le roi, devaient décider Cujas à finir ses jours à Valence. Cette intention avait été, du reste, manifestée par lui dans sa correspondance intime, à diverses reprises, ainsi que celle de ne pas retourner à Bourges. Aussi les Valentinois venaient-ils de lui proposer le renouvellenent des anciens traités.

Cependant on le voit tout-à-coup, au printemps de 1575, écouter les sollicitations des habitants de Bourges, au milieu desquels il se rend au mois de juin suivant. Les motifs qui l'on fait ainsi braver le mécontentement des autorités locales et résister aux sollicitations empressées des Valentinois et à celles de Montluc, comme à celles du baron de Gordes, sont absolument inconnus. On suppose toutefois qu'ils étaient graves, car Cujas agissait contre son intérêt. En effet, s'il avait la certitude de conserver sa place de magistrat, même éloigné du Dauphiné, sa nouvelle situation, malgré l'assurance qui lui était donnée d'être le doyen, ne présentait pas les mêmes avantages que l'ancienne. D'une part, si les honneurs qu'on y attachait étaient égaux, en apparence, ils étaient inférieurs en réalité, puisque la promesse d'un quart de leur somme était uniquement basée sur une espérance, tandis qu'à Valence on offrait de lui garantir la totalité par un cautionnement solide. De l'autre comment pouvait-il à Bourges remplacer l'appui efficace des Montluc, des Gordes, des Truchon par la protection de Marguerite et de l'Hôpital qui n'existaient plus depuis environ deux ans.

Si c'est parce qu'il comptait trouver plus de tranquillité

à Bourges, ville catholique,qu'à Valence où les protestants avait un parti formidable, il fut déçu dans ses espérances, car, trois mois après son arrivée, le duc d'Alençon, frère du roi, s'enfuit de la Cour avec le projet de se mettre à la tête des protestants, bien qu'il ne fût pas de leur parti. Pour leur enlever son appui on fit avec lui une trève, par laquelle on lui accorda plusieurs villes de sûreté entre autres Bourges, avec le droit d'y tenir garnison et d'en désarmer les habitants.

Pour n'être pas victimes de leurs ennemis, les habitants de Bourges résolurent de lui fermer leurs portes pour lui résister. Cujas alors voulant échapper au malheur dont il se croyait menacé chercha à mettre sa famille en sûreté. Sur ces entrefaites la ville d'Angers lui proposa une place dans son université et, comme cette négociation échoua, il se réfugia dans la capitale. Le premier Parlement de France fit alors en sa faveur une honorable exception à une loi canonique qui défendait l'enseignement du droit civil dans l'université de Paris. Il le permit à Cujas et l'autorisa même à conférer des grades [1] (arrêt du 2 avril 1576).

En ce moment la paix fut conclue et le duc d'Alençon entra à Bourges (15 juillet 1576). Aussitôt les habitants voulant donner à Cujas une nouvelle preuve de l'estime profonde que lui avaient inspirée ses talents et ses services, se hâtèrent de le faire rappeler. Celui-ci retourna alors à l'université de Bourges pour ne plus la quitter, si ce n'est pendant quelques voyages de courte durée qu'il fit à Paris. Plus tard le duc d'Alençon voulant donner à notre jurisconsulte une preuve de l'admiration qu'il avait pour lui, lui accorda une pension de 500 livres et une charge de maître des requêtes dans son conseil.

Ce ne fut pas sans sollicitations de la part d'autres pays

---

[1] Histoire de Cujas par Berriat Saint-Prix. Paris, Nève 1821, page 409.

que Cujas se fixa à Bourges. En effet, en 1577 et en 1578 les Toulousains, [1] en 1582 les Valentinois et en 1584 Grégoire XIII lui firent des propositions qu'il repoussa pour conserver la liberté et surtout la tranquillité dont il jouissait enfin dans sa nouvelle patrie. Son emploi et la composition de ses ouvrages, telle était son unique occupation ; et lorsqu'on se plaignait à lui de la neutralité scrupuleuse qu'il gardait dans les dissensions religieuses qui agitaient les esprits, il répondait invariablement que cela n'avait aucun rapport avec la législation. Cette tactique de sa part n'aurait-elle pas eu pour but d'insinuer qu'il fallait laisser chacun libre de sa croyance. Ce qui pourrait le faire supposer, c'est que Cujas a osé publier des maximes de tolérance, cinq ans après la Saint-Barthélemy, à une époque où Henri III, excité par les Etats-généraux de Blois, défendait l'exercice de toute religion autre que la religion catholique.

Il paraît seulement que des malheurs domestiques avaient fait accueillir à Cujas les propositions des Valentinois. Depuis son retour à Bourges la mort lui avait ravi en peu de temps plusieurs amis ou protecteurs bien chers, tels que le professeur Leconte en 1577, le baron des Gordes, le premier président Truchon en 1578 et l'évêque Montluc en 1579. Mais ce n'était là que les préliminaires d'évènements plus terribles encore, car il perdit successivement, pendant l'automne de 1581, sa femme et son fils unique. Ce jeune homme, doué des dispositions les plus heureuses, pour l'éducation duquel il n'avait négligé ni soins ni dépenses, dont l'établissement futur lui avait fait solliciter la charge de conseiller au parlement de Grenoble, à qui il avait dédié un de ses plus savants ouvrages, qui, en un mot, était l'objet de ses affections et de ses espérances, mourut à la fleur de l'âge d'une pleurésie, contractée à une partie de paume.

Notre illustre savant, sous l'influence des principes de la philosophie stoïcienne dont la plupart de ses maîtres

---

[1] *Vide* lettre de Cujas à M. J. Jorry du 25 mars 1578, page 505.

étaient imbus, crut que ses convictions l'aideraient à supporter sa douleur. Il pensa donc pouvoir reprendre, à la fin des vacances, ses leçons pour lesquelles il avait tant de zéle qu'il se faisait pour ainsi dire transporter de son lit de malade à l'université. Mais, au moment où, arrivé à sa chaire, il voulait commencer, les sanglots étouffaient sa voix et l'empêchaient de continuer en présence de nombreux auditeurs dont l'âge ne lui rappelait que trop celui qu'il avait vu assis parmi eux. Rien n'était plus touchant que les lettres qu'il écrivait alors à Loisel sur la satisfaction qu'il éprouvait d'avoir Scaliger auprès de lui pour le consoler et au conseiller de la Guesle où il peignait son chagrin et la satisfaction qu'il éprouvait à le voir en le priant de lui conserver son amitié.

Ainsi privé de son fils, Cujas considérait la charge de conseiller comme un honneur inutile. Il ne voulut donc plus la conserver que pour présenter un sujet qui fût digne de l'emploi. Il se décida alors, en octobre 1582, en faveur d'un de ses anciens élèves, Antoine de Dorne, petit-fils d'un professeur célèbre du même nom, à qui un long exercice dans l'Université de Valence avait mérité le titre de comte[1]. Mais l'espoir de forcer Cujas à y retourner engagea le parlement de Grenoble à mettre à la nomination de son successeur une foule d'obstacles qui ne furent levés définitivement que le 10 avril 1584, après plusieurs ordres du roi. Il cessa bientôt aussi d'être maître des requêtes et il perdit sa pension par la mort du duc d'Alençon, arrivée le 10 juin suivant.

Le pape Grégoire XIII, qui avait connaissance de tous ces faits, crut alors à la réussite du projet qu'il avait formé d'attirer Cujas dans son université de Bologne. Il écrivit aussitôt à notre jurisconsulte pour lui faire des offres brillantes quant aux honneurs et aux émoluments. Celui-ci, alors, soit qu'il fût flatté de cette démarche directe du sou-

---

[1] Histoire de Cujas par Berriat Saint-Prix. Note 180, page 414.

verain pontife, qui était aussi un habile jurisconsulte, soit qu'il aperçût dans ce nouvel emploi un asile contre les bouleversements dont la ligue menaçait la France depuis la mort de l'héritier présomptif de la couronne, soit qu'il voulût saisir l'occasion de s'éloigner du lieu qui lui rappelait la source de ses chagrins. ne repoussa d'abord pas les propositions qui lui étaient faites. On est, du reste, porté à le croire lorsqu'on voit le président de Thou se soustraire en quelque sorte aux devoirs funèbres qu'il avait à rendre à sa sœur pour composer et adresser à Cujas une épître en 240 vers latins où il faisait ses efforts pour le détourner de son projet de quitter la France. Ces exhortations produisirent un excellent résultat. De nombreux bienfaits d'Henri III, tels que le don d'une charge de conseiller au présidial de Bourges dont il fut autorisé à vendre le titre qu'il eût été peu convenable de prendre après avoir renoncé à celui de conseiller d'une cour souveraine, et enfin le temps, ce remède puissant pour la douleur, affermirent Cujas dans la résolution de finir ses jours à Bourges.

Affaibli par l'âge et encore plus par le travail, notre savant jurisconsulte éprouvait le besoin d'avoir les secours que l'affection et la sollicitude d'une compagne peuvent seules offrir. Cette situation d'un vieillard plus que sexagénaire et d'un extérieur peu avantageux, si l'on en juge par ses portraits, devait lui laisser peu de latitude pour ce choix. Par bonheur pour lui, la douceur de ses mœurs et de son caractère, ainsi que le rang distingué et la haute considération qu'il devait à ses talents, le firent, au contraire, rechercher. Une femme jeune et tenant à une famille noble, relevée par d'illustres alliances, s'empressa de donner sa main au rejeton d'un artisan et la préférence, que lui accorda ce dernier, fut célébrée comme une espèce de victoire.

Il paraît aussi que l'espérance d'avoir un héritier de son nom et d'une partie au moins de ses connaissances fut une des causes principales de sa décision. Sa déception sur ce point fut complète, car le fruit unique de cette seconde union, la fameuse Suzanne, n'est connue que par d'étranges désordres[1] dont son père ne fut heureusement pas le témoin. Surmené par le travail et accablé par les chagrins de tout genre, sans oublier celui qu'il ressentait de voir la France dans un état aussi fâcheux, Cujas devint vieux avant le temps. Ses fonctions de professeur, qu'il avait exercées pendant quarante ans, lui devinrent alors à charge et il se rendit à Paris pour obtenir sa retraite, qu'il demanda à la reine-mère par un discours latin adressé directement au roi. Mais Henri III la refusa par une réponse faite dans la même langue et aussi remarquable par son élégance qu'honorable pour le jurisconsulte auquel le roi promettait d'ailleurs d'accorder toutes les autres grâces qu'il voudrait demander.

Le repos de Cujas fut sérieusement troublé à la fin de sa carrière. En effet, après l'assassinat d'Henri III, la ligue proclama roi, sous le nom de Charles X, le cardinal de Bourbon, oncle d'Henri IV, reconnaissant par là, au moins pour le moment, les droits de cette famille illustre que la maison de Guise voulait faire exclure du trône. On sollicita alors vivement Cujas d'écrire en faveur du cardinal en lui faisant l'offre de magnifiques récompenses. Aux promesses succédèrent les menaces et on en vint jusqu'à animer contre lui les fanatiques dont la ville de Bourges était remplie. Rien ne l'ébranla dans son refus, pas même une émeute populaire où il faillit perdre la vie. La résistance de Cujas était d'autant plus louable que la ville de Bourges était et fut encore, pendant plusieurs années, au pouvoir des ligueurs et des lieutenants du duc de Mayenne et qu'elle leur servait de places d'armes pour les arrondissements voisins. On comprend donc sans peine ce qu'il eut à souffrir, lui qui chérissait tendrement sa patrie, de la voir sans cesse, et surtout le Berry, déchirée par les guerres

---

[1] Histoire de Cujas par Berriat Saint-Prix. Note 190, page 417.

civiles. Aussi, bien que d'une constitution robuste, on s'accorde à dire qu'il mourut de chagrin le 5 octobre 1590.

Toutes les épitaphes, qui lui ont été consacrées, sont d'accord pour lui donner cet éloge délicat qu'il n'a pas voulu survivre à l'anéantissement des lois généralement méconnues alors sur toute l'étendue du territoire. Frappés de cette mort, les habitants de Bourges tinrent à lui rendre les honneurs les plus pompeux. Unis pour cela à tous les gens de la contrée pour assister en foule à ses obsèques avec toutes les corporations et les ordres de la ville, ceux de ses élèves, qui étaient de noble extraction, ont voulu porter eux-mêmes le corps inanimé de leur maître au champ du repos. Son oraison funèbre fut publiquement prononcée par un de ses anciens disciples, Claude Mareschal, alors conseiller au Parlement de Paris.

La vénération qu'il avait inspirée ne parut pas moins dans les soins que l'on donna à l'indigne héritière de son nom. L'illustre président de Thou se chargea lui-même de marier Suzanne à un gentilhomme du Blaisois. Lorsqu'elle eut dissipé la fortune assez considérable de son père, les habitants, mais surtout les professeurs de Bourges, Mérille, Cinsson, Broé et Mercier, lui firent une pension alimentaire jusqu'à la fin de ses jours[1].

Le plus précieux des biens laissés par Cujas, sa bibliothèque, une des plus riches de l'époque, puisqu'elle n'occupait pas moins de six ou sept chambres, fut par malheur encore plutôt dissipée que le reste. Formée par lui dès sa jeunesse, elle était assurément très remarquable et ne contenait pas moins de cinq cents manuscrits. La passion, qu'il avait, dès sa jeunesse, pour les œuvres originales, ne lui faisait négliger ni les soins ni les dépenses pour en découvrir ou en acquérir, ou au moins pour se procurer la communication de ceux qu'on ne pouvait lui céder. Ce fut un des principaux motifs du séjour qu'il entreprit en Italie et du

---

[1] Histoire de Cujas par Berriat Saint-Prix. Note 202, page 420.

voyage littéraire qu'il fit en Provence au printemps de 1571. L'année précédente il avait plusieurs commissionnaires occupés à lui en chercher dans trois lieux différents. En 1572 il entretenait des relations dans le même but avec un de ses amis en Italie ; en 1573 il en priait un autre, qui se trouvait en Afrique, de lui procurer les ouvrages de saint Augustin, et en 1575 un gentilhomme devait venir exprès de Padoue à Bourges lui apporter un Recueil des Sentences des anciens jurisconsultes. Ce n'était certainement pas pour tirer vanité de ces trésors que le savant Cujas avait pris tant de peine à les recueillir ; c'était pour s'en servir et en faire profiter le public. Beaucoup de ces ouvrages nous fournissent la preuve du parti qu'il en a tiré ; et il résulte des témoignages de beaucoup de ses contemporains qu'il faisait une offre sérieuse, lorsque dès 1556 il annonçait qu'il communiquerait ses manuscrits à tous les gens d'études dont le désir serait de les consulter. Il lui est même arrivé d'en prêter ou même d'en donner, soit à ses amis, soit aux libraires qui voulaient les publier. Aussi en perdit-il plusieurs, même de très précieux, que ceux auxquels il les avait confiés avaient oublié de lui rendre.

Une telle manière d'agir prouve combien étaient dépourvues de fondement les imputations injurieuses qui lui furent adressées après sa mort : de s'être approprié les scholies ou notes mises par des interprètes grecs en marge de l'exemplaire manuscrit des Basiliques appartenant à Catherine de Médicis et d'avoir dérobé, à l'aide d'une escalade, cet exemplaire à la succession d'Antoine Leconte (lequel l'avait emprunté à la bibliothèque de la reine). Suivant Annibal Fabrot, en effet, la première imputation était fausse et ne reposait, d'ailleurs, que sur des conjectures insignifiantes. Sa fausseté est encore démontrée par l'attention qu'avait Cujas de citer fort souvent les interprètes grecs en ces termes : « *Græci dicunt, græci notant*, et, d'autre part, par l'horreur qu'il avait du plagiat[1]. Quant

---

[1] Berriat Saint-Prix, Histoire de Cujas, note 211 page 423.

à la seconde, elle n'avait d'autre fondement qu'une simple
allégation faite vingt-sept ans après sa mort dans une correspondance privée dont la publication eut lieu au bout de
deux siècles.

Cette si belle bibliothèque, dont nous venons de parler,
fut vendue en 1593. Elle fut vendue en détail et aux enchè-
res d'après une disposition du testament de notre jurisconsulte qui, d'ailleurs, était conforme aux intérêts de la
pupille. D'après Catherinot [1], les libraires de Lyon achetè-
rent des manuscrits qu'ils employèrent à couvrir des rudi-
ments et le seul manuscrit des Basiliques fut acheté quatre cents écus par un conseiller de Bourges. Cette série
d'assertions est tout au moins erronée, puisqu'en 1604, c'est-
à-dire onze ans après, nous voyons un ambassadeur faire
exprès le voyage de Paris à Bourges pour tâcher d'en avoir
quelques restes. Où il est plus exact, c'est quand il affirme
que la bibliothèque de Cujas ne convenait pas seulement à
un jurisconsulte, mais encore à un théologien, à un médecin, à un historien, à un géographe ou à un philosophe, et
il aurait pu ajouter à un mathématicien. On peut juger de
l'état où elle était en 1590 par le catalogue qui en avait été
fait en 1573. A cette date elle ne contenait que 185 manuscrits, bien que Catherinot en eût fixé le nombre à cinq
cents.

Bien différente de la plupart des bibliothèques des jurisconsultes, celle de Cujas n'était composée que d'un septième
d'ouvrages de droit. Les ouvrages d'histoire aussi nombreux
en formaient la huitième partie ; les œuvres des poètes la
seizième partie ; et celle des mathématiciens ou géogra-
phes la trentième. Vient ensuite une énumération de certains ouvrages de droit à la suite de laquelle nous lisons :
« Bartole, enfin, n'a pas, malgré la grosseur et le nombre
« de ses volumes, occupé la plus petite place sur les tablet-

---

[1] Catherinot, né au château de Luçon en 1628, plaida à Lyon et y mourut en 1689. Valais le traite de savant de bas étage.

« tes de l'élève d'Armand Ferrier... Et Cujas lui-même,
« mais par un motif bien différent, n'était guère mieux
« traité dans sa bibliothèque. Le catalogue ne cite de lui
« que la traduction du 60e livre des Basiliques : c'est que,
« comme on lit à la page 392, les éditions diverses de ses
« ouvrages étaient alors complètement épuisées et que pro-
« bablement il ne lui restait plus que ses propres exemplai-
« res chargés de notes manuscrites et qu'il eût été par là
« même imprudent de laisser dans une collection à peu
« près ouverte au public. » [1]

Nous avons vu, page 423, que Cujas avait ordonné qu'on
vendît tous ses livres en détail, parce qu'il craignait qu'on ne
réunît et publiât les notes qu'il y avait mises. Ce motif, rap-
proché d'une autre clause de son testament par laquelle il
priait Pierre Pithou, son ami, d'être l'éditeur des trois derniers livres de ses observations, nous prouve aussi qu'il ne
voulait point qu'on publiât d'autres ouvrages que ceux
qu'il avait lui-même mis au jour. Mais sur ce point ses dé-
sirs n'ont pas été satisfaits. Les œuvres imprimées, de son
vivant, sont même d'une étendue moins considérable que
les œuvres posthumes qui y ont été ajoutées. Celles-ci, du
reste, n'ont pas été revues par lui et ne consistent pour la
plupart qu'en des leçons recueillies avec plus ou moins de
soins par ses élèves et ne sont pas à beaucoup près aussi
estimées. C'est ce qui fait qu'on les a distinguées des premières. Néanmoins ce sont celles-là où les envieux de sa
gloire ont cherché à découvrir des fautes comme si elles lui
eussent appartenu directement. Parmi les ouvrages posthumes, le commentaire sur Papinien est considéré comme
ayant autant de valeur que les ouvrages publiés de son vivant. Toutefois parmi ces derniers les 27 livres d'observations sont les écrits où l'on remarque le plus de profondeur,
de sagacité et de critique. De tous ceux qu'il a mis au jour,
le plus ancien est celui qui est composé des notes sur

[1] Berriat Saint-Prix, Histoire de Cujas, page 426.

Ulpien, et celui où il faut chercher les points de droit que Cujas regardait comme invariables. La concision est le caractère particulier de ses ouvrages ; aussi la lecture en est difficile pour les élèves. Mais tous brillent ou presque tous par le raisonnement, la critique et l'érudition. Il y a de rares citations d'interprètes,[1] et les passages d'auteurs grecs et latins et notamment certains passages de Cicéron, lorsqu'ils sont difficiles ou altérés, sont l'objet d'explications satisfaisantes de sa part.

Il est certain que si ses ouvrages avaient une table générale assez étendue des matières qu'il a traitées et une indication approximative et par ordre de livres et titres de tous les textes qu'il a examinées, Cujas serait plus fréquemment cité dans le barreau et les ouvrages de droit français.[2] Quoi qu'il en soit, sa supériorité sur tous les interprètes du droit romain est généralement reconnue chez nous comme chez les étrangers. Elle a suscité l'envie de François Duarein[3] et de Hugues Doneau[4] ainsi que celle de François Hottoman, placé sur la même ligne qu'eux, mais plus instruit dans la science de l'histoire et des antiquités du droit que dans celle de l'interprétation.

Inutile de parler d'Adrien Pulvœus et Jean Bodin qui nous sont déjà connus, pas plus d'Emmanuel Soarez, juif portugais qui fut quelque temps l'hôte de Cujas, et deux professeurs à l'université d'Orléans, Guillaume Fournier et surtout Jean Robert, auquel Cujas fit l'honneur de réfuter par un ouvrage *ex professo* ses censures qu'il aurait dû

---

[1] Il ne cite guère qu'Accurse.

[2] Cette indication ne serait que dans le *promptuarium Cujacii*, ouvrage rare et cher qui aurait besoin d'être perfectionné. Eclaircissements § 27, n° 4 et 5.

[3] Duarcin était regardé comme l'émule de Cujas ; peut être l'a-t-il devancé dans la carrière.

[4] Doneau était regardé par les Allemands presque comme un oracle. Vinnius, le plus sérieux commentateur des Instituts, a puisé dans ses ouvrages une grande partie de ses décisions.

mépriser, car ni les uns ni les autres ne pouvaient se mesurer avec lui.

Lorsqu'on parcourt les polémiques auxquelles ont donné lieu la rivalité, l'envie ou la haine de tous ces adversaires de Cujas, on ne peut faire autrement de regretter que ces hommes, qui faisaient la gloire de leur siècle sous le rapport de leurs connaissances, aient eu en partage toutes les faiblesses de l'esprit humain. Défauts de bienséance, même de bonne foi, injures grossières, reproches scandaleux, ils n'épargnaient rien pour réussir dans leurs mutuelles attaques. Cujas aussi, on doit l'avouer, avait sa part dans ces imperfections, puisqu'il ne craignait pas d'ajouter des expressions insultantes à la force des raisonnements par lesquels il les combattait. Il eut été assurément plus digne de lui de donner l'exemple de la modération et de la décence dans le style comme il donnait si bien l'exemple du savoir et de l'érudition. Il est vrai de reconnaître cependant que ce n'est pas lui qui fut l'agresseur et, à ce point de vue, on doit être plus indulgent à son égard parce qu'il a été outragé par des hommes indignes d'entrer en lice avec lui.

Quoi qu'il en soit, ces censures ne portèrent aucune atteinte à l'éclat de sa réputation, car ce qui a excité tant d'envie et de haine contre lui, c'est que les magistrats et les jurisconsultes français et étrangers de son temps l'ont unanimement maintenu au premier rang. De son vivant, en effet, Paul Montan, hollandais d'origine, mort en 1587, conseiller à la Cour supérieure de la province d'Utrecht, auteur d'un savant traité sur les tutelles, n'hésitait pas, malgré sa vénération pour Bartole et sa doctrine, à proclamer Cujas le prince des jurisconsultes de son temps, le plus célèbre interprète du droit comme de toutes les bonnes doctrines. Dans le même moment, un italien du nom de Jules Pacio, connu par plusieurs bons ouvrages, tels qu'une analyse du Code et surtout par une des meilleures éditions du *Corpus juris*, [1] déclarait, en la dédiant à Cujas au mois de mars

[1] Jules Pacio, Pacius en latin, professa le droit en Allemagne, en Hongrie, en France et à Padoue.

1580, qu'autant les jurisconsultes surpassaient les élèves, autant Cujas surpassait lui-même les jurisconsultes. [1] Un autre italien, établi dès sa jeunesse en Allemagne et en Hollande, disait un an après la mort de Cujas [2] : « Lorsqu'il s'agit de louer Cujas il vaut mieux garder le silence que de s'exposer à dire trop peu de chose ». Cujas, s'écriait en 1640, Didacus Mexia, espagnol, professeur à Salamanque, « est l'astre le plus éclatant du droit et de la France ; c'est le Chiron qui a formé nos nouveaux Achilles. » Dans un ouvrage publié en 1653, le plus savant des jurisconsultes anglais, Arthur Duck, observe (lui interprète du droit romain) que la jurisprudence aura une éternelle obligation à Cujas. Il a honoré, poursuit-il, sa patrie et tout l'univers ; on ne verra jamais un plus illustre et plus savant jurisconsulte, ni qui ait plus de probité et de bonne foi. [3] » Gravina, napolitain, professeur à Rome, écrivait aussi de 1700 à 1708, « il est le père de la vraie jurisprudence et il aurait pu, s'il fut venu plus tôt au monde, tenir lieu de tous les commentateurs. Il n'est permis ni de rien ignorer avec lui, ni de rien apprendre sans lui. »[4] Don Joseph Monlinez de Pont de Vida, espagnol, professeur à l'université de Cervera en Catalogne, reproduisit une partie de la même opinion en 1739. Selon lui, les simples essais d'interprétation de Cujas nous en apprennent bien davantage que les commentaires entiers de la plupart des jurisconsultes ; à quoi son collègue don Joseph Finestres de Mont-Salvo, ajoute que Cujas gère seul et sans collègue le consulat de la République des jurisconsultes. [5] Everard Otton, Westphalien, professeur à Duis-

---

[1] Histoire du droit romain. Berriat Saint-Prix, page 258.

[2] Scipio Gentilis, né en 1563, a enseigné le droit avec distinction à Altona et fut conseiller de Nuremberg. Il mourut en 1616 laissant certains ouvrages de droit romain.

[3] Arthur Duck. *Vide* Histoire de Cujas par Berriat Saint-Prix, page 434.

[4] Gravina, célèbre jurisconsulte et littérateur, mort à Rome en 1718, a laissé certains ouvrages sur le droit romain.

[5] Fénestres y Monsalvo (Joseph) célèbre jurisconsulte catalan, né à

bourg, appelait, quelques années avant, Cujas, le Soleil de la
jurisprudence, l'œil le plus perçant de la justice. De son
côté Salomon Brunquell, professeur à Iéna et recteur de
l'université de Gottingue, déclarait qu'il avait changé en or
la jurisprudence qui, auparavant était à peine de brique.
Celui qui va le plus loin et que nous citerons le dernier fut
Bach, saxon, professeur à Leipsik et auteur d'une des meilleures histoires du droit romain. » Il n'y a jamais eu, dit-il,
ni avant, ni après Cujas, et il n'y aura jamais personne qui
puisse, je ne dis pas surpasser, mais même égaler sa doctrine et son mérite.[1]

Catherinot, qui, dit-on, aimait les savants, prétend que
notre jurisconsulte était loin de mériter de tels éloges pour
le droit français.[2] « Il n'en savait, dit-il, guère plus qu'Edmond Mérille qui perdait tous ses procès. » Berriat, sur ce
point, aime mieux s'en rapporter à Umeau, professeur à
Poitiers au xviie siècle et à Bézieux, président du Parlement d'Aix, qui tous deux affirment, après avoir étudié les
œuvres de Cujas, que celui-ci était très versé dans le droit
français. « Du reste, ajoute notre éminent jurisconsulte, le
« catalogue de la bibliothèque de Cujas nous prouve qu'il
« s'en occupait beaucoup, puisque, quoique si peu nom-
« breuse en livres de droit, on y trouve à peu près tout ce
« qui avait paru, de son temps, soit en textes, soit en com-
« mentaires, relativement au droit qui résulte des ordon-
« nances, des coutumes ou de la jurisprudence. Enfin, il suf-
« fit, pour être convaincu de l'importance qu'il y attachait,
« de jeter un coup d'œil sur ses consultations, où on le
« voit, à chaque instant, citer nos usages, nos principes

Barcelone, le 4 avril 1588, enseigna le droit pendant plusieurs années à
l'université de Cervera.

[1] Histoire de Cujas par Berriat Saint-Prix, notes 248, 249, 250, page
435.

[2] Bach, professeur de jurisprudence ancienne à l'université de Leipzick
mort en 1759.

« particuliers et leur donner, quand il le faut, la préférence
« sur le droit romain. »

Catherinot va même jusqu'à accuser indirectement Cujas
d'avoir ignoré la langue de son pays. D'après lui, en effet,
l'oraison funèbre de Gaspard de la Châtre de Nauçay, capitaine des gardes du Corps, composée et prononcée par Cujas en 1577 : « était en français si goffe et si barbare que Ni-
« colas Rigaut le traduisit par charité en latin. » Rigaut,
il est vrai, n'explique pas clairement les motifs de son travail, mais, dit Berriat, il peut « résulter de ses expressions
« ambiguës qu'il voulait seulement faire connaître au loin,
« en le reproduisant dans une langue plus répandue en Eu-
« rope que le français ne l'était alors. Nous les prenons
« d'autant plus volontiers en ce sens qu'on voit par la lettre
« de Cujas au président de Saint-Jorry, qu'il écrivait très
« bien en français lorsqu'il avait le loisir de soigner sa dic-
« tion, car si l'on y change trois ou quatre mots vieillis il
« n'est aucun bon écrivain qui voudrait le désavouer. »[1]

Un point sur lequel on est moins fixé, c'est sur le talent
de Cujas comme professeur. Les uns prétendent qu'il
n'avait pas l'élocution facile ni le jugement rapide. Un de
ses disciples et premiers éditeurs semble donner raison à
cette assertion en ajoutant que c'était dans la crainte de se
faire tort par un jugement trop faible ou un style trop négligé. On peut aussi l'induire d'un passage où l'on voit que
Cujas avait renvoyé à une séance ultérieure sa réponse à
une question que deux élèves lui avaient proposée. Son
premier historien, Papyre Masson, se contenta de dire que,
s'il refusait de parler de jurisprudence quand il était à table
ou avec ses amis, il observait cependant qu'il en parlerait
à l'Université tant qu'on voudrait, ce qui n'est guère d'accord avec les assertions dont nous venons de parler.

Charles de Boissieux, avocat érudit, qui fut élève de Cujas, pendant son dernier professorat de Bourges, fait de lui

[1] Histoire de Cujas par Berriat Saint-Prix, pages 436 et 437.

une critique plus sérieuse encore. Selon lui, il était difficile
aux élèves de notre savant jurisconsulte de profiter de ses
leçons s'ils ne les comparaient ou ne les méditaient dans le
silence du cabinet. Il en donnait pour motif son défaut
d'organe ou l'habitude qu'il avait de s'exprimer en termes
peu usités ou bien encore la rapidité de son débit jointe à
l'ignorance de l'art de la déclamation. Mais cette critique
est au moins difficile à concilier avec l'appréciation du
même de Boissieux, d'après lequel Cujas seul soutenait
l'école de Bourges, car les autres professeurs ne comptaient
pour rien. Elle est également en pleine contradiction avec
la déclaration qu'il fait, que Cujas expliquait avec tant de
sagacité le sens le plus caché des lois qu'il semblait que
l'âme des législateurs fût passée dans son corps. Maurice
Bressieux, auquel de Boissieux a adressé sa critique et qui
avait été lui-même élève de Cujas, n'était pas en tous points
du même avis que son compatriote et ami. Aussi lui ré-
pondait-il en ces termes : « Relativement à Cujas, homme
« admirable et divin, le coryphée des professeurs, l'écla-
« tante lumière de la France, je te conseillerais de t'atta-
« cher à la force et à l'exactitude de ses explications et
« d'avoir de l'indulgence pour le reste : car, quant à l'art
« de déclamer et gesticuler, c'est un hors d'œuvre pour un
« homme supérieur [1]. » Les juristes de tous les pays
affluaient autant aux leçons de Cujas pendant son dernier
professorat que pendant les autres, puisqu'un jour dans
une visite qu'il fit au jésuite Maldonat, il put se faire accompagner par huit cents élèves. Parmi ceux-ci, qui assurément ont dû profiter de ses leçons, plusieurs d'entre eux se
distinguèrent depuis dans la littérature, le barreau, l'enseignement et la diplomatie. Du reste, parmi les jurisconsultes et les gens de lettres personne n'a pensé que le talent
de Cujas eût faibli, puisqu'ils ont continué à lui adresser
ou recommander comme élèves leurs enfants ou leurs

---

[1] Histoire de Cujas par Berriat-Saint-Prix, page 440, note 264.

amis [1]. Quoiqu'il en soit, il est certain qu'il ne professait qu'après beaucoup de méditations et de recherches. Il mettait ordinairement trois heures et quelquefois jusqu'à huit ou neuf à préparer une leçon. Quelque long que fût cet espace de temps, il craignait qu'une distraction ne lui en fit perdre une partie et pour mieux renfermer, dit-on, son esprit en lui-même, il se plaisait à étudier au bruit des forges et des cloches [2]. Enfin, durant son cours, il corrigeait encore ses cahiers, soit d'après les idées qui lui survenaient, soit d'après les observations de ses élèves. Ce long travail peut paraître extraordinaire, surtout si l'on réfléchit qu'il n'avait pas à exposer les éléments, ce qui eût pu l'obliger à embrasser beaucoup de matières, mais seulement des lois éparses et que souvent le développement d'une loi unique ou même d'un fragment d'une loi occupait une séance entière. Selon lui, son devoir était de ne rien avancer qui ne fût rigoureusement exact.

Bien que l'on n'ait pas de notions bien précises sur sa méthode d'enseignement, on croit savoir qu'à la fin de la séance il indiquait la loi qui serait le sujet de la suivante et invitait expressément les élèves à la lire et à la méditer. Il commençait ordinairement la seconde séance par la lecture de cette loi et en donnait l'explication telle que les élèves devaient l'écrire et la conserver dans leurs cahiers. Il revenait ensuite sur cette explication, nous avons lieu de le supposer du moins, en reprenant les diverses parties et les diverses expressions pour les faire mieux comprendre.

[1] On peut citer en premier lieu Antoine Loisel qui, connaissant très bien la méthode de Cujas, puisqu'il avait été son élève, lui envoya son fils aîné. En second lieu Juste-Lipse qui lui recommanda un jeune homme en 1585 en ajoutant que ce serait assez de gloire pour ce dernier d'avoir suivi un tel professeur. Enfin Isaac Casaubon félicitait vers le même temps Josias Mercier, habile helléniste, de ce qu'il allait se placer au nombre des disciples de Cujas.

[2] Papyre Masson rapporte que Cujas avait pris la singulière habitude d'étudier de son long, le ventre contre terre ayant ses livres autour de lui.

Mais, avant d'expliquer une loi, il avait soin d'indiquer sa liaison avec les précédentes, et si c'était la première d'un titre, la liaison du titre avec les autres titres du Digeste ou du Code ; et quelquefois même il rappelait les principes exposés dans la séance antérieure. S'il s'écartait de son sujet ce n'était qu'un cas de nécessité pour rendre son explication plus sensible ; il en donnait alors les motifs et cherchait à s'excuser de ses digressions. En tout cas, il n'exposait une matière un peu étendue que lorsqu'il pouvait la terminer avant les vacances dans la crainte que les élèves en perdissent de vue les premiers principes. Enfin, il ne s'occupait pas des points qui avaient été traités dans des ouvrages qu'on pouvait se procurer ou consulter. Bien qu'il sentit la nécessité de la discipline dans une école nombreuse et qu'on l'ait vu adresser des remontrances très sévères aux élèves-recteurs qui étaient alors les chefs de leurs condisciples, il mettait, en général, une affabilité et une bonhomie singulière dans l'exercice de sa profession. Terminait-il un titre peu de jours avant la clôture des cours, il lui arrivait de dire à ses auditeurs qu'il en avait encore long à exposer sur les titres suivants, mais qu'il valait mieux pour eux et pour lui de s'en tenir là et d'entrer de suite en vacances.

Lorsqu'il avait fini un traité de quelque étendue il ne dédaignait pas de demander à ses élèves un peu de repos. Lui survenait-il une indisposition ou une affaire qui l'empêchât de préparer assez de matière pour remplir une séance ou de commencer l'exposition d'un nouveau traité, il prenait soin de s'en excuser auprès d'eux. Pour lui la durée de ses séances était proportionnée à l'attention des élèves ; aussi lorsqu'il craignait qu'elle ne fût fatiguée se mettait-il à resserrer son discours. S'il éprouvait le besoin d'être bref pour ne pas leur causer de l'ennui, il les prévenait d'avance avec une simplicité aimable que néanmoins il s'efforcerait en même temps de leur être utile dans sa concision.

Jaloux de la pureté et de la précision du style, il n'hésitait pas à troubler l'harmonie de ses périodes latines, en y mêlant certaines expressions françaises pour dissiper tous les doutes des auditeurs sur le sens de termes difficiles ou techniques. Quand il s'apercevait de quelque erreur, commise même par pure inadvertance, il l'avouait franchement quoi qu'elle n'eût pu tromper ses élèves et recommençait sa leçon. Si une explication n'avait pas été assez satisfaisante pour eux il l'avouait non moins franchement, il la reprenait et entrait alors dans des détails qu'il n'avait pas donnés, soit qu'il eût été pressé par le temps, soit qu'il les eût d'abord cru peu utiles. De même si, malgré ses longues méditations, il n'avait pu parvenir à développer le sens d'une loi, ce dont, il est vrai, nous n'avons que très peu d'exemples, il convenait sans honte de son insuffisance.

Ses relations privées avec ses élèves étaient empreintes de la même affabilité et de la même bonhomie qui faisaient le fond de son caractère. Il vivait familièrement avec eux, les invitait à lui faire de fréquentes visites, les admettait à sa table et leur donnait des espèces de fêtes à sa campagne. Sans distinction pour ceux qu'il avait en pension à sa maison, il ouvrait à tous sa bibliothèque, même pendant la nuit, leur prêtait des livres, sollicitait leurs parents de veiller à leur entretien et, au besoin, y subvenait par des secours et avances d'argent, au risque d'être victime de sa générosité envers eux, ce qui est arrivé parfois pour des sommes considérables.

A la fin de leurs études, lorsqu'ils avaient quitté l'Université, il se recommandait avec bienveillance à leur souvenir, dans des lettres adressées à leurs amis, entretenait une correspondance avec quelques-uns d'entre eux, leur donnait des conseils pour la composition de leurs opuscules, avait soin d'insérer leurs remarques dans ses propres écrits, si elles méritaient d'être publiées, et leur dédiait même les ouvrages qu'il avait composés pour leur instruction. En un mot, les rapports qu'il avait avec eux étaient ceux d'une amitié étroite, d'une sorte de fraternité à laquelle il tenait beaucoup, malgré la différence d'âge et de position, puisqu'il avait été leur maître à tous.

On comprend facilement qu'un tel professeur devait ins·pirer à de jeunes légistes, non pas seulement de l'affection, mais de la vénération. Aussi ils ne manquaient pas de lui témoigner ces sentiments toutes les fois que cela était en leur pouvoir. C'est ainsi que plusieurs d'entre eux l'attendaient à la porte de sa demeure et lui servaient de cortège pour se rendre à l'Université, comme après les leçons ils le reconduisaient chez lui. Pour lui, plus soucieux de les instruire que fier de l'honneur dont il était l'objet, il profitait de ce petit intervalle pour éclairer leurs doutes sur des explications qu'il venait de terminer.

Qu'il nous soit permis, pour montrer tout ce que ces relations avaient d'amical et de paternel, de rappeler deux anecdotes que nous empruntons à Berriat : « Un de ses « élèves, Claude Expilly, depuis avocat général et prési- « dent au Parlement et procureur général à la Chambre « des Comptes de Grenoble, procureur général et prési- « dent aux conseils souverains de Chambéry et de Pigne- « rol, enfin Conseiller d'État, connu par un recueil de « plaidoyers et arrêts où l'on trouve une vaste et trop vaste « érudition, était gaucher et en même temps très savant « juriste. Après avoir fait une grande partie de son cours « en Italie, il vint le terminer à Bourges, lorsque Cujas « eut reconnu l'instruction de son nouveau disciple, par une « allusion badine et aimable au mot latin scævola qui « signifie gaucher et désigne aussi un des plus grands ju- « risconsultes de Rome, il l'appela mon scævola et conti- « nua à employer cette dénomination toutes les fois qu'il « parlait d'Expilly dans ses conversations [1].

« La seconde anecdote caractérise encore mieux la na-

---

[1] Histoire de Cujas par Berriat Saint-Prix, page 447 et 448.

« ture des mêmes relations, d'autant plus que l'élève, qui
« y joua le principal rôle, acquit beaucoup d'illustration
« dans la suite. Il s'agit du Président Jeannin [1], célèbre
« ministre d'Etat sous Henri IV et sous Louis XIII. Il avait
« commis une étourderie à Romorantin, petit village peu
« éloigné de Bourges et avait ensuite quitté l'Université.
« Lorsqu'il y rentra, craignant les reproches de Cujas, il
« se présenta chez lui déguisé, au milieu de plusieurs con-
« disciples. Mais le professeur le reconnut et aussitôt lui
« tendit les bras en s'écriant : « Est-ce toi, Romorantin,
« enfant prodigue ! dissipateur !... Jeannin le voyant dans
« ces dispositions favorables, ne pût s'empêcher de rire en
« lui répcndant : « Oui, mon père, c'est moi et j'en ai bien
« fait voler d'autres depuis que je ne vous ai vu ; mais il
« faut commencer par devenir sage et étudier... et l'on
« ajoute, qu'en effet, il travailla depuis avec ardeur, grâce
« aux soins de Cujas, dont il conserva toujours la bienveil-
« lance [2]. » On devait bien penser qu'un homme, doué de
si belles qualités morales, devait avoir des amis ; il en eut
en effet, et dans tous les rangs de la société. Avant même
qu'il eût publié des ouvrages, avant d'avoir une chaire,
tandis qu'il était réduit à un enseignement privé, qui ne
pouvait jeter beaucoup d'éclat, il avait des liaisons avec
des hommes recommandables par leurs écrits, leurs emplois ou leurs vastes connaissances, tels que Amariton et
Govéa, dont il a déjà été question, Guillaume et François
de la Chesnaie, dont l'un était conseiller au grand conseil,
Armand du Perron, conseiller au parlement et célèbre commentateur de la coutume de Bordeaux. Dans la suite, leur
nombre s'accrut avec sa réputation, et surtout lorsque son caractère et sa conduite eurent fait connaître combien il était
digne d'inspirer un tel sentiment et d'y participer. A ceux

---

[1] Pierre Jeannin, né à Autun, en 1540 était avocat au Parlement de
Bourgogne en 1569. Il devint successivement conseiller puis président au
Parlement de Bourgogne et enfin premier président.

[2] Hitoire de Cujas par Berriat Saint-Prix, page 448.

qui ont déjà été cités et que Berriat[1] rappelle, nous croyons devoir ajouter : Henri Etienne, célèbre imprimeur ; François Roaldès, professeur à Cahors, Valence et Toulouse ; Guillaume Marau, professeur dans cette dernière ville ; La Martillière, avocat et ensuite conseiller d'Etat ; François Ragueau, lieutenant général au baillage de Meun et professeur à Bourges ; Jacques Lect ou Lectius, professeur, syndic et ambassadeur de la République de Genève ; Hubert Gyfeu ou Gyfanius, professeur et conseiller d'Etat d'Empire ; Charles de Boissieux lui-même, bien qu'il paraisse n'avoir pas d'abord goûté la manière d'enseigner de son professeur.

Tous, dans leurs relations, ont manifesté pour Cujas l'affection la plus tendre et la confiance la plus illimitée. C'est ainsi qu'ils le prenaient uniquement pour guide dans les affaires les plus importantes de la vie, s'empressaient de lui rendre des services pour les siennes propres, tels que ceux de faire pour lui des recherches ou des emprunts de livres rares et précieux ; de gérer ses biens éloignés et de liquider ses successions ; de surveiller et diriger l'entretien et l'éducation de sa famille, de soigner et corriger les nouvelles éditions de ses ouvrages ; se détourner de leurs voyages de long cours pour aller lui rendre visite ; accourir auprès de lui soit pour l'aider de leurs secours dans ses travaux pénibles, soit pour le consoler au milieu de ses chagrins ; lui offrir asile pour lui et sa famille dans les temps de trouble, et après sa mort donner à sa fille, par respect pour sa mémoire, les mêmes soins, bien que sa conduite scandaleuse les en dispensât.

Cujas, qui tenait à n'être pas en reste avec eux, appuyait fortement auprès des hommes puissants de sa connaissance les demandes formées par ses amis. Il avait même une telle déférence pour leurs avis qu'après avoir proposé le sien à Pierre Pithou, il finissait par lui dire : « Vous

---

[1] Histoire de Cujas par Berriat Saint-Prix, page 449.

« pourrez toutefois en ordonner tout comme il vous plaira ;
« je trouverai toujours votre ordonnance meilleure que la
« mienne[1]. » Continuellement à les presser et à faire les
instances les plus vives pour qu'ils vinssent passer quelque temps chez lui, il tâchait, lorsqu'ils y étaient, de les y
fixer en offrant de leur procurer des emplois honorables
à son université. Avait-il obtenu d'eux une visite, il célé-
brait cet heureux évènement surtout par des festins, car il
avait beaucoup de penchant pour les plaisirs de la table[2].
Lorsqu'il craignait qu'une dépense ne fût une entrave à
leur voyage, il s'empressait de lever l'obstacle. Venez, leur
disait-il, accourez, volez ; ne vous inquiétez pas du défaut
d'argent. Je vous enverrai sur le champ tout ce qui sera
nécessaire et dans le lieu que vous indiquerez, quel qu'il
soit. Vous serez, d'ailleurs, ici parfaitement libres ; vous y
resterez deux mois, trois mois, tant qu'il vous plaira : vous
y trouverez une compagnie agréable, vous ne manquerez
de rien ; je vous ferai maître et possesseur de tous mes livres et de toute ma maison.

Désolé de voir les guerres civiles mettre entre eux une
barrière qu'il était hors de son pouvoir de rompre, il exprimait en termes pleins de sensibilité l'inquiétude qu'il
en ressentait. « Nous espérions, écrivait-il à Pithou, que
« nos misères prendraient fin ; mais à ce que nous enten-
« dons, elles se renouent et redoublent. Voilà qui fera que
« nous ne pourrons nous voir et joindre sitôt que je le
« voudrais. Mais cependant, je vous en prie, que nous nous
« souvenions toujours l'un de l'autre[3]. »

Combien de charmes l'existence de Cujas a dû trouver
dans des relations si douces, si pures et si touchantes !
Combien n'en a-t-elle pas eu encore de cette jouissance si
vive et presque toujours ravie aux écrivains de voir son

---

[1] Histoire de Cujas par Berriat Saint-Prix, page 452, note 314.
[2] Éclaircissements, § 6 nos 14 et 15.
[3] Histoire de Cujas par Berriat Saint-Prix, page 453.

mérite apprécié de son vivant ! En effet, il n'y avait pas d'année où il ne parût des ouvrages estimés où on le comblait d'éloges. D'autre part, sa supériorité était si généralement reconnue, que lorsqu'on parlait d'un jurisconsulte sans le nommer, c'était de lui qu'il s'agissait, comme chez les anciens la simple qualité de poète indiquait Homère ; et cette supériorité était si bien admise partout que lorsque son nom était prononcé dans les universités d'Allemagne, les docteurs se découvraient par respect. En un mot, il put jouir pendant plus de vingt années de l'éclat de sa réputation ; ce qui ne l'empêcha pas de mourir du chagrin qu'il a éprouvé de voir la France en proie aux horreurs de la guerre civile.

Composé avec précipitation, comme nous l'avons déjà fait remarquer, cet ouvrage, pour lequel notre savant professeur de droit n'avait pas tous ses renseignements, a dû être augmenté d'un appendice qui, sous le titre d'éclaircissements, donne certains détails complémentaires. Le paragraphe premier traite de la composition de cet ouvrage. Le deuxième se réfère aux manuscrits principaux qu'il a consultés. Le troisième parle des Épitres dédicatoires de Cujas et des actes joints au tome 1er des éditions de Fabrot et de Naples. Le quatrième parle de la fortune, du nom du père de Cujas et de l'année de la naissance de ce célébre jurisconsulte. Le paragraphe cinquième s'occupe de l'ouvrage dédié par Cujas à Ferrier et des éloges qu'il lui a donnés, ainsi que de l'ordre chronologique de ses ouvrages et des premières éditions qui ont paru. Ce paragraphe, subdivisé en 34 numéros, contient l'énumération complète des travaux de Cujas avec la date et le lieu de leur impression [1]. Nous trouvons notamment sous le n° 29

---

[1] Charles-Annibal Fabrot, professeur de droit à l'université d'Aix, donna au public en 1658 une édition des œuvres de Cujas en 10 volumes in-folio. L'édition de Paris, chez Nivelle, donnée par Cujas lui-même, est très-rare. Celle de Naples donnée en 1762 est moins belle que les précédentes, mais elle est plus commode à cause de la table générale qui l'accompag g e.

la défense de Montluc, dont la bibliothèque de Grenoble
possède un exemplaire portant le n° 18764. Le paragraphe
6 nous fournit des détails sur les premiers élèves de Cujas
et leurs parents, ainsi que sur ses relations avec Pierre
Pithou.

Sous le paragraphe 7, l'auteur revient à une question
qu'il avait déjà traitée pour la discuter plus longuement.
C'est celle de savoir si Cujas fut refusé dans la demande
qu'il fit d'une chaire de professeur à Toulouse. Lue à la Société royale des antiquaires de France, le 10 avril 1820, la
dissertation de Berriat a déjà été imprimée dans la Thémis
ou bibliothèque du jurisconsulte, 1820, tome Ier, page 297
et suivantes et tirée à deux ou trois cents exemplaires.
Après avoir été détachée de cet ouvrage, dont elle dépen-
dait, l'auteur, pour en faire mieux apprécier les faits et les
preuves, a dû y insérer ou en extraire plusieurs observations ou documents qui appartenaient à d'autres parties
du même ouvrage. Il lui a paru utile de la reproduire telle
qu'elle a été publiée, sauf quelques additions ou corrections. Nous allons essayer de la résumer comme nous l'a-
vons fait pour l'ouvrage lui-même. Papyre Masson, dans
la vie de Cujas qu'il a publiée en 1590 après sa mort, arrivée le 4 octobre, même année, affirme positivement que,
grâce à on ne sait quel mauvais génie des Toulousains, la
demande de Cujas fut rejetée et qu'on lui préféra Etienne
Forcadel, espèce de fou, très peu capable d'enseigner, ce
qui détermina Cujas à abandonner son ingrate patrie. Cette
assertion imposante d'un ami intime des amis de Cujas,
les de Thou, les Pithou, les Loisel, peut-être de Cujas lui-
même, ne fut point contredite pendant près d'un siècle par
les Toulousains, bien qu'on les accusât d'ingratitude. Au
contraire, elle fut confirmée soit directement, soit indirectement, dans cet intervalle, par une foule d'écrivains
contemporains ou qui avaient connu les contemporains du
prince des jurisconsultes [1].

----

[1] Pierre Pithou en 1590 ; le président de Thou vers le même temps ;

Ce ne fut qu'au bout de quatre-vingts ans, tandis que les témoins directs ou indirects de l'injustice, imputée aux Toulousains, avaient disparu, que Bernard Médon, conseiller à la sénéchaussée de Toulouse, entreprit la justification de sa patrie. Chargé d'écrire la vie de Guillaume Maran, pour la joindre aux œuvres de ce jurisconsulte, publiées par Jacques Maran, son petit-fils, Médon, dans un passage qui n'avait aucun rapport avec l'aventure de Cujas, trouva le moyen d'y glisser une dénégation du récit de Masson. Selon lui, la préférence, accordée à Forcadel sur Cujas, est non pas seulement une calomnie, mais un mensonge imprudent de Masson. La première des preuves qu'il invoque est tirée du silence gardé par Cujas à la suite de cette préférence. Pour la seconde, elle lui paraît résulter de ce que, d'après les actes de l'Université, Cujas ne concourut point à l'époque où la préférence a eu lieu. Il ajoute que Scœvola, de Sainte-Marthe et de Thou ont été trompés par Masson, mais il garde le plus profond silence sur ce qu'ont dit Pithou, Duverdier, Duval, Mornac, Mérille, etc.

Basée sur ces motifs, cette justification ne devait pas paraître suffisante ; que pouvait-on induire du silence de Cujas qui, naturellement, n'était guère porté à faire connaître le défaut d'estime que ses concitoyens lui avaient témoigné? Des actes de l'Université où l'on pouvait avoir fait des suppressions, aucun n'était cité par Médon. Enfin, comment pouvait-on supposer que notre plus grand historien, le président de Thou, élève et ami de Cujas, eût pu être induit en erreur sur un tel fait par Papyre Masson, lui qui connaissait tellement la vie de son professeur que c'est à lui que nous devons la découverte de certaines circonstances tout à fait ignorées de Masson et des autres biogra-

Sainte-Marthe en 1596 ; Pancirole en 1599 ; Duverdier en 1600 ; Duval en 1611, Scot en 1614 ; Automne en 1515 ; Mornac en 1615 et 1619 ; Paul de Valles en 1618 ; Mérille en 1638 ; Jean Impériali en 1640 ; Othon Tabor vers la même époque.

phes. Elle parut pourtant satisfaisante aux capitouls de Toulouse[1] qui, probablement, l'avaient sollicitée pour les autoriser à mettre cinq ou six ans après,au bas du buste de Cujas, inauguré dans la galerie de leur hôtel de ville, une nouvelle désignation avec une attestation que leur ville avait toujours protégé les littérateurs[2].

Cette manière de faire de l'inscription d'une statue un mémoire justificatif, ne fut acceptée que sous réserve par La Faille, directeur de cette galerie, d'ailleurs si honorable pour Toulouse. Celui-ci, en effet, loin d'affirmer que Cujas n'avait pas été l'objet d'un refus, se borne à rappeler ce fait dont il faut chercher à fixer l'époque, mais d'une manière dubitative. « S'il arriva, dit-il, page 175, qu'une chaire de droit fut refusée à Cujas, cela arriva cette année (1554). — » Il rapporte alors, avec assez peu de soin, les dernières lignes d'un arrêt dont Berriat donne la copie[3] et duquel il résulterait que Cujas était au quatrième rang.

Les écrivains postérieurs à Médon, à l'exception de Jean Doujat, tinrent encore moins compte de ses assertions. Celui-ci, que sa qualité de Toulousain rend un peu suspect, les répéta en 1637, et l'auteur de la Bibliothèque française les défendit trente ans après bien qu'avec mesure ; tous adoptèrent le récit de Masson. Ils ajoutèrent même que Cujas, partant de Toulouse, s'était écrié : « *Ingrata patria nunquam habebis ossa mea !* » et que, rappelé dans la suite par ses compatriotes, il s'était borné à leur écrire : « *Frustra absentem requiritis, quem præsentem neglexistis*[4]. »

---

[1] Capitouls, premiers magistrats municipaux de Toulouse,ainsi appelés parce qu'ils se réunissaient au capitole.

[2] L'inscription est à la page 485 de l'ouvrage de Berriat, note 9 pour Cujas.

[3] Histoire de Cujas par Berriat Saint-Prix, page 487.

[4] On peut citer entre autres : Tessier en 1683, Catherinot en 1605 ; Leyckert en 1666 ; Simon en 1692 ; Gravina en 1708 ; Piganiol vers le même temps ; Taisaud en 1721 ; Moreri en 1725 ; Nicéron en 1729 ; Heineccius en 1733 ; Terrasson en 1759 ; Bernardi en 1775, ainsi que tous les dictionnaires historiques.

Loin d'abattre les Toulousains, ce concert imposant de suffrages excita encore leur patriotisme. MM. d'Helyot, Jamme et Poitevin, membres de leur Académie des jeux floraux, essayèrent, par des dissertations *ex professo*, de laver leur pays de l'injure qu'ils pensaient lui avoir été faite. Ils les publièrent en 1782, 1807 et vers 1815, et, de plus, celle de M. Jamme, lue à une séance publique de l'École de droit de Toulouse, dont il était directeur, fut imprimée en cette ville et envoyée à toutes les écoles. Le succès de tous ces efforts fut assez remarquable. En effet, la dissertation de M. d'Helyot, répandue en Allemagne, y fut publiée dans un recueil estimé, le Magasin de M. Siebenkus, consacré à la science du droit. M. Haubold, un des plus savants biographes de la contrée, en a adopté les conclusions. M. Bernardi, enfin, entraîné par les raisonnements des trois Toulousains, est complètement revenu en 1815 de l'opinion qu'il avait émise, quarante ans auparavant, tout en déclarant, avec la plus entière franchise, que c'était une vieille erreur répétée, disait-il plaisamment, de dictionnaire en dictionnaire.

Mais si l'on examine attentivement les dissertations d'Helyot et de Jamme et qu'on les compare avec les ouvrages de Médon et des auteurs contemporains de Cujas, on est bientôt convaincu que les prétendues preuves authentiques qu'ils donnent à l'appui de leur raisonnement se résument à ce que l'on connaissait déjà avant eux, c'est-à-dire au fragment de l'arrêt du 29 mars 1554, rapporté par La Faille, et où Cujas et Forcadel sont inscrits comme aspirants à une chaire. Ils n'en ont publié aucun autre, car leur système consiste uniquement à soutenir avec Médon que le revers de Cujas est un mensonge de son premier historien. Ce qu'ils disent de plus que Médon, c'est que l'exclamation *ingrata patria* et la réponse *frustra requiritis* attribuées à Cujas, ne sont dans aucun auteur ancien; que Cujas dans ses disputes avec Jean Robert, professeur d'Orléans, nia d'abord avoir éprouvé un refus à Toulouse;

que Forcadel ne fut nommé que le 7 septembre 1556, tandis que Cujas était déjà professeur à Bourges dès la fin de 1554, d'où la conséquence qu'il aurait abandonné le concours avant qu'il fût terminé.

Avant de passer en revue ces nouvelles observations, nous ne pouvons nous empêcher de trouver étrange que Masson ait pu induire une erreur sur un point aussi important de la vie de Cujas, les élèves et les amis les plus chers de ce grand homme, tels que Pierre Pithou et le président de Thou et notamment le premier avec lequel Cujas entretint une correspondance régulière pendant les trente dernières années de sa vie. D'ailleurs, les témoignages de ces deux savants durent même précéder la publication de l'ouvrage de Masson, car ils sont contenus dans les épitaphes de Cujas et telle n'est pas la coutume d'attendre la publication de l'histoire d'un ami pour jeter des fleurs sur sa tombe.

Dans la première, Pithou, faisant allusion au refus éprouvé par Cujas, déclare indirectement que Toulouse avait alors perdu le titre dont elle se glorifiait le plus, celui d'être la ville de Pallas. Dans le deuxième, et toujours dans le même but, notre immortel historien adresse une imprécation violente aux Toulousains[1].

Assurément il ne peut venir à la pensée de personne que des hommes d'un tel mérite, des magistrats graves, des savants aussi recommandables, se soient permis de pareilles imputations sur de simples conjectures et cela lorsqu'ils étaient à portée d'en vérifier les motifs. En effet, l'historien français, le plus renommé pour sa vivacité et sa sincérité, le président de Thou, qui recherchait, avec scrupule, les détails les plus minutieux de la vie des hommes célèbres dont il avait à faire mention dans son histoire, aurait bientôt reconnu son erreur et surtout n'aurait pas manqué d'en faire l'aveu douze ans après lorsqu'il écrivit sa grande

---

[1] Histoire de Cujas par Berriat Saint-Prix, page 491, note 24.

histoire. On ne peut non plus croire que, six ans après la mort de Cujas, Scœvola de Sainte-Marthe, homme non moins grave, non moins exact et diligent dans ses recherches, eût renouvelé dans son éloge de Cujas, et dans des termes aussi énergiques, cette même imputation si elle n'eût pas été universellement reconnue pour fondée. Si le fait n'eût pas existé, pourquoi le bibliographe Duverdier l'aurait répété comme le jurisconsulte Gabriel Duval et dans des termes plus énergiques encore que ceux de Sainte-Marthe au bout de vingt-cinq ans. S'il en eut été autrement, on ne s'expliquerait pas pourquoi Antoine Mornac, Bernard Automne et Paul de Valles se seraient plu à le reproduire. Sans cela, il n'y aurait pas eu d'intérêt pour Alexandre Scot, élève et ami de Cujas, en publiant dans cet intervalle, d'abord en 1606 et ensuite en 1614 les œuvres de son professeur, à mettre, à leur tête, sa vie par Masson sans réfuter l'assertion de celui-ci.

Il était également sans utilité d'y joindre l'épitaphe de de Thou qui la confirme. Quant à Edmond Mérille, dont le père avait été élève de Cujas et en même temps ami et condisciple des frères Pithou, qui lui-même avait étudié à Toulouse sous Guillaume Maran, élève et procureur fondé de Cujas, il n'aurait pas eu à la reproduire en y joignant le détail, inconnu jusqu'alors, des intrigues par lesquelles on avait fait rejeter la demande du professeur de son père.

Mais ce qui est au-dessus de toute supposition, c'est que la notice de Masson, publiée plusieurs fois peu de temps après la mort de Cujas, a constamment précédé les œuvres de ce jurisconsulte, sans que jamais les Toulousains aient fait de réclamation. Pourquoi donc avoir ainsi gardé le silence pendant quatre-vingts ans ? Ne peut-on pas en conclure, ajoute Berriat, qu'un fait, attesté par des témoignages du genre de ceux qui sont rapportés, consacré, d'ailleurs, par un assentiment tacite des intéressés pendant un si long intervalle, est trop bien établi pour qu'on puisse le contredire par de simples dénégations dont la fausseté est

démontrée au moyen de preuves irréfragables ? On donne
pour raison que Cujas ne s'est jamais présenté au concours,
surtout dans le moment de la nomination de son rival Forcadel et qu'on n'en trouve pas de traces dans les actes de
l'Université. Ce n'est que trente années après l'ouvrage de
Médon que La Faille a rapporté l'arrêt du 29 mars 1554,
constatant l'inscription de Cujas pour le concours. Dès
lors, Médon aurait dû citer cet arrêt, sauf à observer que
Cujas n'a donné aucune suite à cette inscription, et les
actes de l'Université devaient constater qu'il y avait renoncé, puisqu'un arrêt avait constaté son inscription.

On repousse l'exclamation *ingrata patria* dont aucun
auteur ne parle. Mais c'est là une erreur, car elle existe
dans la *prosopographie* de Duverdier et dans un traité de
Duval, ouvrages composés l'un dix ans, l'autre vingt ans
après la mort de Cujas. Il en est de même pour la réponse
frustra absentem requiritis quem præsentem neglexistis,
que M. Jamme révoque en doute, car, selon lui, Gravina
et le père Nicéron sont les seuls auteurs qui en parlent.
M. Helyot soutient de son côté qu'elle porte avec elle les
caractères de la supposition et de la fausseté. Enfin, disent-
ils tous deux, si Cujas eût été refusé, il ne se fût pas borné
à se plaindre d'une simple négligence ; en effet, au lieu de
præsentem neglexistis il avait écrit *præsentem repulistis*.
Une simple négligence n'est pas, d'ailleurs, un tort assez
grave pour en faire l'objet d'une accusation aussi injurieuse que celle que l'on a dirigée contre la ville de Toulouse.

S'ils ont quelque raison de soutenir que cette espèce de
sentence ne fut pas prononcée par Cujas lui-même, ils se
trompent, au contraire, étrangement lorsqu'ils tirent avantage de ces termes pour en contester l'existence absolument comme quand ils en attribuent l'invention à des auteurs modernes. En effet, Automne et Paul de Valles, qui
écrivaient l'un vingt-cinq ans, l'autre vingt-huit ans avant
la mort de Cujas, la rapportent dans les mêmes termes.

Quant à l'argument qu'ils tirent de la réponse de Cujas à Jean Robert, il n'est pas plus décisif. Robert lui reprochait d'avoir été repoussé avec ignominie par les Toulousains dans la demande qu'il fit d'une chaire. Si le fait n'eût pas eu lieu, Cujas se serait contenté de lui répondre nettement que l'imputation était fausse, mais il se borne à lui répondre sous le nom supposé de Mercator : « Peu importe que tu mentes. » Tout ce qu'on peut en induire c'est que Cujas niait avoir été repoussé par un arrêté formel et humiliant. Aussi Robert se crut-il autorisé, l'année suivante, à insister, en termes généraux, sur son imputation et Cujas ne lui répliqua point. Le raisonnement, tiré de ce que Forcadel ne fut nommé qu'après la promotion de Cujas à Bourges, serait plus concluant, si l'on montrait que, depuis son inscription du 29 mars 1554 jusqu'à son départ de Toulouse à la fin d'octobre ou dans les premiers jours de novembre suivant, il n'y avait eu aucune épreuve où Cujas eût pu apercevoir qu'il échouerait s'il persistait dans son entreprise ; qu'il abandonna, en effet, son inscription de son plein gré sans essayer d'y donner aucune suite. Les registres de l'Université de Toulouse devaient contenir quelque document à ce sujet, mais tout en parlant sans cesse de ces registres, MM. d'Helyot et Jamme n'en ont jamais rapporté un seul passage. On serait porté à croire qu'ils ne les avaient jamais consultés lorsqu'on les voit fixer la nomination de Forcadel à une époque différente de celle qu'il indique lui-même dans ses ouvrages. Il peut très bien se faire que M. Jamme, ainsi qu'il l'a dit, n'ait pas vérifié l'arrêt de 1554 et qu'il ait simplement copié dans La Faille le fragment qu'il rapporte. Il ne donne, en effet, que les mêmes lignes de cet arrêt, lequel contient les mêmes fautes que celles commises par La Faille lorsqu'il appelle ce quatrième candidat Ponisson au lieu de Pomisson et quand il donne à Rossel la qualification de professeur au lieu de docteur-régent. Enfin, il est moins exact que La Faille, puisqu'il y appelle le rival de Cujas Forcadel et non pas Forcatel comme l'arrêt de l'annaliste.

Néanmoins, lorsque Cujas quitta Toulouse pour n'y plus revenir, sept mois après l'ouverture du concours, et alla prendre une chaire à Cahors, on ne saurait nier qu'il avait au moins de bonnes raisons de craindre un revers. En effet, il était difficile d'admettre qu'il eût légèrement renoncé à sa patrie et à une Académie, alors très florissante, pour s'établir loin de sa famille, de ses propriétés et de ses amis dans une petite ville où il n'y avait aucun établissement qui approchât de l'importance de ceux de Toulouse ? C'est pour ce motif et pour justifier un départ précipité que MM. Helyot et Jamme ont cru trouver une explication dans les menées d'un compétiteur de Cujas, Martin Roussel, lequel travaillait à obtenir, par un brevet de la Cour, la chaire que Cujas voulait lui disputer.

Mais, outre que ce récit n'est basé sur aucune autorité, il paraît inconciliable avec trois circonstances particulières : la première que Roussel vint à Paris vers l'époque où le départ de Cujas était décidé et peut-être effectué pour prendre une attestation de l'université de la capitale sur les règles à observer dans les concours et sur le droit que les professeurs prétendaient avoir d'en être les seuls juges, ce qu'il n'eût pas fait s'il eût cherché à être nommé directement par le ministère. La seconde que c'est sur le rapport d'Edmond Mérille, indirectement confirmé par Alexandre Scot, que Jean Bodin, alors étudiant en droit à Toulouse et ennemi de Cujas s'était mis à la tête d'un parti qui cherchait à écarter ce grand jurisconsulte pour lui faire préférer Forcadel. C'est le succès de cette entreprise qui fut la cause unique du départ de Cujas, et ce départ serait inexplicable s'il n'eût été déterminé que par la crainte des intrigues de Roussel auprès de la Cour. La démarche de Roussel se concilie, au contraire, on ne peut mieux, avec ce que l'on rapporte des manœuvres de Bodin. A cette époque les étudiants avaient dans quelques universités le droit de prendre part à la nomination des professeurs ; et il est plus vraisemblable de supposer que lorsque Bodin eut réussi à faire écarter Cujas, Roussel dut chercher à diminuer l'influence des manœuvres auxquelles Bodin se livrait en faveur de Forcadel. De là pour lui la nécessité de prouver, par une attestation de la faculté de Paris, que les professeurs avaient seuls le droit de juger le concours. Telle est la raison pour laquelle, après le départ de Cujas, on retarda pendant plus d'une année, la nouvelle ouverture des concours. Les professeurs voulaient sans doute attendre des circonstances qui leur permissent de faire valoir plus facilement leurs prétentions.

Il résulte, d'autre part, assez clairement, du préambule de l'arrêt de 1554 rappelé précédemment, [1] mais omis par La Faille et Jamme, qu'après diverses discussions, le Parlement avait déclaré vacante la chaire disputée par Roussel, Cujas, etc., et confirmé sa mise au concours. Pour admettre que Roussel se fût déterminé à solliciter une nomination directe de la Cour, il faudrait supposer que, dans son propre intérêt, le ministre était disposé à faire naître un conflit avec le Parlement de Toulouse, ce qui est contraire à toute vraisemblance ; et d'autre part que Roussel ne craignait pas non plus de lutter lui-même avec le Parlement, ce qui n'est pas moins invraisemblable.

S'il restait quelques doutes sur l'insuffisance des motifs, invoqués par MM. Hélyot et Jamme pour détruire une vérité consacrée par les témoignages les plus respectables des contemporains élèves et amis de Cujas, le document précieux, que nous allons rapporter, les aura bientôt dissipés. Pour en saisir l'importance par rapport à la question qui nous occupe, il faut savoir qu'au mois de juin 1554, à l'époque précise du concours où Cujas s'était présenté, Jacques du Faur, abbé de la Case-Dieu, président au Parlement de Paris, et depuis ministre d'Etat, lui avait amené à Toulouse ses trois neveux, pour étudier sous lui le droit qu'il enseignait en particulier depuis 1547. Le premier des ne-

[1] Histoire de Cujas par Berriat Saint-Prix, page 487.

veux de l'abbé était Pierre du Faur de St-Jorry, l'un des plus grands jurisconsultes et magistrats du xvie siècle, mort dans la suite premier président au Parlement de Toulouse. Saint-Jorry ne quitta plus Cujas, même dans ses voyages à Cahors et à Bourges. Par suite, il fut témoin de tous les faits qui se passèrent à Toulouse dans l'été de 1554, relativement à la postulation de la chaire désirée par Cujas. Il est donc certain que, lorsque ce dernier eut l'occasion de lui rappeler quelques-uns de ces mêmes faits, il se serait bien gardé de les lui citer avec inexactitude.

Cette occasion se présenta au bout de vingt-quatre ans, en 1578, lorsque Cujas était professeur, doyen de l'université de Bourges et conseiller au Parlement de Grenoble. Une régence ou chaire de droit civil étant vacante à Toulouse, Saint-Jorry, alors président au Parlement de cette ville, lui écrivit, avec l'agrément du premier président et d'autres notables, pour la lui proposer. Cujas lui répondit par une lettre du 25 mars 1578 dont Berriat s'est procuré l'original chez M. Perreton, savant avocat et ancien magistrat à Grenoble, qui la possédait comme jointe aux œuvres de Cujas. Cette lettre, dont la copie est dans l'ouvrage de Berriat [1] que nous analysons actuellement, a été mise sous les yeux de la Société royale des Antiquaires.

Peut-on trouver quelque chose de plus décisif que ces expressions *præsentem contempsistis, absentem requiritis... graviores causas nolo dicere.* En rapprochant ces expressions les unes des autres et même de ce qui a été rapporté des intrigues de Bodin, on en sent toute l'énergie. Cujas, qui, en 1578, craignait de n'être pas élu simple professeur, par l'université de Toulouse, était depuis plusieurs années regardé comme le premier jurisconsulte du monde. Il est évident qu'il ne fut pas seulement l'objet d'une négligence, mais d'un échec humiliant. Assurément, sous ce rapport, nous ne pouvons faire que des suppositions, car le

---

[1] Histoire de Cujas par Berriat Saint-Prix, pages 504 et 505.

LAURAIN   7

document, que nous invoquons, ne nous en fait connaître ni la nature, ni les circonstances.

Quoi qu'il en soit, Berriat pense qu'il y eut plusieurs épreuves de concours pendant l'été de 1553. Du reste, un passage d'une épître, adressée par Jean Amariton à Cujas, son professeur, le 1er novembre suivant, le lui fait croire et vient à l'appui des conséquences tirées par lui de la lettre de Cujas au président de Saint-Jorry. Dans cette épître, en effet, il lui rappelle les disputes qu'il a soutenues avec tant d'éclat, le mois précédent : *non sine admiratione tuorum disputasti* et l'exhorte à fonder sa réputation sur l'impression de ses ouvrages plutôt que sur un professorat de courte durée. Il ajoute même, pour justifier cette exhortation, une petite pièce de six vers latins dont le sens est que les ouvrages de l'esprit nous font survivre en partie à notre destruction et que ce sont là les seuls monuments qui ne meurent pas. [1]

Dans ces mots que nous venons de citer : *non sine admiratione tuorum disputasti*, Amariton veut parler des thèses ou argumentations de concours où Cujas obtint l'approbation des élèves de son parti, et sans doute la désapprobation des partisans de Forcadel. Quant à l'exhortation de la fin qui l'engage à s'attacher à une publication de ses ouvrages plutôt qu'à un professorat, on peut, comme le fait Berriat, la considérer comme la consolation d'un revers que Cujas venait d'éprouver en demandant une chaire. Il ajoute même que, selon lui, il y a lieu de croire que, pendant une des séances du concours, les juges, mus par les intrigues de Bodin ou entraînés par les signes désapprobatifs de ses partisans, manifestèrent assez clairement leur opinion pour que Cujas ne put douter qu'il échouerait. Berriat en conclut alors que c'est la cause qui l'a déterminé à abandonner le concours et à accepter la chaire qu'on lui offrait à Cahors.

Toutefois, qu'il en ait été ainsi ou autrement, il faut croire

---

[1] Histoire de Cujas par Berriat Saint-Prix, page 507.

que l'intrigue a été bien puissante ou bien habilement conduite pour qu'on ait pu se décider à écarter Cujas et à placer, au bout de peu de temps dans la chaire qu'il sollicitait, un homme qui, sous aucun rapport, ne pouvait lui être comparé. On doit cependant reconnaître qu'à l'époque de l'échec de Cujas celui-ci n'occupait point dans la jurisprudence, à beaucoup près, le rang qu'il obtint plus tard, puisqu'il n'avait point encore publié d'ouvrages. Mais Héliot et Jamme conviennent pourtant qu'il jouissait déjà d'une très haute réputation, puisque cinq ans auparavant on lui avait dédié un ouvrage où on le qualifiait de *doctissimus jurisconsultus* et de *decor hujus œtatis eruditorum*; et que des magistrats et autres personnages distingués, de villes très éloignées, envoyaient leurs enfants à son cours où se rendaient même des professeurs de la capitale. D'autre part son rival heureux, Forcadel, n'était connu que par des livres dont le rédaction était assez en harmonie avec les titres bizarres dont il les décorait, tels que *Necyomantia juris periti sive occulta juris prudentia* ; *Cupido juris peritus* ; *Penus juris civilis* ; *Aviarium juris civilis* ; *sphera legalis*, etc. Il est vrai qu'il ne s'y montrait pas dépourvu d'érudition, mais il y faisait, en général, preuve d'un défaut complet de logique, de méthode, de tact, de discussion et de sagacité.

Pour cela, du reste, il suffit de rapporter ce qu'en pensait un des plus grands jurisconsultes des XVIᵉ et XVIIᵉ siècles, Antoine Mornac, qui avait pris la peine de méditer ses œuvres. *Prœtermitto*, dit-il, *inanes futiler ridendat que Forcatuli necromantias...* Mais ce jugement, par lequel Berriat termine cette trop longue discussion, nous paraît comme à lui trop rigoureux, puisqu'à l'imitation de Pierre Pithou, du président de Thou, de Gabriel Duval et autres, il fait porter sur la ville de Toulouse en masse un reproche que méritèrent seulement les personnages qui prirent part aux intrigues par lesquelles Cujas fut écarté et dont elle put être fort innocente. Le soin qu'elle a pris d'élever une statue à Cujas prouve qu'elle sait rendre justice au mérite et célébrer dignement le talent des grands hommes qu'elle a produits.

Durant l'impression de cette dissertation, Berriat a découvert, dans le premier volume des œuvres de Guillaume Maran, élève et procureur fondé de Cujas qui a été depuis professeur et doyen de la faculté de droit de Toulouse, une preuve non moins décisive que les précédentes de l'échec subi par notre jurisconsulte. Ce premier volume, qui contenait en 1615 le discours de Maran, *de rectâ juris docendi ratione*, ainsi que deux épîtres préliminaires dont la première était adressée *ad amplissimum Senatum Tolosanum*, ne les contenait plus en 1570. Ce texte n'a besoin d'aucun commentaire. Si le fait contre lequel il se récrie avec tant d'horreur ne fut pas arrivé, il n'aurait pas adressé ses plaintes au Parlement de Toulouse, ni confié au libraire de l'université le soin de les publier ; et surtout les Toulousains n'eussent pas attendu de 1615 à 1670, soit cinquante-cinq ans, pour essayer d'en montrer le peu de fondement[1].

Le résumé, que nous venons de faire de la controverse qui s'est élevée sur le point de savoir si Cujas a été refusé dans la demande qu'il fit d'une chaire de professeur à Toulouse, est assez long par lui-même sans que nous cherchions à l'étendre encore par celui des discussions qui se sont produites plus tard[2]. Pour nous, qui n'avons aucunement à rouvrir le débat, il nous suffira de continuer

---

[1] Histoire de Cujas par Berriat Saint-Prix. Additions 512, 513, 514.

[2] Cette dissertation n'avait pas éveillé les susceptibilités patriotiques des Toulousains, lorsqu'au bout de vingt ans, Berriat eut à soutenir avec M. Benech, alors professeur de droit à Toulouse, une polémique qui dura quelque temps. M. Benech dans un ouvrage intitulé Cujas et Toulouse réfuta la thèse soutenue par Berriat. Celui-ci répondit dans la revue étrangère et française de législation, 1842, page 329 et suivantes. M. Benech, à son tour, a publié une réplique dans la même revue aussi en 1842, pages 673 et 839. Berriat a publié de nouvelles observations sur la même question, Paris, in-8°. Videcoq, 1842. La première réponse de Berriat à M. Benech a été lue à la Société des antiquaires de France le 29 mars 1842.

l'examen rapide, que nous avons déjà commencé, de la dernière partie du livre de Berriat Saint-Prix, intitulée Eclaircissement, dont il nous reste à passer en revue les paragraphes suivants : § 8 sur l'école de Turin, sur le professorat de Cujas dans cette ville, son voyage à Venise et une erreur du Scaligerana ; § 9 sur le service rendu par Cujas à Scaliger après la Saint-Barthélemy ; § 10 sur la signature de Cujas ; § 11 sur la religion de Cujas ; § 12 sur la controverse de l'oncle et du neveu et sur le refus de Cujas d'écrire en faveur du cardinal Charles de Bourbon ; § 13 sur l'imputation portée contre Cujas d'avoir dérobé les basiliques de Catherine de Médicis ; § 14 sur le catalogue de la bibliothèque de Cujas ; § 15 sur les disputes de Cujas et de Robert, sur les injures proférées dans ces sortes de lettres et sur l'anecdote de sœur Augustine ; § 16 sur les éloges donnés à Cujas ; § 17 sur la critique de Charles de Boissieux ; § 18 sur les élèves de Cujas, sa notice chronologique de ses élèves. Les recherches faites par l'auteur sont immenses surtout si l'on considère qu'il nous fournit les noms de tous les élèves un peu remarquables de l'illustre Cujas. Pour cela il énumère les divers séjours faits par Cujas dans les villes où il a enseigné. Professorat de Toulouse, 1547 à 1554 ; professorat de Cahors, 1554 à 1555 ; premier professorat de Bourges, 1555 à 1557 ; premier professorat de Valence, 1557 à 1559 ; deuxième professorat de Bourges, 1559 à 1566 ; professorat de Turin, 1566 à 1567 ; deuxième professorat de Valence, 1567 à 1575 ; troisième professorat de Bourges, 1575 à 1590 ; § 19 sur les explications ou dictées des leçons de Cujas ; § 20 sur l'ouvrage de Jean Raimond et le système de l'école de Toulouse. L'auteur, sous ce paragraphe, nous fait remarquer que l'intimité de ce professeur avec Cujas était d'autant plus appréciable que Raimond était un admirateur passionné de Bartole ; § 21 sur l'école de Bourges, ses professeurs tels que Duarein, Doneau, Leconte et Cujas, leurs altercations pendant les premiers professorats de celui-ci et sur ses succès

son retour, etc; § 22 sur l'école de Valence, ses professeurs
tels que Hottoman, Bonnefoi et Roaldès (pages 591-597).
L'influence du baron de Gordes, la situation, les revenus
et le crédit de Cujas à Valence et sa promotion à une
charge de conseiller à Grenoble; § 23 sur les négociations
de Cujas avec la ville d'Angers et son professorat de Paris;
§ 24 sur la mort de la femme et du fils de Cujas, les soins
donnés à celui-ci, les belles-sœurs et le second mariage de
son père; § 25 sur une lettre de Cujas à Jacques de la
Guesle et sur une épître du président de Thou; § 26 sur la
demande de retraite faite par Cujas en 1588, sur sa position
critique à Bourges en 1588 à 1590, et sur la soumission de
cette ville; § 27 sur les œuvres posthumes de Cujas, les
corrections qu'il a faites aux anciens auteurs et les tables
de ces éditions; § 28 sur des fragments divers de Cujas relatifs à son enseignement.

Cet ouvrage, dont la dernière partie sous forme d'éclaircissements est un composé de notes complémentaires et de
pièces justificatives semblerait devoir être, pour nous,
celui des travaux de Berriat qui prête le plus à la critique.
Les notes qu'il renferme sont étendues et multipliées et, à
ce point de vue, celui qui veut étudier sérieusement n'a
qu'à se prémunir contre la confusion à laquelle ne s'est que
trop souvent exposé celui qui étudie d'une manière super-
ficielle.

Malgré cet inconvénient, qui consiste à faire perdre de
vue, à celui qui le lit rapidement, l'objet principal du livre,
l'histoire de Cujas, ainsi mise à la fin du volume, étale au
grand jour ce talent particulier pour les patientes et minutieuses investigations que Berriat possédait à un si haut
degré. Les moindres circonstances de la vie du grand jurisconsulte, même les plus obscures, y sont profondément
fouillées; et comme, selon son habitude, il initie le lecteur
dans le secret de ses découvertes, on est à chaque instant
entraîné par lui dans un dédale de dates, de faits et de
textes tellement inextricables que l'esprit demeure comme
effrayé de l'immensité de pareilles recherches.

La grande variété du récit, unie aux détails piquants que l'auteur a su y introduire, fait de cette histoire de Cujas et des trois ou quatre opuscules qui en sont le corollaire,une œuvre pleine d'intérêt pour l'homme du monde comme pour le savant et le jurisconsulte. Parmi les questions curieuses qui y sont agitées, nous remarquons notamment celle de savoir si Cujas, ce puits de science qui était la lumière de son siècle, aurait été réellement jugé incapable d'occuper une chaire de droit à Toulouse, lieu de sa naissance et si décidément nul n'est prophète dans son pays ! Si par des moyens peu délicats et de complicité avec le célèbre publiciste Pithou, Cujas ne se serait pas approprié quelques fragments des basiliques et différents manuscrits de la bibliothèque de Bourges ! Si enfin le grave Cujas se serait rendu coupable du rapt de la religieuse Augustine, etc. Aussi M. de Savigny, professeur de droit distingué de Berlin, a-t-il dit, après avoir rendu compte de cet ouvrage dont il a fait un éloge justement mérité que « Berriat Saint- « Prix devrait écrire l'histoire de tous les jurisconsultes « français du moyen-âge; qu'il rendrait par là à la science « un véritable service. » Ce jugement, né dans un pays comme l'Allemagne qui se connaît plus qu'aucun autre en professeurs et en jurisconsultes du droit romain, fit rechercher l'ouvrage du professeur de procédure civile. Les Allemands ont trouvé ressemblant le portrait que Berriat avait fait de Cujas ; et, pour l'avoir, ils ont accordé à l'auteur les honneurs de la traduction [1].

A cette époque et même un peu avant, Berriat faisait partie, avec MM. de Gerando, Dupin aîné, de Cormenin, Warkœnig, Agresti et autres professeurs, magistrats et jurisconsultes français et étrangers, de cette pléiade d'écrivains instruits et d'hommes vraiment érudits qui, dans l'intérêt du progrès de la science, ont permis aux auteurs de la

---

[1] Jacob Cujas und seine zeitgnossen von Ernest Spangenberg.Leipzick, 1822, in-8°

Thémis de poursuivre le cours de leurs utiles travaux. Toujours soucieux comme ses collaborateurs de produire des discussions sérieuses et variées, il sut, sans négliger ses communications à la société des Antiquaires, maintenir dignement la renommée d'un ouvrage qui devait naître dans la patrie des Cujas, des Dumoulin, des Lhôpital, des Daguesseau et de tant d'autres noms illustres dans la jurisprudence et la législation [1].

Si en étudiant la vie de Berriat, comme nous le faisons ici, nous nous proposions un autre but qu'un examen spécial de ses travaux juridiques, on pourrait avec raison nous reprocher de n'avoir pas fait connaître toutes les communications faites par lui aux Sociétés Savantes assez heureuses de le compter au nombre de leurs membres. Nous nous contenterons donc d'indiquer les plus importantes ; et si nous revenons sur l'histoire de l'université de Grenoble, dont nous avons déjà parlé, c'est parce qu'elle a compté parmi ses professeurs les Gribaldt, les Govéa, ceux mêmes dont Cujas, soit à Bourges soit à Valence redoutait le plus la concurrence ; et aussi parce que Charles IX, par son ordonnance de 1560, l'a réunie à celle de Valence, dont nous nous sommes déjà occupé et qui n'a eu d'autre célébrité que d'avoir eu Cujas pour professeur.

Parmi les travaux les plus importants, qui ont été communiqués par notre éminent professeur de procédure civile, nous devons mentionner : « ses Remarques sur les anciens jeux des mystères [2] ; son Coup d'œil sur l'emploi de la langue latine dans les actes anciens et sur sa prohibition au XV° siècle [3] ; son Rapport relatif aux procés faits aux animaux [4] ; et enfin les Recherches sur la législation et la tenue des actes de l'état civil depuis les anciens jus-

---

[1] Thémis ou Bibliothèque du jurisconsulte. Moniteur universel du 29 octobre 1820.

[2] Mémoire de la Société, tome V, pages 433 et suivantes.

[3] Tome IX, pages 237 et suivantes.

[4] Tome VIII, pages 291 et suivantes.

qu'à nos jours [1] ; qui tous ont été lus à la Société des Antiquaires et offrent de l'intérêt et surtout le dernier d'entre eux.

Cette suite presque ininterrompue de travaux divers et d'occupations professionnelles de la plus haute importance n'empêcha pas notre savant professeur de préparer son édition des œuvres de Boileau qui parut de 1830 à 1834 [2]. Fruit de recherches immenses tant pour la collation des textes que pour les détails biographiques, cette édition a été le travail de prédilection de Berriat et l'a occupé pendant trente ans de sa vie. Aussi il n'est pas étonnant qu'elle soit préférable à toutes les autres, malgré les fautes qu'entraîne à sa suite un long travail. Mais ce qui surtout place Berriat au premier rang des nouveaux éditeurs de ce poète c'est l'exactitude et la variété dans les recherches. Après une existence si occupée, une carrière si laborieuse et si bien remplie, notre éminent professeur de procédure civile n'était encore que membre de la société académique des sciences de Paris, de l'académie de Dijon [3], de la société des Antiquaires de Normandie, de la société des sciences de Versailles, de la société archéologique de Tours, etc., etc. Il lui fallait une récompense plus digne de lui et de son dévouement à la science. Aucun titre, en effet, ne lui manquait pour entrer à l'Institut où sa place était marquée dans deux Académies, celle des Inscriptions et belles-lettres, et celle des sciences morales et politiques. Ce fut à cette dernière qu'il accorda ses préférences.

Au nombre des lectures qu'il fit à cette Académie, nous citerons celle qu'il fit en 1836 d'un très-curieux mémoire sur le remboursement des rentes, sur l'indemnité due aux rentiers du seizième siècle [4], où il établit très-doctement

---

[1] Tome IX, pages 245 et suivantes.

[2] Paris, Langlois, 4 vol. in-8°, le 1er volume n'a paru qu'en mars 1834.

[3] Berriat Saint-Prix était membre correspondant de l'Académie de Dijon depuis le 1er mai 1811.

[4] Paris, Langlois, in-8°, 1837.

que, dans tous les emprunts royaux, contractés sous
Louis XII, François Ier, Henri II, Charles IX et Henri III,
l'État, qui empruntait à de gros intérêts au denier 12 ou
au denier 10, avait stipulé la clause expresse de rachat ;
que, sous Henri IV, quelques villes, quelques prêteurs se
refusèrent bien ensuite au rachat mais sans contester la
légalité. Berriat Saint-Prix, dont les recherches ont toujours un côté original, fit alors un retour vers ce bon
moyen-âge, où quand le roi avait besoin d'emprunter, pour
lui venir en aide, il était souvent interdit aux notaires de
recevoir aucun contrat de prêt entre particuliers avant
que les emprunts royaux n'eussent été couverts. La chronique, disait notre auteur, trouvait cela fort étrange, et
sous ce rapport elle avait raison. Ce mémoire, publié en
1837, avait à cette époque un grand intérêt d'actualité ; et
c'est à sa lecture qu'il dut d'entrer à l'Académie des sciences
morales et politiques. Il y fut admis le 25 janvier 1840 en
remplacement de M. le duc de Bussano qui appartenait à
la section de législation. Cette nomination fut d'autant
plus honorable que, malgré le grand nombre des concur-
rents, elle eut lieu à une immense majorité.

Il est vrai de dire qu'elle donna lieu à quelques critiques
de la part de certains journaux, c'est ainsi qu'on osa lui
dire, à lui, un vieillard, un savant qui, bien que modeste,
avait conscience de l'étendue de son savoir, qu'il était un
praticien pur sang, un esprit médiocre, qu'il avait une intelligence bornée, qu'il serait dans l'académie le représentant de la Procédure. Toutes les discussions pénibles tombèrent pour lui sous le coup du mépris ; et la veille de son
installation il écrivait : « Je dois être installé demain à midi
« dans un poste à l'occasion duquel les journaux ont fait
« du bruit. Ils ont bien de la bonté et ils auraient pu em-
« ployer plus utilement leur valeur. Depuis plus de qua-
« rante ans que je suis homme public, ç'a été un parti pris
« chez moi de ne jamais faire de réponse que par ma con-
« duite. Le grand courage d'attaquer à coups d'épée un

« homme qui tient et veut continuer à tenir les bras croi-
« sés !... Ce n'est pas que les moyens de défense me fissent
« faute, et bien loin de là, que je n'en eusse également beau-
« coup pour porter le combat sur le terrain ennemi. Des
« amis voulaient les employer, même à leurs propres ris-
« ques ; je les ai conjurés de n'en rien faire et je suis par-
« venu à obtenir leur silence [1] ».

Le choix presque unanime de l'Académie fut pour le savant une première réparation. La seconde, la plus douce,
fut décernée au représentant de la Procédure. En effet dans
la séance de son cours qui suivit sa nomination, au moment où selon son habitude il faisait une pause de deux ou
trois minutes pour terminer la seconde partie de son explication, des applaudissements unanimes et presque frénéti-
ques éclataient à trois reprises différentes. Le respectable
professeur, alors ému et surpris de cette manifestation
toute sympathique, ne put trouver un seul mot pour re-
mercier ses auditeurs de ce témoignage de généreuse satisfaction.

C'est au concours à la fois ferme et bienveillant d'un
membre de l'Académie, M. Lakanal, que le respectable Berriat dut de réussir. L'ancien conventionnel, chargé autrefois de présider les séances de l'école normale qu'il avait
contribué à créer, le seconda de tout son pouvoir pour le
faire triompher de la coterie qui s'était élevée contre lui.
Aussi, à partir de ce moment, ils eurent l'un pour l'autre
des sentiments mutuels d'amitié et d'estime.

Berriat fut de ceux qui prirent une part active aux travaux de l'académie des sciences morales et politiques ; il
lui donna lecture d'un mémoire sur la durée et la suspension de la prescription [2] ; de recherches sur le paupérisme

[1] Lettre de Berriat Saint-Prix à M. Taillandier, conseiller à la cour
royale de Paris, membre de la Société des antiquaires de France ; voir
notice sur la vie et les travaux de Berriat Saint-Prix par le même. Paris,
Duverger, 1846, in-8.

[2] Paris, Langlois, in-8°, 1841.

en France au XVIe siècle [1], et d'observations sur la législation relative aux nullités des actes de procédure [2], d'un coup d'œil comparatif sur les lois civiles de la France et des Etats-Unis [3], d'un mémoire sur la loi des XII tables [4], d'une comparaison approximative de la criminalité en France au XVIIe et au XIXe siècle [5]. Ce dernier travail nous rappelle que l'éminent professeur, qui avait étudié si attentivement le moyen-âge et les époques antérieures à la grande régénération sociale, dont la fin du siècle dernier a conservé le caractère, était intimement persuadé que notre temps pouvait soutenir sans désavantage le parallèle avec toute autre partie de notre histoire. Cette pensée, qui se retrouve dans plusieurs de ses ouvrages, est précisément celle par laquelle il terminait l'écrit dans lequel il avait pris pour point de comparaison [6] la France au grand siècle de Louis XIV et au temps où nous vivons. « Nous croyons « avoir démontré, ajoute-t-il à ce sujet, que d'après les di- « vers faits énoncés dans notre travail, tout annonce que, « avec beaucoup moins de jouissances et de lumières, la « société française du XVIIe siècle n'offrait pas moins de « penchant au crime que celle du XIXe [7] ».

Notre éminent professeur, qui a vu toute la révolution, l'a aimée sans la flatter. Après l'avoir saluée au Champ de Mars en 1790 il l'a servie dans les camps en 1792 et 1793. S'il a célébré ses merveilleuses gloires de 1800 à 1810 il a été aussi une de ses victimes puisqu'il a été exilé en 1816 et n'a obtenu d'elle que la croix de la légion d'honneur en

---

[1] Tome IV. Mémoires de l'Académie des sciences morales et politiques. Tiré à part, Paris, Didot, 1843, in-4º.

[2] Même volume, même tirage.

[3] Compte rendu des séances et travaux de la même Académie, par MM. Loiseau et Vergé, tiré à part. Paris, Didot, 1844, in-8º.

[4] Paris, Didot, 1845, in-8º.

[5] Paris, Joubar, 1845. Extrait de la revue française et étrangère tome 2.

[6] et [7] La proposition de Berriat pouvait être vraie à l'époque où il vivait.

1830. Il fut plusieurs fois chargé par intérim des fonctions de doyen de la faculté de droit de Paris ; et c'est même en cette qualité qu'il prononça à la séance solennelle de rentrée, le 5 novembre 1838, un discours sur l'enseignement du droit en France avant et depuis la création des écoles actuelles. Ce fut encore lui qui, le 7 août 1846, moins de deux mois avant sa mort, prononça, à l'occasion de la distribution des prix, un discours qu'il terminait en rappelant les principales améliorations apportées à la législation civile et criminelle dans les quinze années qui avaient précédé.

Berriat Saint-Prix, qui pendant de longues années a fait partie de la société royale des antiquaires de France,[1] a été fréquemment appelé aux honneurs du bureau et à ce titre il a toujours rempli, avec cette ponctuelle exactitude qui était l'un des traits distinctifs de son caractère, les diverses fonctions qui lui ont été confiées. La dernière fois qu'il en a été le président, comme la société avait décidé que les volumes de ses mémoires composant la nouvelle série serait offerte au roi, il sollicita une audience qui lui fut accordée d'abord pour le 3 décembre 1844 puis remise au 11 mars suivant. L'accueil, que lui fit sa Majesté, fut des plus bienveillants. Après l'avoir fait asseoir, elle écouta très attentivement le discours que le vénérable président de la société des antiquaires de France avait préparé pour la circonstance. Le roi alors, après avoir dit à Berriat qu'il prenait intérêt aux travaux de la société, ajouta que l'étude des antiquités avait quelquefois aussi occupé ses loisirs ; que, dans les lointains voyages de sa jeunesse, il avait trouvé une inscription portant les célèbres initiales S.P.Q.R. ce qui semblait indiquer que les Romains avaient pénétré dans une partie du nord de l'Europe où l'on ne croyait pas qu'ils fussent allés. « J'ai dessiné cette inscription, conti-« nua le roi, et je dois l'avoir encore quelque part avec les

[1] La Société des antiquaires de France a été fondée le 14 juillet 1829. Le nombre des membres résidants est de 45. Tandis que celui des membres correspondants est illimité.

« observations qu'elle m'a suggérées. » Eh bien ! Sire, reprit Berriat en souriant, voilà un titre pour être reçu membre de la société des antiquaires. »

Fidèle à ce précepte de Servan [1] que la lampe du savant
comme celle du magistrat doit s'allumer avant celle
même de l'artisan, notre respectable professeur, dans la
crainte de perdre son temps, avait soin d'en régler l'emploi
avec une précision toute mathématique. Cette vie méthodique et régulière, la sérénité de son esprit et sa forte constitution pouvaient faire espérer qu'il vivrait longtemps encore. Mais ses forces l'abandonnèrent peu à peu et ce fut
en vain qu'il chercha à lutter contre le mal qui devait le
conduire au tombeau et dont la cause remontait à peine à
trois mois. Malgré tout ce que purent lui dire ses enfants
et ses collègues il fit son service jusqu'au 31 août à quatre
heures du soir ; et s'il ne l'a pas continué le 31 c'est que
c'était un dimanche et que l'école était fermée.

Le zèle ardent de Berriat pour l'étude ne l'a jamais dé-
tourné de ses devoirs comme professeur. Il ne se faisait
suppléer ni à son cours, ni aux examens. En un mot notre
respectable savant était un de ces hommes toujours gui-
dés par la religion du devoir et dont la raison était nourrie
par l'étude. Sa scrupuleuse exactitude avait quelque chose
d'antique et qui n'existe plus aujourd'hui.

Huit jours avant sa mort, le samedi 27 septembre, notre
savant professeur se rendit à la séance hebdomadaire de
l'académie des sciences morales et politiques pour y faire
une lecture sur le traité des assurances de M. Alauzet. Déjà
sérieusement malade, puisqu'il marchait avec difficulté, il
éprouvait de la peine à terminer sa communication. Non
content de cet effort de courage qui avait surpris tous ses
confrères inquiets de le voir pâlir et s'affaiblir pendant sa
lecture il disait à son fils aîné le mercredi suivant : « Je

---

[1] Servan (Joseph-Michel-Antoine), né le 5 novembre 1737, à Romans,
fut avocat général au Parlement de Grenoble à l'âge de 27 ans.

« n'ai jamais manqué à aucune séance ; je veux aller à
« celle de samedi ; tu me donneras le bras ; ces messieurs
« permettront que tu m'accompagnes jusqu'à ma place ;
« un fils peut suivre son père partout ». Mais ce même samedi, à trois heures du matin, il avait cessé de souffrir. Il est
mort en effet le 4 octobre 1845, âgé de soixante-seize ans et
douze jours. Jusqu'à ses derniers moments notre respectable professeur avait conservé toute la tranquillité d'esprit
qu'on lui a connue. L'avant-veille de sa mort, pour se distraire, il se fit lire par ses enfants Le Muet, comédie de
Brueys et des scènes de la comédie de Turcaret par Lesage ;
et peu de temps avant de s'assoupir pour ne plus jamais se
réveiller, il aimait encore à raconter une anecdote de Préville [1].

Pour témoigner à l'Institut la reconnaissance de l'avoir
admis dans son sein, Berriat inséra dans son testament une
disposition par laquelle il voulait que celles des éditions de
Boileau qu'il possédait en grand nombre et que la bibliothèque de ce corps savant n'avait pas, y fussent déposées.

La cérémonie des funérailles de Berriat Saint-Prix fut
célébrée, le dimanche 5 octobre 1845, à l'église Saint-Etienne
du Mont. L'époque à laquelle on se trouvait tient ordinairement éloignés de Paris la plupart des professeurs de nos
écoles, des membres de nos compagnies savantes et du barreau. Tel fut le motif de l'absence de ceux qui, comme élèves, collègues ou amis du défunt, se seraient empressés de
venir payer un tribut à sa mémoire. On remarquait tous
les professeurs de la faculté de Droit alors à Paris, en ro-
bes et précédés de leurs huissiers, plusieurs membres de
l'Institut et avocats, ces derniers précédés de M. Duverger,
bâtonnier de l'ordre arrivé seulement la veille d'un long
voyage.

Le deuil était conduit par les deux fils de Berriat Saint-

---

[1] Pierre-Louis Dubus dit Préville, l'un des plus grands auteurs comi-
ques qui ait paru sur la scène française, naquit à Paris, le 17 septembre
1721 et mourut à Beauvais, le 18 décembre 1799.

Prix,dont l'aîné était alors procureur du roi à Pontoise. Les coins du poële étaient tenus par MM. Royer-Collard, professeur, Giraud, membre de l'Institut, Taillandier, membre de la société des Antiquaires, Coin-Delisle, avocat à la Cour d'appel.

Comme le défunt, par son testament, avait manifesté le désir qu'aucun membre de l'Institut n'assistât en costume à ses obsèques et qu'aucun discours ne fût prononcé sur sa tombe, au nom de ce corps savant, M. Ortolan, professeur, au nom de la faculté de droit et pour se conformer aux usages ordinaires,a prononcé les paroles suivantes, à l'arrivée du convoi au cimetière de l'Ouest :

« Messieurs.

« J'éprouve en ce moment combien l'homme est destiné
« à passer, d'un jour à l'autre, de la joie à la douleur !

« Hier, j'assistais à une solennité fertile [1] pour mon cœur
« en douces émotions, et me voici, aujourd'hui, sur une
« tombe !

« Cette solennité, M. Berriat Saint-Prix était appelé à y
« figurer comme membre de l'illustre compagnie qui y
« présidait : la veille encore, pour ainsi dire, dans son atta-
« chement pour moi, il s'en faisait une fête. . et cette tombe
« qui s'ouvre est la sienne !

« Qui nous eût dit, ô mes collègues ! lorsqu'au mois
« d'août dernier nous l'avions à notre tête, distribuant les
« récompenses annuelles de nos concours, qui nous eût dit
« que ces paroles où s'alliaient d'une manière si piquante
« la simplicité affectueuse, la finesse spirituelle et l'expé-
« rience du temps,étaient les dernières paroles qu'il devait
« prononcer devant la réunion de nos élèves ? qui nous
« eût dit que les applaudissements répétés que lui adressait
« cette jeunesse si prompte à comprendre noblement et vi-

[1] Le fils de M. Ortolan avait obtenu la veille un prix de composition musicale à l'Institut.

« vement toutes les choses du cœur, étaient les derniers
« applaudissements qui lui seraient adressés ?

« M. Berriat Saint-Prix était le dernier, peut-être, des
« docteurs sortis des anciennes universités françaises ; sa
« vie a été une longue suite de services rendus à l'ensei-
« gnement de la législation : dans les écoles centrales, dès
« l'année 1796 ; dans les nouvelles facultés de droit, dès
« leur première création ; enfin dans la faculté de Paris de-
« puis vingt-six ans.

« Dans cette longue carrière, je pourrais vous dire les
« travaux scientifiques de l'érudit et du professeur ; les
« ouvrages mis au jour, les générations successives for-
« mées à la pratique des lois, les vertus publiques et pri-
« vées, et ces sentiments d'un patriotisme ferme et éclairé
« qui ne s'est jamais démenti, que M. Berriat Saint-Prix
« avait puisé dans les vicissitudes de nos révolutions, ac-
« complies toutes sous ses yeux, dans l'étude du droit et
« dans les principes libéraux de notre Constitution.

« Mais le vœu qu'il a émis dans ses derniers moments,
« quoique moins impérieux pour nous, m'impose le silence.

« Hélas ! Il nous a été enlevé dans un temps de repos,
« mais aussi de séparation pour nous tous.

« Nous qui sommes ici, nous voici restés, par hasard,
« pour une triste et pieuse mission, presque tous les plus
« jeunes de la Faculté. Nous avons été jadis ses élèves,
« nous étions hier ses collègues, et nous sommes appelés
« aujourd'hui à lui rendre les derniers devoirs !

« Homme de savoir, homme de bien, homme de relations
« dévouées et sûres à vos amis, paternelles aux jeunes gens,
« bienveillantes et aimables à tous !

« Nous, à la fois vos élèves et vos collègues,

« Au nom de ces autres collègues absents,

« Au nom de ces autres élèves, de cette jeunesse de notre
« école qui se presserait ici en foule, autour de nous, dans
« une douleur commune, si la mort ne vous avait frappé
« pendant qu'elle est dispersée au loin ;

« En leur nom et au nôtre, nous faisons un éternel adieu
« à votre dépouille !

« Quant à votre mémoire,elle restera dans nos cœurs tant
« que nous vivrons. et après nous, et après ceux qui vous
« ont connu,dans la science que vous avez tant honorée[1].»

M. Taillandier,conseiller à la cour royale de Paris, a ensuite prononcé un discours au nom de la Société des Antiquaires de France.

Le 15 novembre suivant, à l'occasion de la rentrée solennelle des Facultés et de l'École préparatoire de Médecine
de Grenoble, M. Gautier, doyen de la Faculté de droit, à la
suite du compte rendu des travaux de l'année scolaire, a
signalé les élèves qui s'étaient le plus distingués durant
cette année et a terminé son allocution en ces termes :

« Messieurs, il y a quarante ans qu'un décret impérial,daté
« du quartier-général de Braunau (Haute-Autriche) por-
« tant la date du 1er novembre 1805 et la signature de *Na-*
« *poléon*, organisait la Faculté de droit de Grenoble et ap-
« pelait à la chaire de procédure civile et de législation cri-
« minelle, l'homme éminemment studieux, le savant pro-
« fesseur que la ville de Grenoble rangeait avec orgueil
« parmi ses enfants de prédilection et dont elle déplore au-
« jourd'hui la perte récente[2].

« M. Berriat Saint-Prix, homme de bien, également re-
« commandable par ses vastes connaissances, par des tra-
« vaux utiles. par de longs services rendus à l'enseigne-
« ment, comptait de nombreux élèves parmi les magistrats,
« les membres du barreau. les fonctionnaires divers des
« trois départements qui composent le ressort de la Cour
« royale de Grenoble, et parmi ses collègues de la Faculté
« de droit de cette ville.

« Je suis donc en ce moment l'interprète de sentiments

---

[1] Moniteur universel du 7 octobre 1845.

[2] Le portrait de Berriat Saint-Prix, peint par mademoiselle Genève sa
belle-sœur, est exposé dans la salle de lecture de la bibliothèque de Grenoble.

« unanimes ; j'accomplis aussi, avec une satisfaction per-
« sonnelle, un devoir universitaire en me faisant l'écho
« de notre profonde estime, de nos vifs regrets. Oui, Mes-
« sieurs, son souvenir nous sera cher à toujours ! Et lors-
« que nous voudrons offrir un modèle parfait de l'ardeur
« pour l'étude, du courage persévérant à surmonter les
« difficultés de la science, de la fidélité consciencieuse
« dans les recherches publiées, nous dirons avec respect le
« nom de Berriat Saint-Prix [1] !

Lors de la rentrée de la conférence des avocats à la Cour
d'appel de Paris, le 15 décembre, M. Duvergier, bâtonnier, a prononcé un discours sur l'influence que les changements survenus dans nos mœurs et nos lois avaient pu
exercer sur la profession d'avocat. A la fin de son discours
il s'est exprimé ainsi :

« Notre ordre et la science viennent de faire récem-
« ment une perte sensible. La mort de M. Berriat Saint-
« Prix a privé l'Ecole de Paris de l'un de ses professeurs
« les plus distingués, et nous, de l'un de nos plus honora-
« bles confrères.

« Editeur de Boileau, historien de Cujas, auteur d'ou-
« vrages pleins de substance sur la procédure civile et
« l'instruction criminelle, l'un des membres les plus assi-
« dus de l'Académie des sciences morales et politiques,
« M. Berriat Saint-Prix avait des titres nombreux à la
« considération publique ; son attachement à ses devoirs
« se manifestait par une admirable exactitude dans leur
« accomplissement.

« Cette vie si régulière, si simple, si laborieuse, peut
« être proposée comme un exemple que chacun doit s'effor-
« cer de suivre ; elle mérite le respect, elle est digne de
« toutes nos sympathies [2]. »

---

1 Extrait du Courrier de l'Isère du 18 novembre 1845.
2 Extrait du journal le Droit du 14 décembre 1845.

CHAPITRE DEUXIÈME

DE SA MÉTHODE, DE SES PLUS IMPORTANTES MONOGRAPHIES RELATIVES A LA SCIENCE DU DROIT ET DE SES TRAVAUX EN GÉNÉRAL.

Si, pour juger un homme dont on fait la biographie, il devait suffire de s'arrêter à des études spéciales, l'examen, qui devrait servir de base à l'appréciation de ses œuvres, serait certainement superficiel et incomplet. Aussi telle n'est pas notre intention pour ce qui regarde Berriat Saint-Prix dont nous connaissons presque exclusivement les travaux sur la législation.

Il est vrai de dire que nous le connaissons déjà comme jurisconsulte et comme professeur et que, pour en terminer sur ce point, il ne nous reste que peu à faire. Nous estimons donc, puisqu'il doit nous en coûter fort peu pour en finir, que, pour ne rien omettre de ses mérites, il est de notre devoir de le faire connaître comme économiste et agriculteur, comme historien et antiquaire, comme littérateur et académicien.

Nous l'avons déjà fait remarquer, Berriat Saint-Prix était un de ces hommes dont l'activité surprenante pourrait servir de modèle à notre époque. Sous le rapport du travail consciencieux, son existence a été une des mieux remplies. Aussi dans le cas où, pour le connaître à fond, il faudrait analyser tous les ouvrages qu'il a publiés durant sa longue carrière, puisqu'on en compte 95 ou 100, beaucoup de ceux qui consentiraient à se charger de cette lourde tâche seraient bien fiers de s'en tenir aux 65 qui reposent sur les rayons de la bibliothèque de sa ville natale. Pour nous, qui croyons qu'un simple coup d'œil d'ensemble doit suffire à apprécier tout ce qu'une imagination aussi féconde a pu produire, la tâche est déjà assez ardue. Et si nous avons assez de hardiesse pour l'entreprendre, c'est d'abord pour nous rendre compte de ses œuvres historiques comme juriste et ensuite pour signaler ses plus importantes monographies relatives à la science du droit.

Qu'on nous pardonne donc à nous qui, déjà éloignés du moment où nous recevions de la bouche du professeur les solides doctrines de l'Ecole de droit, sommes sans cesse emportés par le mouvement des affaires qui nous saisit et nous emporte, si, de notre part, il se produit soit une erreur soit une inexactitude. L'une ou l'autre ou toutes deux doivent provenir de la difficulté de juger ce qu'on ne voit qu'à distance.

Sans compter les détails intimes de la vie de l'habile et éminent professeur que nous avons essayé de reproduire aussi fidèlement que nous avons pu et qui nous le représentent comme un homme loyal et intègre, sachant se faire aimer et respecter de ses élèves, nous avons cru trouver dans son enseignement tout ce qu'il y avait de solide et de substantiel. Aussi, lorsque nous avons entrepris de le résumer, nous avons été obligé de reconnaître dans l'ensemble de ses travaux une certaine concision qui rend difficile toute tentative ayant pour but de les resserrer et de les condenser. Chez lui l'érudition est vaste et la sobriété exemplaire ; et il n'est pas un de ces ouvrages où il ait ajouté quelque chose de surabondant et d'une déduction dont la logique ait à souffrir. On n'y voit en effet aucune citation vague et sans portée car la rigueur et le scrupule ne l'abandonnent jamais. Encadrée dans de justes proportions, son œuvre permet à tout lecteur de suivre facilement sa pensée et de se l'assimiler sans peine. Le seul inconvénient qu'elle présente, si tant qu'il en soit un, c'est

d'être complétée par des notes. Selon nous, sous ce rapport, Berriat paraît s'être complètement justifié : « Destinant le fruit de nos recherches aux jeunes légistes.nous
« avons dû nous resserrer davantage. Mais comme les no-
« tions de détail les plus frivoles aident parfois à éclairer
« l'histoire particulière de quelque point de droit que l'on
« a besoin de discuter, nous avons pensé qu'il serait avan-
« tageux de noter les meilleures sources où ils pourraient
« les puiser en semblable occurrence. Dans cet objet, en
« réservant au texte de notre ouvrage tout ce qui nous a
« semblé utile de leur apprendre de l'histoire du droit,
« nous avons indiqué dans les notes ou dans les appendi-
« ces,soit les autorités sur lesquelles nous avons fondé no-
« tre travail, autorités que nous avons toutes vérifiées
« avec scrupule, et où seront souvent les développements
« des faits que nous résumons au texte, soit les discus-
« sions ou les notions accessoires dont nous venons de
« parler, lorsqu'elles ont quelque rapport avec les mêmes
« faits [1]. »

Cette méthode, qui n'empêche aucunement à son exposé
d'être précis et serré comme un raisonnement mathématique, est exactement celle qu'il a suivie dans le premier
volume du *Cours de Législation* qu'il professait à l'Ecole
Centrale de l'Isère [2]. Elle est encore aujourd'hui celle de
beaucoup de bons auteurs et notamment de MM. Aubry et
Rau qui l'emploient pour indiquer les noms des jurisconsultes qui adoptent leur avis comme ceux qui le repous-
sent, et pour faire passer sous les yeux du magistrat, du
jurisconsulte et de l'avocat le tableau comparatif de la doctrine et de la jurisprudence. C'est donc une ressource à la
fois pour les curieux qui, voulant s'instruire, ont le moyen
de recourir aux notes et pour les indifférents qui, moins

---

[1] Histoire du droit romain par Berriat Saint-Prix, Observations préliminaires.

[2] Grenoble, Allier, 1803, in-8°.

désireux d'approfondir les questions, préfèrent s'en tenir à la lecture de l'ouvrage.

En résumé, à l'époque où Berriat publiait ses ouvrages, son unique souci était de mettre en relief les grands principes du droit autant pour ceux qui en avaient une notion incomplète que pour ceux qui en commençaient l'étude. C'est pourquoi il juge nécessaire de renvoyer aux traités les plus estimés et de ne pas négliger l'opinion d'aucun des auteurs connus. De la sorte on ne peut l'accuser de discuter théoriquement sans nommer ceux qu'il combat comme l'ont fait Pigeau, Boitard et Thomine Desmazures.

Tout en mentionnant ce mérite, que nous nous plaisons à ajouter à tant d'autres dont nos faibles essais ont tenté de se rendre l'écho, nous dirons, avec M. Carré, que l'éloge est dû aux travaux supérieurs dont Berriat Saint-Prix a enrichi la jurisprudence et l'histoire. En effet, pour le vénérable professeur, dont nous nous occupons aujourd'hui, ce mot est particulièrement vrai si l'on considère à la fois le talent du jurisconsulte qui les a produits, le moment où ils ont vu le jour et la valeur des ouvrages en eux-mêmes.

Bien qu'il ne nous reste que peu à dire sur la science et l'habileté comme sur les travaux de Berriat, nous croyons devoir ajouter, pour ne rien omettre, qu'au début de sa carrière, le monde ancien allait disparaître pour jamais afin de faire place au monde nouveau. Docteur sorti des anciennes universités françaises, comme l'a dit M. Ortolan, il a vécu pendant quinze années au milieu d'une époque de transition qui, tout en ne permettant pas à son talent de briller de tout son éclat, lui a cependant fourni l'occasion de jeter les bases de l'enseignement du droit.

Après avoir assisté à la période agitée de la révolution, c'est-à-dire à celle qui a fait table rase du passé, il a eu aussi la satisfaction d'être présent à la révolution pacifique qui devait nous procurer cette unité législative tant et depuis si longtemps désirée. Pour un homme identifié commé il l'était avec la science, l'occasion était alors on ne peut plus favorable. C'est pour ce motif qu'il la saisit avec un si grand empressement pour faciliter l'étude du droit. Aussi personne ne lui contestera la gloire d'avoir, le premier, dans un but de simplification, et pour ne pas fatiguer l'esprit, conçu la pensée d'exposer les principes du droit en faisant appel aux considérations historiques qui s'y réfèrent.

Profondément pénétré de la doctrine de Cujas qui était encore professée, de son vivant, et qu'il connaissait même mieux que toute autre, il résolut de s'en faire l'interprète. Lui qui, en effet, dès sa jeunesse avait traduit, comme nous l'avons déjà dit, les sommaires des titres du Code et du Digeste que le célèbre jurisconsulte avait commentés, savait très bien que Cujas et son école ne se proposaient pas de découvrir les antiquités juridiques de Rome, car ces antiquités avaient déjà été consultées par d'illustres savants ; il savait aussi à merveille que leur but était la restitution et l'interprétation des textes du droit romain ayant force de loi au moyen de ces antiquités. Il mit donc à profit toutes les ressources, dont il pouvait disposer, pour connaître lui-même et faire connaître aux autres le Code civil que la France venait de se donner et qui, non seulement n'était utile et pratique qu'après la révolution de 1789, mais qui était encore nécessaire à l'accomplissement de l'unité nationale.

Par la promulgation du Code civil nous étions arrivés à cette unité de législation dont la pensée a longtemps préoccupé nos publicistes et nos jurisconsultes. Pour bien la faire connaître il fallait étudier avec soin les divers éléments qui la composaient, savoir : les dispositions de la loi romaine qui avait contribué à civiliser l'Europe ; celles de nos Coutumes qui avaient fait honneur à la sagesse de nos pères et qui, dignes de meilleurs temps, avaient contribué à former notre caractère national ; celles des dernières ordonnances royales ayant rapport à l'ordre essentiel des sociétés, à la sûreté des patrimoines et à la prospérité générale ; enfin les lois faites après 1789 par nos assemblées nationales sur les matières civiles, c'est-à-dire celles qui sont liées aux grands changements survenus dans l'ordre politique ou qui, par elles-mêmes, ont paru préférables à des institutions usées ou défectueuses.

Le labeur, auquel Berriat consentait à se soumettre, n'était pas sans difficultés. Quoi qu'il en soit nous vîmes apparaître en 1823 cette histoire du droit romain sur le mérite de laquelle nous nous sommes déjà expliqués et qui déjà pouvait être d'un puissant secours à ceux dont le désir pourrait être d'envisager l'histoire des institutions Romaines. Ce n'était que la première partie de son travail ; quant à l'autre, qui malheureusement est restée en manuscrit, nous n'en connaissons que le plan : « Celle-ci se « sous-divise d'après l'ordre des temps, en trois sections, « dont la première embrasse l'histoire du droit français « ancien, ou droit qui était en vigueur avant la révolu- « tion ; la seconde, le droit français intermédiaire, ou droit « qui résulte des lois et usages qui ont été publiés ou qui « se sont introduits depuis la révolution. La troisième, le « droit français actuel, ou droit résultant des codes nou- « veaux et des lois interprétatives subséquentes.

« C'est aussi dans l'intention de faciliter les études des « jeunes juristes, que nous nous sommes déterminés à pu- « blier séparément la première des deux parties dont se « compose notre ouvrage, ou l'histoire du droit romain. La « seconde ou l'histoire du droit français est bien à peu « près terminée ; mais elle exige encore des recherches, « que nos occupations nous forcent à ajourner pour quel- « que temps.

« Observons au reste, que, quoique dans les deux parties « de notre travail, l'histoire du droit public soit souvent « mêlée par la nature des choses à l'histoire du droit privé « ou droit civil, cependant c'est de cette dernière dont

« nous nous occupons spécialement, comme ayant plus de
« rapport aux mêmes études des jeunes juristes[1]. »

Cette conception si belle et si vaste était réellement digne de l'esprit d'initiative qui l'avait imaginée. Berriat avait compris, en effet, qu'en restituant à la loi romaine son véritable caractère et en montrant qu'il est pour chaque civilisation une loi propre, on devait émanciper les sociétés nouvelles de l'empire de cette même loi et préparer ainsi la formation du droit moderne. Son plan avait ouvert la voie et aujourd'hui que l'histoire du droit français public et privé[2] ne compte pas moins de sept périodes qui sont les suivantes : 1º Période Gauloise ; 2º Période Gallo-Romaine ; 3º Période Germanique ; 4º Période féodale ; 5º Période Coutumière ; 6º Période monarchique ; 7º Période intermédiaire ; 8º Période Moderne; on est peut-être bien près du couronnement de l'édifice dont notre savant professeur de procédure civile a eu l'honneur de poser la première pierre.

Comme cette idée devait avoir une haute portée sociale, Berriat considéra que son histoire du droit romain laisserait à désirer s'il ne la faisait pas suivre de l'histoire de Cujas. Il lui a semblé tout naturel de faire connaître le fondateur de la grande École historique, afin que l'on sut bien que c'était à la lecture et surtout à l'étude de ses ouvrages qu'il devait la pensée, dont nous avons essayé de démontrer les heureux résultats. Aussi on ne doit pas être surpris de voir, avec quels scrupules, notre respectable professeur cherche à s'effacer ; c'est presque son unique préoccupation. Son attitude, pleine de respect pour le grand Cujas, prouve qu'il ne veut rien lui emprunter de sa gloire et que même il désire, de la part de ceux qui étudieront les principes dont il a fait une si heureuse application, la même reconnaissance dont il était pénétré pour lui.

---

[1] Histoire du droit romain, par Berriat Saint-Prix. Observations préliminaires, pages 5 et 6.

Combien n'en est-il pas aujourd'hui qui devraient profiter de cette leçon d'exquise délicatesse qui consiste à respecter la science et l'érudition d'autrui[1] !

De nos jours une pareille élévation de sentiments serait rare. Néanmoins Berriat s'est montré, cela est certain, tel que nous venons de le dépeindre ; et c'est lui qui, le premier, a conçu la pensée de s'occuper de l'histoire du droit comme d'une introduction nécessaire à son étude. Aussi, quelle que soit la déférence que nous devons avoir pour Cujas, le prince des jurisconsultes de son temps, c'est un devoir pour nous de reconnaître que, si les diverses transformations par lesquelles la puissance paternelle et la puissance maritale ont passé nous sont connues, les savantes déductions de notre éminent professeur de procédure civile en sont les seules causes. C'est lui, en effet, qui, avec la lucidité d'esprit qui le caractérise, nous a servi de guide à travers l'antiquité pour nous apprendre que l'élément romain et l'élément germanique se sont fondus ensemble sur le sol de notre pays, sous l'influence bienfaisante de la religion catholique, pour former la nation française.

Dans un autre ordre d'idées moins sérieux mais encore instructif, nous rappellerons certaines coutumes du moyen-âge, dont une est rapportée dans son étude sur la législation criminelle et de police de l'ancien Dauphiné; c'est que dans cette province certains voleurs étaient autrefois condamnés à l'amputation d'une oreille[2]. La seconde, à propos d'une dissertation sur un statut du Parlement de Toulouse

---

[1] Ginouillac, 1884, Arthur Rousseau. Histoire du droit francais, public et privé.

[2] La Bourgogne avait, dans une partie de son territoire, une législation analogue. Nous voyons, en effet, dans les archives de Beaune, qu'en 1451 Auciaul Poinsot convaincu par de nombreux démérites, a été condamné à la fustigation, puis à la section d'une demi-oreille ; qu'en 1516, Jean Grangier déjà essorillé, ayant eu les oreilles coupées, fut condamné à être pendu pour avoir blasphémé le saint nom de Dieu. Les émoluments du bourreau étaient de 25 sols toutes les fois qu'il coupait une oreille et de 50 sols pour une pendaison ou une décapitation.

de 1197, consistait à donner à un créancier le droit d'appréhender au corps son débiteur et de le tenir chez lui dans un cachot, chargé de fers et nourri au pain et à l'eau. A vrai dire, nous ne soupçonnions l'existence ni de l'une ni de l'autre. Il nous semble difficile aussi de croire que les auteurs de la loi des XII tables aient entendu permettre aux créanciers, de mettre en pièces le corps de leurs débiteurs. Sous ce rapport nous sommes de l'avis de Berriat dans les observations critiques qu'il a présentées sur ce sujet comme sur l'usage ou l'abus que faisaient les anciennes familles Romaines du divorce et de l'adoption. C'est, en effet, avec raison qu'il nous montre Caton lui-même répudiant une femme pauvre pour la reprendre quelque temps après enrichie par un héritage.

Si de là on passe à l'examen de ses principales monographies sur la science du droit, nous trouvons : 1° ses réflexions et recherches sur le serment judiciaire, qui ont été traduites en italien : 2° un mémoire sur la durée de la suspension de la prescription, lequel fut suivi peu de temps après de cet opuscule : Coup d'œil comparatif sur les lois civiles de la France et des Etats-Unis, surtout relativement à la prescription ; 3° un mémoire sur la révocation des donations pour survenance d'enfants ; 4° sur les nullités de procédure ; 5° sur la législation relative aux ventes du mobilier des mineurs, on est naturellement porté à accepter toutes les solutions qu'il propose, savoir : 1° que le serment judiciaire n'est plus qu'un levier impuissant entre les mains du législateur ; 2° que, dans l'intérêt général, il faudrait faire courir la prescription trentenaire contre les mineurs sauf leur recours contre leurs tuteurs ; 3° que la survenance d'enfants ne doit pas entraîner la révocation des donations ; 4° que, dans notre législation, et quoi qu'en ait dit Montesquieu, la forme emporte trop souvent le fond ; 5° que l'on devrait simplifier les préliminaires obligés de la vente des mineurs.

Il est, d'après nous, inutile de revenir sur aucune de ces

questions, et il doit suffire de l'affection de Berriat pour Cujas pour l'excuser. En effet, en rappelant que l'origine des dispositions du Code sur la révocation des donations se trouve dans la célèbre loi 8 au Code de *Revocandis Donationibus* dite *Si unquam*... La difficulté était de savoir si ce texte, qui prévoit le cas d'une donation faite par un patron à son affranchi, devait être étendu aux donations faites par toutes personnes. Cujas, au nombre des anciens jurisconsultes, que cette question,qui est aujourd'hui sans intérêt, a préoccupés, la traite sous le titre 20, observation cinquième[1]. Ainsi qu'on peut le voir, d'après ce qui précéde, Berriat autant par la tournure de son esprit que par le genre de talent dont il était doué, trouvait toujours le moyen d'intéresser les personnes qui l'écoutaient comme il intéresse encore aujourd'hui ceux qui le lisent. Parmi les faits singuliers et les détails piquants dont il aimait à émailler ses récits et sur lesquels il était naturellement porté à appuyer ses opinions, nous en rencontrons dans ses notes un certain nombre du genre de ceux-ci : « En « France, dit-il, nous avons prêté treize serments politi- « ques dont il fait la fidèle et curieuse énumération ! Quelle « différence entre la froide et riche simplicité de notre « serment et la redoutable solennité de celui prêté par les « Juifs ! Dans l'affaire du Carlo-Alberto, un des témoins « assignés a naïvement déclaré qu'il ne pouvait jurer de « parler sans crainte ! En haine de leurs donations, plu- « sieurs vieillards de quatre-vingts ans ont épousé des « filles d'esprit de vingt ans, et, avant l'expiration de l'an- « née, les donations ont été révoquées ! » Les jésuites, lors du fameux procès Lavalette, furent cruellement punis de la définition mal sonnante qui, dans leur dictionnaire de Trévoux avait été donnée au mot appointement ! Et cette définition même plus ou moins injurieuse pour la magis-

---

[1] Demolombe, tome III, des donations. N° 718, page 619, septembre, novembre, Dalloz, donations 1862.

trature fut un obstacle à ce que le procès fut appointé, et
comme chacun le sait, il fut perdu !

Sans avoir tout dit, à beaucoup près, car nous avons
encore quinze ou vingt sujets traités par Berriat, dont
nous devrions faire l'analyse, nous éprouvons cependant le
besoin d'être bref.Quoi qu'il en soit, nous ne pouvons faire
autrement de témoigner notre surprise, lorsque, dans la
notice publiée par lui sur Cochin, il lui refuse de l'éloquence. Et notre surprise est d'autant plus légitime lorsque
nous nous rappelons que, dès son apparition au barreau, il
balança la réputation du fameux Lenormand appelé l'aigle
du barreau, et que le même Lenormand lui a dit, après sa
première cause,qu'il n'avait jamais rien entendu de si élo-
quent.

Devrons-nous dire que not.e étonnement est le même
lorsque, dans le parallèle fait par Berriat entre Cujas et
Domat, nous voyons la préférence accordée à Cujas? Assurément non ; et quand cette préférence ne tiendrait qu'à
cette sorte de culte que notre éminent professeur avait pour
Cujas, l'explication pourrait déjà satisfaire ceux qui en ont
éprouvé le plus grand étonnement! Quant à nous, qui
sommes frappés des mérites de l'un et de l'autre, il nous
est difficile de ne pas partager l'avis de Berriat. Daguesseau, l'ami de Domat, dit d'ailleurs à propos de son traité
des lois[1] : « C'est le plan général de la société civile le
« mieux fait et le plus achevé qui ait jamais paru ; et je
« l'ai toujours regardé comme un ouvrage précieux que
« j'ai vu croître et presque naître entre mes mains par
« l'amitié que l'auteur avait pour moi. » Le même dit dans
sa première instruction à son fils en parlant des Institutes
de Justinien, « quoique l'ordre n'en soit pas vicieux, vous
« souhaiterez néanmoins plus d'une fois qu'il eut pu être
« tracé par M. Domat au lieu de l'être par Trébonien... et
« plus loin, « ainsi je voudrais que vous lussiez d'abord le

----

[1] OEuvres de Daguesseau, 1787, 2 vol. in-8°.

« texte des Institutes avec la paraphrase de Théophile qui
« en facilite suffisamment l'intelligence en y joignant seule-
« ment les courtes notes de M. Cujas... et encore plus loin,
« lisez donc pour cela, mon cher fils et pour bien d'autres
« choses lisez continuellement les écrits de M. Cujas qui a
« mieux parlé la langue du droit qu'aucun moderne et
« peut-être aussi bien qu'aucun ancien. » Nous croyons
donc que l'apparition de Cujas a singulièrement facilité la
tâche de Domat. En sorte que si, comme le dit encore Daguesseau, « personne n'a mieux approfondi que cet auteur
« le véritable principe des lois et ne l'a expliqué d'une ma-
« nière plus digne d'un philosophe, d'un jurisconsulte et
« d'un chrétien, » cela tient à ce qu'il n'a eu qu'à suivre la
voie que Cujas lui avait ouverte.

Passant ensuite 1º à son tableau comparatif de la criminalité dans le XVIᵉ et dans le XIXᵉ siècle ; 2º à ses observations sur la tenue des actes de l'Etat civil chez les Romains ; 3º à celle sur les divers modes de publication des
lois avant le Code ; 4º à ses réflexions sur les citations
d'Homère et de Platon dans les lois romaines ; 5º à son résumé de la législation de l'Auvergne ; 6º à ses idées sur la
prescription *à quo*, nous estimons que, dans toutes ces matières, il a fait preuve d'un grand savoir et d'une grande
critique éclairée ; et comme toujours les investigations se
gravent d'autant mieux dans l'esprit qu'elles sont parse-
mées d'anecdotes dont sa mémoire abonde.

Dans ses remarques sur l'état intellectuel des accusés et
par occasion sur l'augmentation de leur nombre, notre
respectable académicien soutient que le nombre des accusés vient de ce qu'il y a plus de commissaires de police et
de ce que les influences locales sont paralysées. Aussi,
d'après lui, on doit avoir une confiance restreinte dans les
statistiques qui sont faites à la légère relativement à l'instruction, ce qui prouve qu'on n'apporte pas à leur établissement le soin que l'on devrait y mettre [1]. C'est toujours

---

[1] *Moniteur universel*, 15 mars 1844.

cette même pensée que la comparaison de notre époque avec toute autre de notre histoire est toute à notre avantage.

Pour en finir avec le droit et la procédure, il nous reste encore à examiner ses remarques sur l'origine du ministère public. Il commence par se demander si cette institution vient des coutumes françaises ou si elle vient de la Grèce et de Rome. Après avoir posé cette question et avant d'examiner les fonctions du ministère public, soit comme partie principale, soit comme partie jointe, il mentionne l'opinion émise par M. de Tocqueville, opinion qui, du reste, se rapproche de la réalité, à savoir que cette institution est une imitation indirecte des usages des Romains. Il constate, en outre, que dans le savant ouvrage de Samuel Petit,[1] il n'y a rien de relatif au ministère public. Plutarque, dit-il, rapporte bien une loi de Solon, relative aux accusations, mais ni lui, ni Barthélemy, lorsqu'ils parlent des accusations, ne parlent du ministère public. Il nous rapporte que Cujas croit voir dans l'interprétation d'un passage de Sulpice Sévère une sorte d'extension donnée aux avocats du fisc. Ces avocats, qui s'occupaient des contestations intéressant le trésor public, obtinrent de Maxime, usurpateur passager de l'Europe occidentale, le droit d'agir devant les tribunaux pour les crimes qui ne trouveraient pas d'accusateurs. Cette faveur, dont on fut huit siècles sans constater l'application, devait d'autant mieux laisser des traces que la défaite de cet usurpateur n'avait pas rétabli l'autorité impériale dans la Gaule. En effet, Janus a Costa, qui avait étudié nos lois et nos usages en matière d'administration de la justice, retrouva en 1201 des magistrats accusateurs dans le comté de Barcelone.

Si on y appela ce magistrat procureur ou avocat du fisc, cela tient à ce que cette dénomination fut usitée pendant deux ou trois siècles dans un pays placé à la fin du IVe

---

[1] Judisprudentia, Romana et Attica.

siècle sous la domination de Maxime, le Dauphiné. Ce qui confirmerait d'ailleurs l'opinion de Cujas et de Janus a Costa, c'est que le conseil Delphinal, créé au XIVe siècle par Humbert II, eut un procureur fiscal et un avocat fiscal. Les titres de procureur général ou d'avocat général, inconnus alors selon la remarque de Chorier,[1] furent adoptés vers les premières années du XVIe siècle. A cet égard, Berriat fait observer que cet auteur se trompe, car il dit avoir cité ailleurs : 1° une délibération, prise à l'Hôtel de Ville de Grenoble en 1535, où le procureur général est appelé *Procurator fiscalis generalis*; 2° une requête présentée en 1539, où, au lieu de la formule encore employée, en 1790, dans les causes supérieures, soit montré au procureur général, on met *vocetur fiscus* et où au lieu des formules *n'empêchons*, nous voyons *fiscus dicit quod*. Ces usages, qui remontent à Maxime, ont été conservés en Savoie, pays soumis à Maxime, où on disait, en 1792, avocat fiscal, avocat fiscal général. Voilà ce qu'il y aurait de plus positif sur cette institution comblée d'éloges par les Henrion de Pansey, Servan et Montesquieu. M. Portalis en fait aussi l'éloge en disant que cette institution nous a préservés de cette foule de délateurs, devenus le fléau des familles et de l'Etat sous les empereurs de l'ancienne Rome[2].

Pour n'avoir pas à nous répéter sur le compte de notre infatigable écrivain en faisant remarquer avec quel soin cette question est traitée, nous croyons devoir aborder ses travaux d'économie politique et d'agriculture. Ici nous nous contenterons d'examiner les plus anciennes et les moins importantes qui cependant intéressaient, d'une manière toute spéciale, Grenoble, le département de l'Isère et le Dauphiné. Parmi ces diverses publications se trouvent ses mémoires : 1° sur la filature à froid de la soie ; 2° sur le peignage du chanvre ; 3° sur le plâtre considéré comme

---

[1] Jurisprudence de Gui Pape. Edition de 1769, page 69.
[2] Moniteur universel du 27 août 1842.

engrais ; 4° sur l'emploi de l'engrais tiré des latrines ; 5° sur les progrès de la population dans l'Isère, qui tous sont des travaux composés par lui pendant sa jeunesse et où on remarque un certain esprit d'observation joint à un désir ardent de se rendre utile.

Nous citerons ensuite : 1° un discours sur l'économie politique dans lequel, à défaut d'idées neuves, on trouve une excellente méthode, beaucoup de clarté et de vastes recherches : 2° un annuaire statistique du département de l'Isère pour les années IX, X, XI et XII, ainsi qu'une notice sur diverses contrées de l'Isère, travail d'un esprit sérieux qui aime l'ordre et où aucun détail n'est négligé et qui pécherait plutôt par l'excès d'exactitude. A cela, nous croyons devoir joindre, comme dignes d'attirer l'attention : 1° un travail sur le rapport entre les enfants naturels et les enfants reconnus et légitimés par mariage subséquent ; 2° l'exposé du mode de culture établi dans une partie du royaume de Naples qu'on appelle l'Echiquier de la Pouille. Pour en finir avec cette matière, nous devons faire connaître les deux écrits les plus remarquables de Berriat. Le premier est son mémoire sur le remboursement des rentes dont nous avons parlé précédemment. Le second est intitulé : Recherches sur le paupérisme au XVI° siècle. Il a été composé en 1848 pour l'Académie des Sciences morales et politiques, et inséré dans ses mémoires. A cette époque, le paupérisme ne semblait pas encore avoir fait connaissance avec notre pays ; et sous ce rapport, l'Angleterre paraissait avoir seule à souffrir de ce qui pour elle est une sorte de ver rongeur. Aussi Berriat, armé d'une foule de délibérations des consuls et des échevins de Paris, Bourges, Salins et Grenoble, démontrait-il, d'une manière irrécusable, et avec une sorte de fierté, qu'en France, au XVI° siècle, chaque ville, chaque communauté renvoyait chez eux les pauvres, étrangers à la ville, à la communauté ; et que leurs habitants étaient obligés, sous peine d'amende, de fournir, soit à leurs propres pauvres, soit à ceux qui traversaient la contrée, un logement, du pain, quelquefois même de l'argent. Tous ces faits et d'autres encore le conduisent aux déductions suivantes, d'ailleurs très justes en elles-mêmes :

1° Que puisqu'à cette époque nous avions tous nos monastères, ce n'est pas à leur suppression, sous Henri VIII, qu'il faut attribuer, comme on l'a fait, le paupérisme de l'Angleterre ; 2° que, sous le rapport du paupérisme et de la charité publique, la France du XIX* siècle était mieux administrée et plus heureuse qu'au moyen-âge. Cette dernière thèse d'économie politique avait déjà été développée par Berriat Saint-Prix dans son tableau comparatif de la criminalité au XVI* et au XIX* siècle, et nous le verrons se reproduire dans la plupart de ses recherches d'histoire et d'antiquité.

Essayons maintenant de faire connaître l'historien et l'antiquaire. Tout d'abord nous devons lui rendre cette justice qu'il n'est pas outre mesure *laudator temporis acti.* Il prouve bien que le moyen âge est curieux, mais il prouve aussi que nous valons à peu près autant que nos bons aïeux sous le rapport de la moralité, du bon goût, de la raison et même de la bonne chère.

En effet, si nous nous reportons à la description des repas d'Humbert II, dernier souverain du Dauphiné, dont la magnificence était hors de proportion avec les revenus de son duché, nous ne pouvons nous défendre d'une certaine surprise, lorsque nous lisons que, pour les dîners du lundi et du mercredi, le morceau de roi, le plat d'entremets, réservé au Dauphin, était un plat de bonnes tripes, cuites à l'eau, escorté de pieds de bœuf et de pois chiches ; et que le dessert se composait exclusivement de fruits et de fromages ! Et cette surprise est non moins grande lorsque, dans les recherches sur les procès faits au moyen-âge aux animaux, nous comptons de 1120 à 1746, plus de quatre-vingts condamnations à mort ou excommunications prononcées contre toute espèce d'animaux, depuis l'âne jusqu'aux sauterelles [1]. La simplicité était poussée si loin qu'on était allé jusqu'à donner un avocat, un défenseur aux rats de Paris. Nous remarquons aussi que le Dauphiné avait également sa part dans ses étranges naïvetés. C'est pourquoi Berriat croit devoir mentionner : 1º un arrêté, rendu par les consuls et échevins de Grenoble en 1543, qui demandait qu'on procédât par voie d'excommunication contre les limaçons et les chenilles ; 2º et une sentence du grand vicaire de Valence, en 1585, qui enjoint aux chenilles de déguerpir du diocèse.

Mais en revanche, nous lisons dans la notice sur les poésies de Charles d'Orléans, traduites en latin par Antoine Assezan, auteur inédit et calligraphe du XVᵉ siècle que les Parisiennes de cette époque auraient pu rivaliser avec celles d'aujourd'hui, d'après le portrait vraiment séduisant que voici :

> Et miror innumeras formâ præstante puellas
> Tam Lascivo habitu cultas, adeoque facetas
> Ut Priamum aut veterem succendere Nestora possint !

Il y a même encore une note du mémoire déjà analysé sur le remboursement des rentes dans laquelle on voit un éloge de la ville même de Paris, en 1605, qu'il est utile de résumer brièvement pour faire juger du style et de l'élégance de François Miron, conseiller d'Etat d'Henri IV.

« Paris, dit-il, est plus grande que Thèbes, plus docte « qu'Athènes, plus riche que Carthage, plus sainte que

---

[1] Un des ouvrages de Barthélemy Chasseneuz, premier commentateur de la coutume de Bourgogne, intitulé Concilia et publié à Lyon en 1531, parle d'une espèce d'excommunication prononcée par l'official d'Autun contre les mouches qui mangeaient les raisins dans l'étendue du territoire de Beaune. On trouve aussi dans les archives de Beaune une délibération des maires et des échevins en date du 29 janvier 1644 priant les vénérables du chapitre de l'église collégiale de la dite ville de s'interposer auprès de l'évêque d'Autun pour obtenir de faire une procession, les lundi, mardi et mercredi, 15, 16 et 17 février suivant, afin de préserver le pays de l'invasion des rats et des insectes dans les blés, les vignes et sur les arbres.

« Rome, plus noble que Naples, plus gentille que Vienne,
« plus forte que Troie, plus délicieuse que Tyr, plus floris-
« sante que Corinthe, etc., etc... Elle est la source des
« bonnes mœurs, la montagne de Psyché, décrite par
« Apulée, etc.! »

Nous sommes près d'en finir avec le côté plaisant des
recherches historiques de Berriat. Mais avant nous devons
indiquer les faits vraiment curieux que lui a révélés la délibération, prise, en 1535, par la ville de Grenoble, au sujet
d'un mystère de la passion de Jésus-Christ ! Admettrait-
on aujourd'hui un spectacle qui dure quatre jours entiers,
une pièce contenant 86 actes et 41.000 vers, un procureur
général, chargé de tous les détails de la fête, un curé jouant
le rôle de Jésus-Christ et descendu à moitié mort de la
croix. Enfin, accepterait-on dans une œuvre presque religieuse, une licence, un cynisme de langage contraires à la
décence et au bon goût ?

Le bon sens de notre époque aurait bientôt fait justice de
jeux aussi étranges et aussi insensés. Nous ne nous y arrêterons donc pas, car nous avons hâte d'arriver à ce qui fait
réfléchir et à ce qui démontre les progrès de notre civilisation ainsi que le développement de la raison publique.

Il nous suffira pour cela, à propos d'un mémoire de notre
éminent professeur sur l'ancienne législation relative aux
barbiers-chirurgiens, de rappeler en quelques mots l'origine de cette corporation que l'intelligence publique a fini
par laisser à sa place. Au moyen-âge, en effet, la profession
de barbier avait pris une certaine importance, parce que,
devenus habiles à manier le rasoir, les barbiers s'étaient
arrogés le droit de manier aussi la lancette et le bistouri.
Dans la crainte de déroger, les docteurs en médecine se
refusaient à pratiquer les saignées qu'ils avaient prescrites
pour laisser ce soin aux chirurgiens, c'était presque
toujours les barbiers qui étaient appelés à les faire. C'est
de là que leur vient le nom de frater, pris dans le sens
d'aide. On prétend même que certains barbiers joignaient

même l'exercice de la médecine à celui de la chirurgie, ce qui ne les empêchait pas de raser la barbe et de couper les cheveux. Avant de les appeler frater, on les nommait mires, ce qui voulait dire médecins tout autant que chirurgiens. Le mire du roi était le chef de la corporation. Cette fonction était très recherchée, parce que les rapports journaliers du mire avec le roi lui donnaient la facilité de demander une foule de faveurs, ce qui fait que le mire avait ses courtisans comme le prince. Notre histoire rapporte l'exemple de simples barbiers qui, après s'être introduits dans les bonnes grâces du roi, sont devenus des hommes politiques. De ce nombre se trouvèrent Pierre Labrosse, sous Philippe le Hardi et Olivier le Daim sous Louis XI. Tous les deux, il est vrai, finirent par le gibet, ce qui a dû sensiblement refroidir l'ambition des barbiers. Pendant le XVIᵉ siècle, les corporations de barbiers, établies dans les principales villes du royaume, usurpèrent de plus en plus les attributions des chirurgiens et allèrent jusqu'à prendre le titre de chirurgiens-barbiers ; mais une ordonnance du prévôt de Paris, confirmée ensuite par un arrêt du Parlement, les condamna à remplacer ce titre par celui de barbiers-chirurgiens, et à prendre, pour enseignes, des bassins blancs au lieu de bassins jaunes qu'ils avaient adopté et dont les chirurgiens avaient seuls le droit de se servir. On voit encore aujourd'hui des bassins se balancer comme autrefois sur la porte de nos petits barbiers, mais ils peuvent les choisir de la couleur qui leur plaît le mieux, car nos chirurgiens leur en ont abandonné le monopole. Par compensation ils leur ont repris toutes leurs fonctions chirurgicales et ne leur ont laissé pour instruments que le rasoir et les ciseaux. La mode des perruques, qui prit une si grande extension, sous Louis XIV, rendit les barbiers plus florissants que jamais, ce qui leur donna l'idée de prendre presque tous le nom de perruquiers ; mais cette mode était trop ridicule pour durer longtemps. On compta huit barbiers en titre dans la maison royale ; leurs fonctions consistaient à peigner le roi tant le matin qu'à son coucher, à l'essuyer aux bains et aux étuves et après qu'il avait joué à la paume. Sous la Restauration cet office fut rétabli, mais les titulaires furent réduits à deux ; il y avait en outre quatre barbiers du commun et tous prêtaient serment de fidélité entre les mains du premier gentilhomme de la Chambre. Aujourd'hui, dans les grandes villes surtout, il n'y a plus de barbiers si ce n'est dans quelques quartiers perdus, habités par les classes les plus pauvres. Il n'y a que des coiffeurs dont quelques-uns d'entre eux, pour qui ce nom n'est pas assez distingué, se disent artistes en cheveux ou en coiffure. Nonobstant ils font la barbe comme leurs prédécesseurs à tous ceux qui veulent leur confier leur menton. Mais ils prennent plus cher et c'est par là surtout qu'ils tiennent à se mettre à la hauteur de leur siècle.

Homme calme et soucieux de voir tout à sa place, Berriat a dû être inspiré dans l'étude de cette législation spéciale par la présence, au moment de la Révolution, de certains barbiers-chirurgiens. Frappé comme il l'avait été du contraste de leur situation, puisqu'en 1637 le premier barbier-chirurgien du roi en était réduit à demander le privilège de tenir boutique ouverte et d'y appendre un bassin, avec la haute considération dont jouissaient de nos jours les Delpech, les Petit et les Dupuytren, il crut nécessaire de le signaler.

Ce changement, dû à la disparition de l'ancien ordre de choses à laquelle Berriat avait assisté, avait aussi appelé son attention primitivement sur les violences commises jadis contre les huissiers et sergents. Ce mémoire, pour être bien compris, demande quelques explications sur ce qu'étaient à l'origine les huissiers et sergents. Saint-Louis s'était occupé de régulariser la situation des huissiers et bedeaux et avait voulu qu'ils fussent nommés aux assises mêmes. Mais le véritable organisateur de la corporation des huissiers fut Philippe-le-Bel, ce fut lui qui, par deux ordonnances, l'une du mois de novembre 1302 et l'autre du 13 juin 1309, institua, sous le nom de sergents, les huissiers du Châtelet de Paris. Ces fonctionnaires, constamment armés, étaient au nombre de 150, dont 60 à cheval et 90 à p ie et placés sous la dépendance du prévôt du Châtelet, sans l'avis duquel ils ne pouvaient exécuter aucun arrêt, saisie ou emprisonnement. Chacun devait accourir lorsqu'ils criaient *à la justice du roi*. Ils sergentaient jusqu'à con-currence de 100 livres et leurs honoraires étaient de deux deniers pour une semonce, donnée dans l'enceinte de la ville et de deux deniers pour une semonce, donnée dans la banlieue. Tout acte de procédure, fait par un sergent à cheval, coûtait trois sols tournois. Il ne pouvait avoir lieu qu'en dehors de la ville et de la banlieue réservées aux sergents à pied qu'on appelait sergents à verge. L'une et l'autre de ces catégories de fonctionnaires comprenait des clercs, c'est-à-dire des hommes tonsurés et dépendants de l'Eglise. Pour mettre un terme à de nombreux abus qui s'étaient produits, Charles-le-Bel limita le nombre des ser-gents alors considérablement accru, interdit cette fonction aux clercs et ordonna que la police des audiences fût faite par deux sergents placés à l'huis (porte) du tribunal, 1327. Telle fut l'origine des huissiers ordinaires et du nom même d'huissiers que prirent plus tard tous les sergents. Malgré l'ordonnance de Charles-le-Bel, les abus continuèrent et le nombre des sergents qui augmentait sans cesse, tant en province qu'à Paris, donna lieu à de vives réclamations. Quand la vente des offices devint un moyen de remplir les caisses du trésor, l'exercice de cette fonction devint un monopole. Henri II établit un audiencier à chaque siège présidial ; Henri III en établit dans toute juridiction dé-pendant du domaine royal même dans les châtellenies, vigneries, prévôtés, etc., en 1691. On créa un premier au-diencier dans chaque juridiction royale. La façon de pro-céder des sergents et des huissiers varia suivant les temps et suivant les juridictions. Sous le régime féodal on assignait verbalement en présence de témoins qui se nommaient recors. Cette habitude dura longtemps et les Etats de Tours demandèrent d'une façon spéciale que les sergents fussent tenus de savoir lire et écrire. On exigea d'eux des actes écrits. Nul ne put procéder à l'exécution d'un jugement sans avoir à la main sa baguette et sur l'épaule un écusson fleurdelisé de la grandeur d'un teston. Les témoins devaient assister aux saisies et le sergent ne put enlever les meubles qu'après avoir dressé un inventaire dont le double restait aux mains du saisi. L'étendue du ressort dans lequel pouvaient instrumenter les sergents huissiers fut souvent l'objet de vifs débats. Dès l'origine on fut contraint de les maintenir dans les dépendances des prévôts et châtellenies et de leur empêcher de s'étendre dans tout le bailliage. Au commencement du siècle dernier, les huissiers à pied et à cheval du Châtelet ayant été réunis en une seule corporation, on les autorisa comme les notaires de Paris, à instrumenter dans toute la France. Une dernière et remarquable modification de la procédure fut celle par laquelle Louis XIV obligea à une élection de domicile dans les villes, ceux qui habitaient leurs châteaux ou d'autres résidences. L'ordonnance qui contenait cette modification, était celle de 1667 ; elle portait même qu'à défaut d'élection de domicile de la part des seigneurs qui demeuraient dans leurs châteaux ou maisons fortifiées, les huissiers pourraient signifier les exploits, qui leur étaient destinés, à leurs fermiers, juges, procureurs d'office et greffiers.

Rapprochée des ordonnances antérieures rendues par François Ier, Charles IX et Henri III, elle prouve, d'une manière péremptoire, que les violences que les gens de haut lieu, prêtres et nobles se permettaient vis-à-vis des huissiers n'avaient pas encore disparu malgré l'anéantissement de la féodalité et les progrès de la civilisation. Et à l'appui de l'opinion qu'il émettait sur l'existence de ces mauvais traitements, Berriat citait le dire du gai François Rabelais affirmant dans son style pittoresque que, de son temps, l'usage des seigneurs était de jeter les huissiers par les fenêtres de leurs châteaux. Sur ce point comme sur bien d'autres, nous ne saurions différer d'opinion avec Berriat Saint-Prix. L'histoire, en effet, nous rapporte qu'Edouard, comte de Beaujeu, fut décrété de prise de corps pour avoir fait jeter par la fenêtre un huissier qui lui faisait une notification. Le châtiment, il est vrai, paraît léger à côté du crime ; mais du moins le traitement barbare dont cet huissier a été victime serait sans doute resté impuni si Louis II, duc de Bourbon, n'y eût trouvé un prétexte pour dépouiller Edouard de ses Etats. Sous Charles V, les terres, que le roi d'Angleterre possédait en Aquitaine, furent aussi confisquées, parce que le prince de Galles avait empêché un huissier de faire un acte de son ministère. La répression fut quelquefois plus sévère ; c'est ce qui arriva en 1322, époque à laquelle Jourdain de Lille fut pendu pour avoir tué un huissier qui lui donnait une assignation.

Ce n'est pas cependant que les avertissements eussent manqué. Louis XII lui-même, qui avait un sentiment profond de la justice, voulut faire comprendre à la noblesse combien de pareilles violences étaient contraires aux principes qui font la base de la société. Informé qu'un jeune seigneur avait cassé le bras à un huissier qui s'était présenté chez lui pour une exécution, il entra au Parlement, le bras en écharpe, afin de montrer ainsi que se porter à des voies de fait contre l'un des serviteurs de la justice était attenter à la justice elle-même dont il était le chef, comme l'image vivante. Les dangers, courus par les huissiers, trouvaient quelques compensations dans les prérogatives attachées à leur corporation. Nous avons rappelé que Charles-le-Bel avait ordonné de placer des sergents à l'huis du Parc où l'on plaide. C'est ainsi que commença la fonction d'huissier au Parlement et que fut créé le titre d'huissier qui remplaça celui de bedeau et de sergent. Les huissiers étaient les portiers spéciaux du Parlement de Paris, et le premier huissier, aux termes d'un édit de 1549, avait la garde de la porte de la salle Saint-Louis, qu'il n'ouvrait que le samedi pour la plaidoirie tenue à la Tournelle. Il avait le titre de maître, la qualité d'écuyer et celle de noble qu'il transmettait au premier degré. Il prenait place au parquet à côté du greffier en chef et il avait le droit de se couvrir à l'audience même en appelant les causes au rôle. L'une de ses prérogatives était d'y inscrire la quatrième cause. D'après un usage assez singulier et dont l'origine n'est pas bien connue, tous les ans à la rentrée, les religieux de Saint-Martin-des-Champs lui donnaient un écritoire et des gants. Son costume était à peu près celui des membres de la cour. Il se composait de la robe rouge, d'un bonnet de drap d'or retroussé d'hermine avec une rose de perles. Il montait dans le carrosse du premier président ; enfin la verge d'or à la main, il précédait immédiatement le roi les jours de lit de justice.

Les huissiers de la grande chancellerie avaient pour mission d'accompagner le chancelier, de garder à l'intérieur la porte du lieu où se trouvait le sceau et d'y faire toutes les publications usitées. La charge de premier huissier de la chancellerie conférait la noblesse. Le costume des huissiers de la grande chancellerie se composait d'une robe de satin noir avec rabat plissé, d'une toque de velours et de gants à frange d'or.

Les huissiers du conseil portaient au cou une chaîne d'or avec une médaille d'or. On les appela ainsi par cette raison huissiers à la chaîne. Ils avaient le droit de Committimus [1] et étaient commensaux de la maison royale. Suivant les déclarations du 27 juillet 1785, les huissiers du parle-

[1] Privilège que le roi accordait à certaines personnes, telles que les officiers de sa maison, les évêques et les avocats au Parlement de Paris de faire juger leurs causes devant des juges particuliers. Ce privilège était ainsi appelé parce que les lettres, qui l'accordaient, commençaient par le mot Committimus. Il fut aboli par la loi du 7 septembre 1793 (art. 13).

ment et ceux de la chancellerie, établis près la Cour, avaient seuls le droit de faire, dans Paris, les premières significations et exécutions de tous arrêtés, jugements ordinaires et autres actes émanés de la Cour.

Les juridictions exceptionnelles d'autrefois amenèrent la création de corporations spéciales de sergents ou d'huissiers. Nous citerons entre autres les sergents de la marchandise de Paris qui avaient pour mission de vérifier et d'étalonner les mesures employées par les marchands ainsi que de procéder à la vente des vins. Les sergents royaux d'armes pouvaient signifier les actes relatifs aux lois sur le duel et pouvaient en outre signifier tous les actes des huissiers ordinaires. Les huissiers priseurs et vendeurs de meubles furent plusieurs fois supprimés et rétablis. Le droit de prisée leur fut enlevé avant la révolution et ils perdirent aussi le droit d'exécuter la contrainte par corps. Les offices ayant été supprimés par l'Assemblée constituante, on conserva les huissiers qui étaient indispensables en attendant leur réorganisation. Ces fonctions à peu près semblables à ce qu'elles sont de nos jours n'étaient pas sans dangers malgré la protection dont on cherchait à les entourer. Berriat, dans son titre : Coup d'œil sur les violences exercées jadis contre les huissiers ou sergents, ne paraît pas s'en être occupé autrement qu'au point de vue historique. Maintenant, en effet, la résistance à la loi n'est plus que le fait de gens mal équilibrés ou qui ont absolument la pensée de mal faire.

Son rapport sur les bains et antiquités d'Uriage est une description fort simple des lieux et des faits ; mais on y rencontre la pensée dominante chez lui, comme dans son histoire de l'université de Grenoble et dans le récit qu'il fait des désordres qui suivirent l'entrée des protestants à Grenoble en 1562, de s'occuper du Dauphiné et de tout ce qu'il offre de curieux et d'utile.

Sans prendre parti entre Genève et Rome, on ne peut s'empêcher de déplorer les excès et violences de toute espèce auxquelles ils se sont livrés sous la conduite du féroce baron des Adrets [1]. Ce fut lui qui, fidèle à ses précédents, fit enjoindre à un avocat nommé Robert de s'absenter de la ville dans les vingt-quatre heures, sous peine d'être pendu et étranglé. Et suivant une des nombreuses notes de l'auteur, deux siècles après, un archevêque de Paris, Christophe de Beaumont aurait, dit-on, tenu à grand honneur de descendre de lui !

Annibal à Carthage, après la bataille de Zama, est une composition sage et allégorique qui, publiée à propos de la paix d'Amiens en 1802, paraît plutôt respirer la haine d'une nation de marchands, de l'Angleterre, que l'horreur de la foi punique.

Dans ses observations sur plusieurs lettres inédites de François et Henri, ducs de Guise et dans ses recherches sur une réponse attribuée à Sully et qui était adressée au Pape, au sujet de démarches ayant pour but de le ramener au catholicisme comme dans ses remarques sur quelques lettres inédites de ce ministre, Berriat Saint-Prix a eu à cœur de se conformer à la maxime, *rien de trop*. Il a même su rendre la discussion intéressante en démontrant que le balafré n'était pas tendre, et que le sévère Sully savait être adroit courtisan.

Les dernières compositions historiques de notre auteur: Examen historique du tableau de Girard sur l'entrée d'Henri IV à Paris ; et Jeanne d'Arc ou coup d'œil sur les révolutions en France au temps de Charles VI et de Charles VII et surtout de la pucelle d'Orléans exigent plus de détails. Dans la première de ses œuvres, après avoir proclamé la

---

[1] François de Beaumont, baron des Adrets, d'une ancienne famille du Dauphiné était un chef Huguenot. Après avoir réduit diverses villes de catholiques il s'amusait, après son dîner, à voir sauter, l'un après l'autre, les soldats et les officiers de la garnison catholique soit du haut des rochers, soit de la plate-forme des tours dans le fossé ou ses gens les recevaient sur leurs piques. L'amiral de Coligny disait qu'il fallait se servir de lui comme d'un lion furieux parce que ses services devaient faire excuser ses insolences.

supériorité évidente du tableau, et après avoir reconnu que les peintres, comme les poètes ont, sous de certains rapports, leurs coudées franches sur la vérité historique, Berriat Saint-Prix a fort bien établi que la plupart des épisodes de ce tableau sont autant de fictions ; que ni Gabrielle d'Estrée, ni son amant Bellegarde n'auraient dû y figurer; que l'entrée d'Henri IV avait eu lieu la nuit et en secret tandis que le peintre l'a supposé comme faite de jour et au son des trompettes ; et toutes les preuves que l'auteur apporte sont pleines d'intérêt.

Nous ajouterons que dans ses notes notre histoire fournit de plaisants détails sur les vingt-trois maîtresses avouées d'Henri IV, sur ses projets de mariage avec la belle Gabrielle, sur les entretiens qu'il eut à ce sujet avec Sully, sur les trente-deux millions de l'époque (valant aujourd'hui 150 à 200 millions) que la reddition volontaire de Paris avait coûté à ce monarque bien aimé.

Lorsqu'on fait cette lecture, on est bien tenté d'excuser Berriat d'avoir déployé un tel luxe de notes. Cette belle et vaste mémoire, cette prodigieuse science le font ressembler à un fleuve qui déborde mais qui souvent fertilise. Ne lui faisons donc pas un reproche de sa disposition naturelle à parler de tout ce que l'on peut apprendre.

Nous lui saurons gré aussi d'avoir entrepris l'éloge ou l'histoire de Jeanne d'Arc, d'avoir publié quelques fragments de sa correspondance et surtout d'avoir scruté le mystère honteux de ses interrogatoires [1]. Cet ouvrage contient un tableau énergique mais vrai de l'état déplorable de la France sous Charles VI, livrée qu'elle était aux coupables manies d'Isabelle, des ducs de Berry et d'Orléans et de Jean sans Peur. On peut y admirer à la fois le tableau de la présentation de Jeanne d'Arc à la cour de Charles VII

---

[1] La Jeanne d'Arc de Berriat Saint-Prix a été comparée dans un journal grave et sérieux à celle en 4 volumes de M. Lebrun des Charmettes et la conclusion a été que l'ouvrage, le moins long, celui de Berriat pouvait soutenir la comparaison avec avantage.

et la description de l'apathie et de la couardise de cette cour énervée qui suivait toujours à l'arrière-garde de l'armée et n'osait jamais suivre au combat ni Dunois ni Jeanne d'Arc.

Dans une lettre, écrite par l'héroïne aux habitants de Riom et que Berriat a publiée postérieurement, on aime à la voir commander avec autant d'assurance qu'un général d'armée pour se faire envoyer à l'instant armes, soldats et munitions de guerre. On peut donc, à l'exemple de notre auteur, croire à son enthousiasme patriotique lorsque, sur la questions qui lui était faite sur les moyens et les artifices qu'elle employait pour faire marcher les Français sous sa bannière elle répond : Je leur disais : entrez hardiment au milieu des Anglais, et j'y étais moi-même la première. Cette réponse a quelque chose de sublime par sa courageuse simplicité et sublime surtout dans la bouche d'une femme !

La partie littéraire et académique des œuvres de notre infatigable auteur n'est ni la moins nombreuse ni la moins intéressante.

Dans une notice sur le président de Valbonnais, rangé avec raison par Voltaire au nombre des historiens du XVIIᵉ siècle, Berriat Saint-Prix a tenu à disculper d'un reproche d'inexactitude l'auteur du siècle de Louis XIV et à prouver d'ailleurs que le président de Valbonnais [1] n'était pas un écrivain aussi inconnu à la république des lettres, que l'avait prétendu l'auteur de la France littéraire.

Dans celle sur le tisserand Liotard, originaire du Dauphiné, nous voyons que, sans savoir un mot d'orthographe, ce tisserand était devenu un botaniste distingué, connaissant son Linné par cœur ; qu'il avait souvent herborisé avec Jean Jacques et qu'il formulait ainsi son admiration

[1] Jean-Pierre Moret de Bourchenu de Valbonnais, premier président de la chambre des Comptes et conseiller d'Etat honoraire en 1696, a laissé en 1722 une histoire du Dauphiné en deux volumes in-folio et un manuscrit sur le nobiliaire du Dauphiné.

pour le philosophe de Genève : celui-là était un homme qui respectait les plantes !

Nous remarquons aussi que les ouvrages de droit de M. Pellat, aussi originaire du Dauphiné sur lesquelles Berriat a fait un rapport, jouissaient déjà des 1843 d'une juste célébrité en Allemagne.

Les discours, prononcés aux funérailles de MM. Degerando et Métral qui étaient presque Dauphinois, appréciaient aussi, avec justesse et convenance, un idéologue, un savant, un administrateur distingué et un zélé partisan de l'abolition de l'esclavage. Peu de temps auparavant, Berriat Saint-Prix avait écrit une notice intéressante sur l'habile naturaliste anglais Villiam Edwards qui était mort à Paris.

Enfin à sa vie de Cujas et à sa notice sur Domat et Cochin, dont nous nous sommes déjà occupés, il convient de joindre sa vie de Julius Paccius [1], jurisconsulte et philosophe des XVI et XVIIe siècles qui a occupé à Valence la chaire de Cujas. C'est dans cette notice qu'il rapporte ce fait curieux, déjà mentionné dans l'histoire de Cujas que, dans nos universités du moyen-âge, les professeurs, au bout de vingt ans d'exercice devenaient nobles et même se qualifiaient de comtes ! C'était là une prétention bien orgueilleuse à cette époque, mais qui doit moins nous étonner aujourd'hui que nous avons tant de comtes !

Vient enfin l'éloge de M. Mounier, qui a été composé par notre éminent professeur d'après le vœu de l'Académie Delphinale de Grenoble nommée précédemment société des lettres, des sciences et des arts de Grenoble. Cet homme, que l'auteur a eu raison de qualifier de *justum ac tenacem propositi virum*, est une de ces grandes figures historiques devant lesquelles on s'incline toujours respectueusement. Cet éloge n'est pas la perfection du genre. Cependant, sans rappeler l'élégance de Fontenelle, il résume bien

---

[1] Julius Pacio ou Pacius a professé le droit en Suisse, en Allemagne, en Hongrie, en France et à Padoue. Il mourut à Valence à l'âge de 85 ans en 1585.

les écrits et la vie de M. Mounier dont le portrait, selon lui, ne dépare pas la galerie des plus nobles illustrations du Dauphiné. Bien que nous en ayons fini avec les notices et les éloges, nous n'en avons pourtant pas terminé avec la littérature. Berriat Saint-Prix avait, du reste, comme nous l'avons déjà fait remarquer, une de ces brillantes organisations qui lui permettait de traiter de tout presque avec un égal succès. C'est ainsi que ses remarques et recherches sur Massillon, d'Alembert et La Harpe lui ont fourni l'occasion de démontrer que l'éloge Académique de Massillon par d'Alembert ne renfermait aucune des assertions hasardées qu'un anonyme avait cru y remarquer. D'autre part la différence extrême, qui existe entre le Digeste d'un côté et le code et les novelles de l'autre, est nettement expliquée dans ses observations sur la traduction des lois romaines. C'est à bon droit aussi que dans son discours sur les vices du langage judiciaire, il adjure les tribunaux, les avocats, les avoués, les notaires et les huissiers de se corriger des vices dont il fait connaître les causes et dont il signale une dizaine à leur attention. Et si nous avons la curieuse nomenclature des mots barbares et francisés qui avaient remplacé le latin de Virgile et de Cicéron tels que *debottare, trottare, cassare*, etc., etc. c'est parce que notre auteur a tenu à nous la donner dans son coup d'œil sur l'emploi de la langue latine dans les actes anciens et sur sa prohibition au XVIe siècle.

Comme la littérature comprend la comédie et le roman, nous nous trouvons dans la nécessité d'apprécier les deux comédies et le roman en cinq volumes que Berriat a écrits. Le roman, comme nous l'avons déjà fait remarquer, qui est un délassement de la jeunesse de l'auteur, n'est pas un chef-d'œuvre ; le style n'en est pas toujours classique Malgré son profond savoir et sa haute philosophie le héros de ce roman intitulé : Amour et philosophie, ne sait trop quelquefois ce qu'il veut, ni ce qu'il fait et ses aventures n'ont rien de bien intéressant ; mais, à côté de ce caractère indécis et incertain, il s'en trouve de bien dessinés et qui ont d'autant plus d'attrait qu'on les dirait tracés d'après nature. Il y a d'ailleurs de la vérité et de la vie dans les descriptions des environs de Vif, [1] petite ville près de Grenoble où se passent les principales scènes du roman.

Les comédies, que nous avons mentionnées précédemment, n'ont été ni imprimées ni représentées et on en devine le motif [2]. Devenu professeur de droit, Berriat Saint-Prix ne pouvait guère avouer qu'il avait donné le jour à de pareils écrits. On ne peut, du reste, en parler que d'après les extraits qui ont été faits et d'après un billet de la célèbre madame Contat [3], qui paraissait disposée à y accepter un rôle, lorsque l'auteur hésitait entre la scène française et la chaire de l'Ecole de droit. Il est certain, d'ailleurs, que le professeur était parfaitement à même de faire des comédies puisqu'il savait son art poétique par cœur et le lisait souvent, trop souvent peut-être, à côté d'une loi romaine ou d'une chronique.

Pour avoir une autre preuve que notre professeur aimait les lettres comme le droit et le moyen-âge, il suffit de parcourir son discours sur les jouissances des gens de lettres, autre ouvrage de ses premières années, riche de faits comme tout ce qui sort de sa plume et dans lequel cet écrivain, ordinairement froid et méthodique, s'élève presque jusqu'à l'enthousiasme. Là, en effet, on le voit reproduire, sous mille formes, la pensée qui a inspiré la onzième épître de Boileau [4] et les derniers vers de la première Ode d'Horace :

> Quod si me lyricis vatibus inseres,
> Sublimi feriam sidera vertice.

« Que Mécène me compte parmi les maîtres de la lyre et

---

[1] Vif, chef lieu de canton à 16 kilomètres nord de Grenoble.

[2] M. Duchesne indique comme titres des comédies : les Médecins de village et l'Académie de Province.

[3] Louise Contat, dame de Parny, célèbre actrice de la Comédie Française, née à Paris en 1760, morte en 1813.

[4] 11e Epître à son jardinier.

ma tête ira toucher le ciel ». N'est-il pas visible que Berriat
rend compte de ses propres impressions ? Constamment
occupé de droit ou de littérature, les lauriers de nos écrivains et de nos poètes l'ont poursuivi dans ses rêves aussi
fréquemment que la toge et les in-folio de Cujas. « L'étude
« des lettres, dit-il. échauffe l'imagination, aiguise l'esprit,
« éveille le génie. Pour l'homme des lettres, ajoute-t-il,
« d'après d'Aubenton, les distractions du monde ne sont
« que la diète de l'esprit. On peut être homme de lettres et
« parcourir toutes les carrières. Celui, que son siècle a
« méconnu, peut se rappeler ce que Boileau a dit dans sa
« septième épître des chefs-d'œuvre de Molière, de Cor-
« neille et de Racine. »

Les grands hommes sont toujours en butte à la satire.
Cette vérité, Boileau l'établit par le récit des critiques
qu'eut à essuyer Molière apprécié seulement après sa mort.
Notre auteur parlant de Molière, mort excommunié comme
comédien et dont la veuve avait eu tant de peine à obtenir
pour lui la sépulture ecclésiastique cite ce vers :

On reconnut le prix de sa muse éclipsée

La réflexion, que dut faire Racine en lisant cette tirade
si pleine de verve et si riche de poésie, est celle que tout le
monde fait : Quoi! l'illustre comédien n'a pas été à l'abri des
traits de l'envie ! N'est-ce pas un honneur d'avoir le même
sort ?

La satire est un aiguillon qui éveille le génie. Le poète,
en butte aux traits acérés de la critique, ne peut désormais
s'endormir dans un funeste repos. Sans cesse il s'excite à
de nouveaux efforts pour se surpasser lui-même et donner
un glorieux démenti à ses détracteurs. Au Cid persécuté
Cinna dut sa naissance. [2] Ainsi les ennemis même sont

---

[1] Ode 1re à Meccue. Liber Primus (Sorau).

[2] Vers 52 de l'Epître VII à Racine. Le Cid précéda Cinna de deux ans.
Il n'est pas douteux que les persécutions de l'envie, encouragées par Ri-

utiles puisqu'ils font faire au talent de nouveaux progrés et l'engagent à se surpasser lui-même. Quel est, en effet, le délassement qui serait plus noble pour un grave jurisconsulte que les lettres et la poésie. Les maîtres de la scéne française seront toujours des modèles, et devrait-on avoir la destinée des Milton, des Gilbert, des Jean-Jacques et des cent vingt autres malheureux dont notre écrivain nous donne la liste dans une des notes de ce discours, si on a une étincelle de feu sacrée on ne doit pas plus reculer qu'un français à l'attaque de la redoute où il va planter son drapeau !

La citation, que nous venons de faire de quelques passages de Boileau, attire tout naturellement notre attention sur le travail le plus important de Berriat Saint-Prix, celui auquel il a consacré trente années de sa vie. Nous voulons parler de son commentaire de Boileau, édition en quatre volumes de plus de cinq cents pages où l'on trouve tant et tant de détails qu'on s'étonne à juste titre qu'un labeur de trente ans ait pu suffire à tant et de si consciencieuses investigations. De tous nos classiques français, Boileau-Despréaux est celui qui compte le plus de commentateurs. On le traite déjà depuis longtemps comme un ancien et les travaux des Brossette, des Monteil, Sonchay, Saint-Marc, Le Brun, Daunou, Amar, Saint-Surin, Viollet le Duc, etc., n'ont pas arrêté le zéle de quelques éditeurs nouveaux parmi lesquels il faut citer en première ligne Berriat Saint-Prix.

Si notre professeur a mérité à tous égards cet honneur d'être considéré comme le plus consciencieux et le meilleur sans contredit des commentateurs ou des éditeurs de ce grand poète, c'est parce qu'il a lu les cent trente-neuf auteurs qui ont parlé de ses œuvres et parce qu'il a ensuite compulsé et comparé les deux cent cinquante-neuf éditions qui ont été publiées depuis 1653 jusqu'à lui. C'est aussi

---

chelieu n'aient fécondé, par l'injustice, le génie du grand Corneille qui produisit coup sur coup Horace, Cinna, Polyeucte.

parce qu'à chacune des productions de l'auteur (satire, poème, ode et épigramme,) à chacun même de ses vers il a rattaché, par des notes étendues et détaillées, tout ce qui peut servir à les expliquer ; tout ce qu'ont pu dire d'un côté Catin, Pradon, Desmarets et consorts, et de l'autre la Harpe, Clément, Auger, Lebrun, Daunou, Andrieux et ses nombreux admirateurs !

L'essai sur Boileau de Berriat Saint-Prix contient quatre chapitres : La vie de l'auteur et l'auteur considéré comme critique, comme écrivain et comme homme privé ! Et si à cela on ajoute quatre appendices composés, chacun de 20 à 30 pages de notes, on peut se douter de ce qu'il a fallu de peine, de temps et de patience pour terminer et compléter cet immense travail. Il n'est donc pas étonnant que l'édition, qu'il en a donnée et qui se distingue par la précision et la variété dans les recherches, soit préférable à toutes les autres.

Suivant la remarquable allocution, prononcée par M. Duvergier, alors bâtonnier des avocats de Paris à la rentrée des tribunaux qui a suivi la mort de notre respectable écrivain, Berriat n'était qu'éditeur de Boileau. Pour être exact nous croyons devoir aussi lui donner la qualité de commentateur. Ce n'est pas cependant que cette qualité de commentateur apparaisse fréquemment, car, selon nous, elle est au contraire fort rare. [1] C'est, du reste, par pure modestie et

---

[1] *Dans l'Epître IV au Roi,* au vers 171, Brossette avait substitué bons à beaux qui se trouve dans toutes les éditions de 1672 à 1713. Berriat a rétabli la leçon de Boileau qui n'est pas meilleure que celle de Brossette mais, qui, du moins, est de Boileau. *Dans l'Epître VIII aussi au Roi,* vers 11, Berriat a rétabli la virgule des premières éditions en sorte que le vers doit se lire ainsi : *Et mes vers, en ce style, ennuyeux, sans appas,* ce qui fait que le vers doit être entendu dans ce sens et dans ce style de l'éloge, mes vers ennuyeux. Le vers sans la virgule : *Et mes vers, en ce style ennuyeux, sans appas,* constitue une variante. Vers 76 : *que mon encens n'est plus de même prix* etc., texte de 1701 in-12, dernière édition revue par Boileau, est préférable à ce qu'on voit dans toutes les autres éditions. Avec du il semblerait que le roi a fixé un prix à l'encens de Boileau tandis que *de* offre l'idée vague du prix qu'on attache à cet encens. Epître

parce que tant d'habiles critiques avaient commencé avant
lui que Berriat a pensé à mettre en regard les jugements
passionnés des auteurs que Boileau a rendu tristement
célèbres et qui à chacun de ses vers ont accolé ce mot : dé-

X, à ses vers *vains et faibles enfants dans ma vieillesse nés*. La variante *de
ma vieillesse nés* se trouve dans l'édition de 1701. Elle n'a guère été reproduite que par Schelle 1741 et Berriat, 1830-1834. *Epitre XI a son jardinier*,
Voltaire ayant relevé cette licence de chèvrefeuil pour chevrefeuille dit :

> *Je vis le jardinier de ta maison d'Auteuil*
> *Qui, chez toi, pour rimer, planta le chèvrefeuille.*

Berriat a prétendu qu'on disait aussi chèvrefeuil ; on le trouve dans
Ronsard et il renvoie à la première édition du dictionnaire de l'Académie
où on trouve au mot feuille, chevrefeuille. Art poétique, livre IV vers
128 : *tirer de son travail un tribut légitime*. Boileau ne condamnait pas
ceux qui profitent de la propriété sans contredit la plus précieuse et la
respectable. Ce n'est que l'abus qu'il proscrivait. Le Lutrin, qui couvrait
presque en entier le chœur de la Ste-Chapelle, a été enlevé sur l'ordre du
chantre. Le trésorier voulut le faire remettre. De là un procès entre eux,
tel est le sujet de ce poème, chant Ier, vers 5 à 8.

> *C'est en vain que le chantre abusant d'un faux titre,*
> *Deux fois l'en fit ôter par les mains du chapitre;*
> *Ce prélat sur le banc de son rival altier,*
> *Deux fois le reportant l'en couvrit tout entier.*

Variante :

> *En vain deux fois le chantre abusant d'un faux titre*
> *Contre ses hauts projets arma tout le chapitre :*
> *Ce prélat généreux, aidé d'un horloger,*
> *Soutint jusqu'au bout l'honneur de son clocher.*

Brossette désignait l'abbé Barin comme un homme de qualité dans
l'épée et dans la robe, et Berriat pouvait croire qu'il s'agissait de lui, vers
216 variante, le vers primitif était : Le nom, le fameux nom de l'horloger
Latour. — Boileau, pour éviter toute allusion directe, substitua le nom
de Lamour à celui de Latour, partout où il est question de l'horloger.
V. 221, ce n'était pas Boirude, mais Syreulde le sacristain, et se prononçait comme nous l'écrivons aujourd'hui. L'auteur tenait à rimer pour
l'œil comme pour l'oreille, a dit Berriat, car de 1674 à 1701, le texte
portait paraître. Chant II, vers 85, en ce lieu, l'édition de 1713 porte *en
ces lieux*. Berriat estime que cette ancienne leçon pèche par la précision.
— Chant V, vers 10 et 12. La destruction du lutrin est un des crimes de
la nuit, et Sidrac ne vient pas les raconter, mais les étaler au grand jour.
Sur une observation de Saint-Marc, Berriat accorderait volontiers qu'aujourd'hui il faut va, mais vient du vers 12 est le mot propre : *Vient étaler
au jour les crimes de la nuit.*

testable et les derniers plus désintéressés et plus justes des critiques de l'âge suivant, qui ont répondu : admirable de précision, de finesse et de bon goût !

Cet enfantement de trente années a eu, il est vrai, pour conséquence plus de travail manuel que de travail intellectuel, beaucoup plus de compilation que de création proprement dite ; mais il faut cependant noter comme tout à fait personnel à l'éditeur : 1° L'essai sur Boileau, composition sage dans laquelle aucun détail n'a été négligé ; 2° La critique de l'œuvre de Brossette, un des premiers commentateurs de Boileau dans laquelle Berriat Saint-Prix, avec la loyauté et l'exactitude un peu minutieuse qui le caractérisent, signale un assez grand nombre d'erreurs ou d'omissions ; 3° des réflexions fort justes sur le peu d'harmonie et d'élégance de la prose de Boileau soit dans sa correspondance, soit dans sa préface, soit dans sa traduction du traité du Sublime de Longin. Ces reproches lui ont déjà été faits et avec raison par nos plus grands poètes, à l'exception de Voltaire et de Lamartine.

Certains critiques auraient préféré que Berriat ne substituât pas complètement l'ortographe moderne à celle du dix-septième siècle et qu'il n'eût pas reproduit sans motifs une foule de réflexions absurdes fournies par la haine aux ennemis de Boileau ; mais, pour nous, l'utilité de ce tableau généalogique de la famille Boileau n'était pas démontrée, on pouvait aisément s'occuper de Boileau sans fournir une nomenclature de cinq cents personnes. Ce travail, en vérité, surpasse à lui seul tous les efforts qui ont été faits jusqu'ici pour éclaircir non seulement la vie de Boileau mais encore celle de tout autre grand poète. Il a dû, paraît-il, compulser trois mille actes pour arriver à connaître ses cousins jusqu'au cinquième degré. Etait-ce bien la peine de noircir pour cela vingt-six pages d'impression lorsque ce satyrique a si bien dit quelque part :

> Que la postérité d'Alphane et de Bayard
> Quand ce n'est qu'une rosse est vendue au hasard !

Pourquoi aussi avoir consacré tant de pages à la question de savoir si Boileau est né à Paris ou à Crône, petit village des environs et si, après sa naissance à Crône, il a été baptisé à Paris ? Y avait-il lieu à cette si longue digression sur le lieu de la naissance de Voltaire et de Lafontaine? L'auteur de l'art poétique nous semble avoir eu raison de le prévoir :

> Quelquefois un auteur trop plein de son objet,
> Jamais, sans l'épuiser, n'abandonne un sujet.

Quoi qu'il en soit, nous devons lui savoir gré d'avoir rappelé cette faiblesse de l'auteur de la Satire sur la noblesse qui, de complicité ou de concert avec le procureur général, fit rendre un arrêt plus que suspect, lequel le déclarait noble en faisant remonter sa noblesse à 1371. Boileau fils d'un père greffier, né d'aïeuls avocats, nous fournit assurément un singulier exemple de vanité humaine. Lui qui, libre de ses actions, tient tant à n'écouter que les conseils de son génie et à renoncer au barreau pour errer, comme il dit, sur le Parnasse, à tel point que :

> Sa famille en pâlit, et vit en frémissant
> Dans la poudre du greffe un poète naissant.

Ne paraît-il pas répudier la meilleure des noblesses, la noblesse personnelle ? Si l'on rapproche l'ensemble de ces deux vers de la deuxième Epître :

> Contez-lui qu'allié d'assez hauts magistrats
> Fils d'un père greffier, né d'aïeux avocats ;

où il fait allusion à MM. de Bragelogne, Amelot, président à la cour des Aides, Gilbert, président des enquêtes, gendre de M. Dongois, de Lionne, grand audiencier de France et plusieurs autres maisons illustres dans la robe ainsi qu'à Jean Boileau, notaire et secrétaire du roi qui obtint des lettres de noblesse pour lui et pour sa postérité, au mois de septembre 1371, [1] on est frappé de l'étrange contradiction

---

[1] Brossette.

qu'ils présentent avec sa Satire cinquième où il traite avec tant de dédain l'art héraldique [1].

Cette bizarre contradiction, que nous n'avons pas la prétention d'expliquer et qui doit tenir au caractère de Boileau, nous est révélée par la polémique que Berriat Saint-Prix eut à soutenir contre M. Walkenaer [2] au sujet du douzième vers de la cinquième Satire. Les observations, lues par notre écrivain à l'Académie des sciences morales à propos de ce vers, le 7 février 1848, peuvent mettre à même de juger du mérite des données sur lesquelles elles étaient basées et de la contradiction que nous venons de signaler. Selon nous, en effet, le grand poète aurait été mieux au courant de ce qui est relatif aux armoiries, s'il eût tenu moins mollement à la noblesse.

Les observations, que nous venons de rapporter, ont leur origine dans la discussion qui s'est élevée entre M. Walkenaer et Berriat Saint-Prix au sujet du 12° vers de la cinquième Satire. D'après M. Walkenaer ce vers devait être conçu en ces termes :

> Ait de trois fleurs de lis doré leur écusson,

tandis que, selon Berriat, il devait être ainsi :

> Ait de trois fleurs de lis doté leur écusson.

De là, le reproche fait à notre commentateur de Boileau, d'avoir substitué le mot doté au mot doré. Du reste, ajoutait le contradicteur de Berriat, dans la science héraldique la fleur de lis n'est honorable que quand elle est d'or sur fond d'azur; et doter de trois fleurs de lis c'était ne rien donner.

Notre auteur répondait à cela que, sur 69 éditions, 64 portaient doté. Or, cette énumération, de sa part, devait suffire à démontrer qu'il n'y avait pas eu substitution du

---

[1] Satire V^e, vers 90. Segoin, auteur du Mercure armorial, était un avocat au Parlement.

[2] Le baron Charles-Athanase Walkenaer, polygraphe, né à Paris en 1771, y mourut en 1852.

mot doté au mot doré. Il a pu se faire que la ressemblance des *r* et des *t* minuscules ait induit Boileau en erreur. Autrement, comme il a eu à corriger des épreuves de ses diverses éditions, il faudrait supposer qu'il a été soumis à une sorte de fascination.

Parmi les quarante éditions, faites sur les éditions originales, Boileau examinait surtout celles faites à l'étranger. Une d'entre elles, publiée suivant la copie de Paris chez Abraham Wolfgang, marchand libraire à Amsterdam en 1677 au frontispice de laquelle se trouve la devise *quœrendo*, porte doté au lieu de doré [1], ce qui justifie pleinement l'allégation du savant commentateur Berriat. De plus toutes les éditions de ce poète étaient lues par lui dans les sociétés et en présence de diverses personnes en sorte que, s'il y avait eu une faute, on n'aurait pas manqué de l'en avertir. En troisième lieu il revoyait toutes ses éditions et y faisait des changements, lors des tirages. Les changements, faits en 1701, en offrent d'ailleurs la preuve. C'est ainsi que l'édition publiée quatre mois auparavant n'indiquait aucune modification dans le portrait du faux dévôt (Satire XI° vers 125, 126).

> Et croit pouvoir au ciel, par ses folles maximes,
> Avec le Sacrement faire entrer tous les crimes.

Tandis que plus tard on y a lu :

> Comblé de Sacrements, faire entrer tous les crimes.

Berriat nous signale encore dans l'Epître X° à ses vers, Le septième vers ainsi conçu en 1791 :

> Vains et faibles enfants de ma vieillesse nés

cette version reproduite par Schelte en 1741 est devenue

---

[1] Dans la Préface de cette édition, que nous avons sous les yeux, Boileau essaie de se disculper d'avoir fait des emprunts à Vida (Marc Jérôme), poète latin, né à Crémone en 1470, mort à l'âge de 96 ans. — M. Batteux a joint la poétique de Vida à celle d'Aristote, d'Horace et de Despréaux, sous le titre des Quatre poétiques, 2 vol. in-8, 1771.

celle de notre illustre commentateur sans doute parce que
d'après lui, le grand poète avait voulu rendre lépithète si
souvent employée dans l'Iliade et l'Odyssée de τηλύγετος [1].
D'autres commentateurs ont préféré la leçon dans ma vieillesse nés tandis qu'ils donnentcomme variante de ma vieillesse nés. Ce sont les mêmes qui indiquent comme variante
du 126ᵉ vers de la Satire onzième avec le sacrement.

Aussi notre éminent littérateur a cru pouvoir en conclure,
ce qui d'ailleurs lui semblait évident, que, dans la Satire
cinquième, le poète avait mis doté et non doré. Et, à l'appui
de sa prétention, il ajoutait que Boileau manquait de connaissances héraldiques car, dans la Satire Vᵉ vers 101 à 108
à la suite de celui-ci :

Aussitôt maint esprit fécond en rêveries

et après s'être occupé du Cimier [2], de l'Ecart [3], du Pal [4], du
Contre-Pal [5], du Lambel [6] et de la Fasce [7], il donne la preuve
qu'il confondait Vulson, auteur de la Science héraldique
avec Segond, auteur du Mercure armorial. Ce fut, en effet,
en 1669 l'année même où parut la deuxième édition de la
Science héraldique de Vulson que le grand poète substitua
Segond à Vulson.

Cet ouvrage est sans contredit le meilleur de tous ceux
que nous avons sur les blasons. Mais sa publication, en dé-
voilant au poète son erreur, ne lui donna pas du goût pour
la noble science des amoiries. Dans ce cas Boileau s'est évi-
demment contenté de demander, pour ainsi dire au premier
venu, le nom de l'auteur du Mercure armorial et comme il
l'entendit mal il substitua le mot Segond au mot Vulson.

Et tout ce que Segond dans son Mercure entasse.

[1] Iliade, Iᵉʳ, 153; IX, 482. — Odyssée, IV, 11 ; XVI, 19.
[2] Cimier, ornement du casque qui est au-dessus de l'écu.
[3] Ecart, quartier de l'Ecu.
[4] Pal, pieu perpendiculaire qui traverse l'écu.
[5] Contrepal, pal opposé à un autre pal dans le même écu.
[6] Lambel, sorte de brisure dans les armes des princes.
[7] Fasce, pièce honorable de l'écu, qui en occupe le milieu d'un côté à
l'autre ; cette pièce, faite comme une espèce de règle, a une largeur
égale au tiers de celle de l'écu.

Son dédain pour l'art héraldique est donc parfaitement établi car il maintient ce changement fautif jusqu'à **sa** mort, c'est-à-dire pendant plus de trente ans. S'il ne l'avait pas maintenu il aurait évité la consonnance que Segond dans son poème. Dès lors la conclusion de Berriat est que Boileau n'a pas employé le mot doré et n'a pas pensé à l'employer. En présence de ces observations il a cru devoir laisser à l'Académie le soin de prononcer [1].

Tous ces documents, tous ces détails sont parsemés d'anecdotes dont nous éprouvons le besoin de dire un mot. Nous savons du reste que si les variantes des dernières éditions de Boileau sont connues du lecteur c'est **grâce** à Berriat Saint-Prix c'est lui qui l'a mis à même de constater deux points importants pour celui qui s'essaie **dans** l'art d'écrire : Le premier c'est que plus que personne Boileau a pratiqué ce précepte de l'art poétique.

> Vingt fois sur le métier remettez votre ouvrage ;
> Ajoutez quelquefois et souvent effacez.

Le second, qu'il ne nous a point trompés lorsque dans son épître à Racine il a dit :

> Pourvus d'utiles ennemis
> Il sait, sur leurs avis, corriger ses erreurs.

Nous remarquons, en effet, d'après les annotations de Berriat Saint-Prix, qu'un assez grand nombre des corrections du grand poète sont dues aux critiques des Pradon, des Cotin, des Pelletier et de tous les auteurs qu'il avait le plus maltraités dans ses satires.

Avant d'en finir avec Boileau nous croyons utile de rappeler une anecdote d'un certain intérêt. C'était lors de la première publication de l'art poétique, un des amis de Desmarest (le critique le plus acharné de Boileau) lui permit de travailler à la réfutation du poème. Après avoir pris la plume il commença par noter à chaque vers l'impression

---

[1] Moniteur universel du 1er juillet 1843.

qu'il lui avait faite. En homme scrupuleux qui tient à s'acquitter de sa tâche en conscience et avec goût il avait
éprouvé à la fin du premier chant ce que Voltaire éprouva
quand il voulut commenter Racine. Presque à côté de chaque vers il avait écrit : bon, excellent, admirable ! Ces notes furent alors jetées au feu et le chef-d'œuvre fut respecté.

En voilà assez pour faire apprécier, malgré quelques ta-
ches, l'importance du travail de Berriat. Quant à l'utilité
de ce même travail il ne viendra à l'esprit de personne de la
contester. En appelant spécialement l'attention sur un de
nos plus grands écrivains il a, le premier, enseigné la manière d'étudier un auteur français.

Son ouvrage restera donc comme un monument élevé à
la mémoire de celui dont on disait, il y a peu de temps encore : « Il fait la police du Parnasse avec passion, avec en-
« thousiasme. Là est l'originalité de son œuvre. La Satire
« neuvième adressée à son esprit est le modèle de cette cri-
« tique littéraire fort étroite mais convaincue et pleine
« d'autorité. Tirez-le de ses sujets, mettez-le en présence
« des vices et des ridicules de son temps il manque de re-
« lief et de vigueur... Juvénal est moins pur, mais il a l'élan
« passionné, la verve furieuse ; la plus riche matière lui
« est offerte et aucun scrupule ne l'arrête. Daubigné de mê-
« me. Boileau est un homme d'autorité ; c'est pour elle
« qu'il combat. L'autorité impose, mais elle inspire [1] peu »
et dont La Bruyère avait dit précédemment. « Il passe Ju-
« vénal, atteint Horace, semble créer la pensée d'autrui et
« se rendre propre ce qu'il manie ; il a, dans ce qu'il em-
« prunte aux autres toutes les grâces de la nouveauté et
« tout le mérite de l'invention. Ses vers forts et harmo-
« nieux, sont faits de génie, pleins de traits et de poésie. »
Ainsi Berriat Saint-Prix doit être considéré comme un

---

[1] La Poésie. Etude sur les chefs-d'œuvre des poètes de tous les temps
et de tous les pays, par Paul Albert, professeur au Collège de France
(sur la Satire . L. Hachette, 1880, in-8, pages 338 et 339.

des écrivains qui se sont fait un nom dans la république des
lettres. Comme jurisconsulte nous l'avons vu poser en principe que l'histoire du droit est le préliminaire indispensable de son étude. Depuis ce moment nous avons eu à faire
remarquer que l'économie politique comme les antiquités
l'histoire et les belles lettres ont eu tour à tour son tribut
de recherches et de compositions sérieuses et utiles.

A considérer cette existence si occupée et si bien remplie
d'un homme comme lui également recommandable par l'é-
tendue de ses connaissances et le mérite de ses travaux, la
tâche n'était pas sans présenter des difficultés réelles. Comment, en effet, classer et analyser tant de productions si diverses pour en donner un résumé à la fois succinct et complet ? En présence du problème, que nous avions à résoudre, nous avons dû nous en tenir à l'examen de celles que
semblaient être les principales. A d'autres de juger si,
comme nos devanciers, nous avons pu réussir à faire honorer en lui le professeur, le savant, le littérateur, le bon ci-
toyen et l'homme de bien.

Ce n'est pas à nous non plus de convier personne à marcher sur les traces de ce respectacle savant dont la vie,
à la fois régulière, simple et laborieuse, a eu sans cesse le
travail pour guide. Nous nous bornerons à le représenter
comme un homme de science autant que comme un homme
d'une inaltérable probité, de relations sûres et dévouées à ses
amis, sachant en même temps être aimable vis-à-vis de tous
et rester paternel et bienveillant vis à-vis de la jeunesse.

Du nombre de ceux qui osent franchir les bornes étroi-
tes dans lesquelles la nature paraît les avoir enfermés il
sut arriver à cette démonstration que la science du droit,
aujourd'hui connue de tous les peuples, consiste surtout
dans l'étude de l'Histoire. Conduit par les recherches et
les études depuis les anciennes lois romaines jusqu'à celles
de Justinien et à celles de notre ancien droit, il parvint à
connaître les lois, les mœurs, la religion, le gouvernement
et les institutions des uns et des autres, et ainsi muni de ce

bagage il a dû, à son mérite personnel autant qu'à son travail, de voir un certain nombre de jurisconsultes tributaires de sa doctrine. En utilisant ainsi à notre profit cette douce et utile société que la science forme entre les vivants et les morts illustres, destinés à nous servir d'exemples, il n'a pas cessé d'être fidèle à son principe d'après lequel il devait être plus attentif à faire connaître les mœurs de l'antiquité qu'à en admirer les lumières.

La mort d'un tel homme fut une perte pour la France dont il a célébré les gloires judiciaires, littéraires, scientifiques et militaires. Et il n'est pas jusqu'à son pays, le Dauphiné, auquel il a consacré au moins en partie quatre-vingt-trois de ses écrits, qui n'ait ressenti le contre-coup d'un pareil événement. Il est, en effet, difficile de croire qu'une personne qui avait tant à cœur de décrire la belle végétation et les sites pittoresques d'un pays ; de parler de son agriculture, de ses productions, de son industrie ; de faire connaître son ancienne législation et les fragments les plus ignorés de son histoire ; de peindre ses vieilles mœurs ; d'expliquer et corriger ses vieux historiens tels que les Chorier[1] et les Valbonnais, et de commenter enfin ses manuscrits, ses légendes et ses chroniques, n'ait pas conservé pour les lieux, qui l'ont vu naître, une sorte de culte tout religieux.

Le pieux souvenir que la ville de Grenoble a conservé à Berriat, l'un de ses enfants de prédilection et dont elle avait tant de raisons d'être fière, est, selon nous, inséparable de l'affectueux dévouement dont il a donné tant de preuves pour la France d'abord et pour son pays en particulier. On aurait tort aussi de le séparer de cette loyauté antique et de cette scrupuleuse exactitude à remplir ses devoirs qui constituaient le trait distinctif de son caractère, ainsi que des vertus publiques et privées auxquelles on n'a cessé de

---

[1] Chorier (Nicolas), avocat de Vienne en Dauphiné, né en 1609, mort en 1692, a publié une histoire du Dauphiné en 2 volumes in-folio, 1661-1672.

rendre hommage en sa personne. Il est, d'ailleurs, intimement lié à son ardeur pour l'étude et à son courage persévérant à surmonter les difficultés absolument comme sa mémoire est unie à la science qu'il a tant aimée et tant honorée !

Bien qu'il n'ait pas mis la dernière main à son œuvre, puisque nous connaissons à peine cette histoire du droit français, dont il avait promis la publication, nous croyons devoir ajouter que notre éminent et respectable professeur fut un des hommes de son époque qui avait le plus de titres à la considération publique et dont la mort fut pour la science une perte d'autant plus sensible qu'il fut un de ceux qui l'ont cultivée avec le plus de distinction.

S'il fut pour l'école un professeur habile, il fut pour l'Institut, comme pour la Société des Antiquaires, un des membres les plus savants et dont les communications étaient des plus instructives et des plus intéressantes. Mais il n'en resta pas moins l'homme modeste par excellence, qui répondait invariablement à ses amis l'exhortant à plus d'ambition : Je ne me crois pas de taille à arriver à la Cour Suprême.

Ainsi Berriat-Saint-Prix, dont la plume n'a jamais distillé le fiel, était une de ces natures bien douées qui, durant sa longue carrière, a été constamment un exemple à suivre. Aussi croyons-nous lui rendre justice en le comparant, comme homme et comme écrivain, au célèbre Saumaise, dont la savante et judicieuse critique est devenue proverbiale et qui, au dire de Ménage, était le plus honnête et le plus sociable des hommes.

CHAPITRE TROISIÈME

DES ÉCOLES RIVALES DE L'ÉCOLE HISTORIQUE ET DE L'IN-
FLUENCE DE SON ENSEIGNEMENT SUR LE PROGRÈS DES
ÉTUDES HISTORIQUES DU DROIT TANT EN FRANCE QU'EN
EUROPE.

Au moment où l'unité législative allait se réaliser, l'enseignement du droit en France paraissait entrer dans une
phase nouvel.e. Après avoir successivement adopté la méthode des glossateurs, puis celle des dogmatistes, dont
Bartole était le chef, nos universités avaient paru pencher
pour les principes de la nouvelle école. Elles semblaient
disposées à rompre avec les anciens modes d'interprétation
et d'exposition des textes du droit, pour soumettre ces textes
aux investigations de la critique historique afin de les éclairer d'une plus vive lumière. Cette doctrine, qui était celle de
Cujas, ne fut pas acceptée par tous et nos universités pré-
sentèrent alors le spectacle de discussions entre les représentants des diverses écoles de jurisconsultes. Ce fut à
Bourges surtout, université de création récente, où se ren-
contrèrent les grands Romanistes Duaren, Bandouin, Doneau. Cujas, Leconte et François Hotmann, que s'établit
cette lutte dans des discussions souvent peu courtoises et
dont la science eût dû seule profiter.

L'école des glossateurs, dont nous avons déjà parlé précédemment, avait ses principaux représentants en France
aux XIIe et XIIIe siècle. Cette école avait pour but de fixer
les textes du droit romain pour arriver à leur interpréta-

tion littérale. Pour cela, elle ne se contenta pas seulement de réunir ces mêmes textes, elle les répandit dans toute l'Europe par ses représentants, ce qui fut une cause de progrès pour la législation et de développement pour la civilisation européenne. Assurément l'interprétation qu'elle donnait des textes laissait beaucoup à désirer au point de vue de la critique et de l'histoire, et il n'était pas rare de trouver, dans les écrits de ses représentants, les choses les plus singulières et les plus ridicules. Mais, du moins, ne perdons pas de vue en étudiant les travaux des glossateurs que l'histoire et la critique n'étaient pas de leur temps, leur méthode, surtout pratique, consistait à appliquer les textes aux idées, aux mœurs et aux besoins de leur époque. Ce caractère pratique, qui est celui des anciennes gloses, n'avait pas d'ailleurs pour effet d'isoler les textes, car tous ceux qui se rapportaient au même sujet, étaient au contraire rapprochés avec grand soin. On est même allé jusqu'à en former un tout dans ces petits traités sur la procédure qui furent composés par tous les anciens glossateurs [1], ainsi que dans les sommes, telles que celle de Placentin sur le Code et les Institutes. Ce serait donc être injuste vis-à-vis d'eux de méconnaître les services qu'ils ont rendu à la science et à la législation comme de leur refuser toute espèce de mérite en leur reprochant des défauts qui ont été bien plutôt ceux de leur siècle que les leurs. Aussi Cujas disait-il en parlant du représentant le plus éminent de cette école, dont il ne se dissimulait pourtant pas les défauts : « *Accursius noster quem ego et Latinis 'et grœcis* « *omnibus interpretibus antepono* [2]. » Depuis cette époque leurs mérites ont été appréciés par Gravina [3] et par M. de Savigny [4] comme ils devaient l'être.

---

[1] Bulgarus de Judiciis. Pillius, de Ordine Judiciorum. Otto, de Ordine Judiciario. Tancrède, Ordo Judicarius. Roffredy, de libellis et ordine Judiciario.

[2] Cujas, Obser tib. III, cap. 2.

[3] De ortu et progressu Juris civilis, page 208.

[4] Histoire du Droit romain au moyen âge, chap. 41, tit. 4, page 132.

Le caractère de l'école dogmatique ou des bartolistes consiste dans l'application au droit des modes d'enseigner et de discuter de la scolastique et de la dialectique. On sait que la dialectique se complait beaucoup dans les distinctions, divisions et subdivisions des questions et matières qu'elle traite. Or, cette subtilité dans les divisions et les raisonnements dont la conséquence est plutôt de jeter le doute et la confusion dans l'esprit, que de l'éclairer en mettant en présence un nombre infini d'autorités avec une masse de commentaires, depuis les glossateurs, faisait dire à Cujas en parlant d'eux : « *Inani sermone imprudentiæ* « *utuntur. Sunt verbosi et prolixi more suo ut solent in* « *refutili esse multi in difficili muti, in augustia* « *diffusi*[1]. »

Cette école, qui donna au droit sa forme scientifique, était moins attachée aux textes que celle des glossateurs. Quant à l'histoire et à la critique elles lui manquaient aussi bien et bien plus qu'à la première. Son chef, qui était Bartole, naquit à Sassoferato dans le duché d'Urbin, en 1314. Il était regardé pour le droit par plusieurs de ses disciples comme une espèce de divinité *in Legibus est terrestre numen* et sa réputation a surpassé celle des autres jurisconsultes. Elle se répandit de l'Italie dans l'Europe entière et la méthode, qu'on lui attribue, régna longtemps dans les universités et parmi les jurisconsultes, notamment en France pendant le XIVe et le XVe siècle et même au-delà.

Au nombre des jurisconsultes de cette école on peut citer, à la fin du XVe siècle, Guillelmus Benedicti qui, après avoir étudié le droit à Toulouse, fut d'abord professeur à Cahors, puis conseiller à Bordeaux et à Toulouse. C'est, en effet, dans son commentaire ou repetitio sur le chapitre Raynutius extr. de Testamentis que se rencontrent tous les traits caractéristiques de cette école. Au XVIe siècle, la

---

[1] Cujas, in Pap. responsis, titre 17, D. de injusto rupto.

méthode des Bartolistes se trouvait dans Tiraqueau, auteur de travaux considérables sur le droit romain et le droit français, qui ayant été lieutenant général à Fontenay-le-Comte en Poitou, sa patrie, puis conseiller à Bordeaux, fut un des jurisconsultes les plus féconds, les plus érudits et les plus estimés de son temps. Vers la même époque, les Bartolistes régnaient dans presque toutes nos universités et notamment à Toulouse où ils étaient représentés par Forcadel, celui qui, d'après la tradition admise par Papyre Masson, fut préféré à Cujas.

Dans le résumé, que nous avons donné, de l'histoire de Cujas, nous avons eu à mentionner que Forcadel se faisait gloire d'appartenir à l'école de Bartole : « *Patritios*, dit-il, « *appello qui sunt de Bartoli familiâ, reliquos plebeios.* « *Nihil afferens*, dit-il ailleurs, *non fultum juris pru-* « *dentium testimoniis.* » Nous avons dit également que, sans être dépourvu d'érudition, il manquait aussi de sens critique et historique, voire même de sens commun, ainsi que l'attestent le titre de ses ouvrages, sur lequel nous nous sommes déjà expliqués, et leur contenu. Mais, à côté de ce singulier représentant, l'école dogmatique en eut un autre dans ce même siècle, qui porta au plus haut degré sa gloire et son autorité. Hugues Doneau, né en 1527, à Châlons-sur-Saône, fut un des disciples de Duaren et enseigna, comme ce dernier, à Bourges en même temps que Cujas. De là il alla professer à Orléans qu'il quitta en 1572 pour se réfugier en Allemagne où il professa successivement à Heidelberg, à Leyde et à Altorf où il mourut en 1591. Esprit profond, logique et subtil, soit qu'il procédât par synthèse dans ses commentaires du Code civil, soit qu'il procédât par l'analyse ou l'exégèse, Doneau excellait à composer une théorie au moyen des textes qu'il combinait et qu'il expliquait avec une grande sagacité. Ses divisions, bien que très nombreuses en certains points, paraissent naturelles. Mais, s'il a toutes les qualités d'un dialecticien au point d'être au premier rang parmi les jurisconsultes de cette école et d'en être considéré comme le chef, il a aussi les défauts de cette même école.

Il n'étudie pas assez les textes en eux-mêmes et dans leurs origines ; aussi, malgré sa subtilité et la profondeur de ses investigations, ses conjectures s'effacent et ses théories tombent fréquemment devant la lumière de la critique et de l'histoire. Non seulement le talent de Doneau lui a assuré les suffrages de quelques-uns de ses contemporains, mais aussi et surtout celui de ses successeurs dans les universités des Pays-Bas et de l'Allemagne où l'on invoque encore partout son autorité.

Dans cette même université de Bourges, mais avant Doneau, professait encore au XVIe siècle un jurisconsulte Italien originaire de Milan, du nom d'Alciat. Ce fut lui qui le premier, dit-on, appliqua la littérature grecque et latine et l'histoire à l'interprétation des textes du droit romain. Mais cette tentative de rénovation dans l'étude et l'enseignement du droit lui suscita tant d'envieux qu'il dut se réfugier en France où il enseigna d'abord à Avignon, puis à Bourges. Ce fut dans cette dernière ville où il séjourna avant son retour dans sa patrie qu'il compta Duaren parmi ses condisciples et que se rencontra le continuateur de son œuvre, celui que l'école historique reconnaît pour son chef, Jacques Cujas.

Nous le savons, Cujas, originaire de Toulouse, étudia le droit sous Arnaud Ferrier qui, pendant sa carrière diplomatique en Italie, connut peut-être Alciat, et c'est sans doute à la doctrine de celui-ci que l'illustre disciple de Ferrier fait allusion dans cette réflexion : « *vir disciplinâ* « *juris eruditissimus, et ingenio prudentiaque acutissi-* « *mus.* » Ces mots « *Disciplina Juris* » s'appliquaient très probablement à la nouvelle méthode à laquelle l'avaient préparé les fortes études qu'il avait faites des lettres grecques et latines. Comme il nous paraît inutile de revenir sur Cujas, dont nous avons résumé la vie, trop longuement peut-être, nous nous contenterons de dire ici que cette vie ressemble beaucoup à celle des jurisconsultes célèbres de cette époque, que les villes et les souverains se disputaient pour leurs universités. Il suffira aussi de rappeler que les professeurs, dans leurs voyages, étaient suivis de leurs élèves les plus distingués. Ceux-ci, attachés à la doctrine du maître, s'attachaient également à sa personne et à sa fortune, ainsi du reste que nous avons été à même de le remarquer dans la liste si complète que Berriat a dressée comme complément de son histoire de Cujas.

Quant à la doctrine de Cujas et de son école, son but était non pas la découverte des antiquités juridiques de Rome, et qui avait été l'objet des recherches et des travaux de plusieurs érudits ou savants illustres, tels que Politien en Italie [1]; Budée [2], Saumaise [3], Ménage [4], et surtout Barnabé Brisson [5] en France, et Antoine Hotmann [6]. Elles se proposent seulement la restitution et l'interprétation des textes du droit romain qui avaient alors force de loi, au moyen de ces antiquités. Aussi la forme de son enseignement est-elle celle du commentaire qui, bien que moins scientifique, attache l'esprit à la lettre de la loi et la respecte davantage. La restauration de ces travaux des anciens jurisconsultes et la réunion de leurs fragments épars sont dus à Cujas qui les a classés dans les ouvrages et les divisions auxquels ils appartenaient primitivement. C'est ainsi qu'il a commenté et restitué les questions et les réponses de Papinien, celles de Paul et son commentaire sur l'Edit, les traités d'Africain, etc. Et s'il a exposé les origines et

---

[1] Ange Politien, né à Monte-Lubriano en Toscane, en 1454, mort en 1494, a laissé des Commentaires sur les Pandectes.

[2] Budée, né à Paris en 1467, mort en 1540, a laissé des remarques sur les Pandectes.

[3] Saumaise, né en 1568 à Semur, a fait son droit à Heidelberg, sous Godefroid.

[4] Ménage, avocat, poète et bel esprit, né en 1613 à Angers.

[5] Brisson fut premier président au Parlement de Paris, en remplacement de Achille de Harlay.

[6] Hotmann, jurisconsulte, né à Paris en 124.

les principes du pur droit romain, soit dans ses Paratitles
sur le Code et les Pandectes, soit dans ses leçons ou dans
ses observations c'est encore pour l'explication des textes.
Tel est sans doute le motif de sa préférence pour les premiers glossateurs et même pour Accurse sur Bartole et
tous les Bartolistes [1]. C'est encore pour cela que, dans les
Institutes, il se borne à la restitution du texte et à de courtes
notes tout en s'élevant contre ceux qui le surchargeaient
inutilement de commentaires. En cela il se montre fidèle à
son système qui consiste à n'expliquer que ce qui a besoin
d'explication, et à ne se servir des lettres grecques et latines qu'il connaissait si bien qu'avec une grande sobriété
et à la condition que leur secours put être d'une certaine
utilité. Son style pur, correct, un peu trop concis seulement, nous prouve combien il s'était nourri de l'étude des
grands écrivains et des grands jurisconsultes de l'antiquité. Pour analyser, expliquer, corriger même un texte, il
n'est personne qui soit à son niveau ; et comme son œuvre
s'étend à tous les textes du droit romain que nous possé-
dons, on conçoit que Gravina ait pu dire de lui : « *Neque
« aliquid ignorare per illum, neque sine illo discere
« quidquam licet docet nimirum unus omnia ad semper
« sua* [2] » Toutefois si, au point de vue de la connaissance
des textes, Cujas peut être appelé avec de Thou : « *retro
« sœculis et suâ œtate princeps,* » il est certain que
comme synthèse il est au-dessous de Doneau. Ainsi que
nous l'avons déjà dit, comme professeur Cujas ne dictait
pas ; il parlait avec une grande facilité et partant avec une
rapidité telle que ses élèves avaient la plus grande peine à
le suivre. Dans les dernières années de sa vie il y fait allusion à propos de l'ouvrage qu'il a publié en 1585 (*oratio
de ratione docendi juris habita in Schola Bituricensi*).
Les investigations et l'enseignement de Cujas ne portaient

---

[1] Cujas, Oratio de ratione docendi juris habita in schola Bituricensi.
[2] De ortu et progressu juris civilis.

du reste pas seulement sur les textes du droit romain mais aussi sur les décrétales et le livre des fiefs. Nous ne reproduirons pas ici la liste de ses ouvrages, d'ailleurs très longue, et qui se trouve en tête de ses œuvres et dans toutes ses biographies.

On a reproché à Cujas, et non sans motifs, de n'avoir pas connu le droit français. Ce qui tendrait à le prouver, ce sont ses opinions sur l'origine de plusieurs institutions fondamentales de notre droit coutumier comme la saisine, les actions possessoires et notre régime féodal. Mais comme ces questions étaient résolues de la même manière par tous les romanistes, et que de plus elles n'étaient pas comprises dans son enseignement, nous n'en devons témoigner aucune surprise. Elles furent, d'ailleurs, étudiées pour lui par ses disciples si elles n'ont pas été comprises dans leur enseignement.

L'un des anciens et des plus fidèles disciples de Cujas fut Loisel[1], l'auteur des Institutes coutumières. Nous citerons ensuite les deux Pithou, ces amis de Loisel qui embrassaient dans leurs travaux le droit Romain, le droit Canonique et le droit Français. Nous comptons au nombre de leurs principales publications, le *Codex canonum vetus Ecclesiæ Romanæ*, les libertés de l'Eglige Gallicane, rédigées en forme de règles et extraites des anciennes ordonnances déterminant les rapports de l'Eglise et de l'Etat, sommaire que Loisel considère comme un chef-d'œuvre et qui jouit d'une grande autorité auprès de nos anciens jurisconsultes ; la *Mosaïcarum et Romanarum Legem collatio*, *l'Epitome des Novelles de Justinien : Imperatoris Justiniani novella constitutiones per Justinianum ante cessorem Constantinopolitanum de Grœco translatœ ;* *Le Liber Legis Salicæ, Les Coutumes du Bailliage de Troyes*. Ragueau, professeur à Bourges[2], le commenta-

---

[1] Loisel, jurisconsulte né à Beauvais en 1536, mort à Paris en 1617.
[2] Ragueau mourut en 1605.

teur de la coutume du Berry et l'auteur de l'indice des Edits royaux et seigneuriaux ou Glossaire du droit Français, revu depuis et complété par de Laurière, fut aussi au nombre des disciples de Cujas. Il nous paraît nécessaire aussi de ne pas oublier Pierre Ayrault [1] qui, après avoir commencé ses études de droit à Toulouse, suivit Cujas à Bourges, fut ensuite avocat à Paris, puis lieutenant criminel au présidial d'Angers. Outre quelques dissertations et plaidoyers, son ouvrage principal a pour titre : « *L'ordre,* « *formalité et instruction judiciaire dont les Grecs et* « *Romains ont usé et accusations publiques conféré au* « *style et usage de la France.* » Ce travail, divisé en quatre livres, dont le dernier traite des procès faits aux cadavres, prouve la profonde érudition de l'auteur et l'alliance qu'il avait su établir entre le droit et les lettres.

La doctrine de Cujas se maintint même dans l'enseignement, et là aussi il eut des disciples aussi bien que dans la magistrature. Au nombre de ceux-ci, nous comptons Ragueau à Bourges et Roaldès à Valence. Quant à l'université de Toulouse, qui, au XVIe siècle, avait d'éminents professeurs, de divers mérites, comme Jean de Coras et Béranger Fernand, et après eux Guillaume Maran, disciple et ami de Cujas, auteur de paratitles et de divers traités de droit Romain, mort, en 1621, doyen des professeurs de cette ville où il avait enseigné pendant trente-huit ans ; puis Janus à Costa ou Jean de la Coste qui, après avoir étudié sous Cujas, enseigna le droit à Cahors et ensuite à Toulouse, où il mourut en 1637. Il est l'auteur d'un savant commentaire sur les Institutes, dans lequel sont alliées la littérature ancienne et la jurisprudence. Nous avons à y joindre Denis Godefroy, appelé d'Heidelberg à Bourges pour succéder à Cujas lui-même et qui écrivit plusieurs traités du droit romain, en même temps que des commentaires de nos cou-

---

[1] Ayrault, né à Angers en 1536, mort en 1601. Un de ses fils s'étant fait jésuite sans son consentement, il composa à cette occasion un traité sur la puissance paternelle.

tumes, mais que son fils Jacques Godefroy, professeur à Genève et commentateur du Code Théodosien, fit presque oublier. Nous devons faire connaître aussi dans ce même XVIIe siècle, Annibal Fabrot qui, après avoir enseigné le droit à Aix, d'où il fut appelé à Valence et à Bourges, traduisit la paraphrase des Institutes de Théophile, donna aussi une traduction des Basiliques et fut le dernier éditeur en France de l'illustre Cujas. Enfin au XVIIIe siècle nous rencontrons Pothier, professeur à Orléans qui, dans son grand ouvrage, ne fit que reproduire les opinions de Cujas[1].

Jusqu'ici nous n'avons parlé que du droit romain, mais au XVIe siècle, le droit français eut aussi ses interprètes. Ceux-ci considérèrent alors que, s'il était utile pour tous les peuples d'étudier le droit romain, il ne l'était pas moins d'étudier le droit sous lequel ils vivaient.

C'est pour ce motif que nos coutumes, aussitôt leur rédaction officielle, eurent leurs commentateurs. Celui de la coutume de Berry fut un jurisconsulte savant et un magistrat intègre du nom de Bohier qui, né à Montpellier en 1740, fut successivement avocat à Bourges où il enseigna le droit, conseiller au grand conseil, puis président à mortier au parlement de Bordeaux. Pierre ou Pyrrhus d'Engleberme, professeur à Orléans, fut le commentateur de la coutume de ce pays. Joseph Sainson, président du bailliage de Chatillon, puis du parlement du Dauphiné, fit le commentaire de la coutume de Tours. Quant à la coutume de Bourgogne, le premier commentaire qui en ait été fait, a été celui de Barthélemy de Chasseneuz, successivement conseiller au parlement et président au parlement de Provence. Tous ces commentaires, qui renferment de précieuses indications sur le droit du commencement du XVIe siècle, se ressentent de la méthode de Bartole.

Après ces premiers commentateurs de nos coutumes,

---

[1] Pandectæ Justinianeæ in novum ordinem digestæ.

nous devons signaler Charles du Moulin[1] qui était regardé comme la lumière de la jurisprudence et comme l'oracle des Français. L'influence marquée qu'il exerça sur la jurisprudence et sur la législation, puisque son nom était sans cesse accolé à ceux des Papinien, des Ulpien et des autres grands jurisconsultes romains, lui assura parmi ses contemporains et ses successeurs une autorité que nul jurisconsulte n'eut comme lui. Embrassant dans ses études et dans ses travaux toutes les sources de notre droit au XVI° siècle, droit coutumier, droit romain, droit canonique, ordonnances, il soumit tous leurs textes à ses investigations. Intelligence à la fois profonde et hardie, subtile et originale, il jeta une vive lumière sur certaines parties d'entre elles et contribua plus qu'aucun autre au progrès de la science juridique.

Préparé de longue date par de fortes études à la tâche qu'il devait accomplir, du Moulin, qui avait été reçu avocat après sept ans d'études, suivit le barreau du Châtelet comme étant la meilleure école, la plus utile et la plus fructueuse pour un jeune avocat. Aussi c'est auprès de cette juridiction, qui fut surtout la conservatrice de nos vieilles traditions juridiques, qu'il puisa cette profonde connaissance de notre droit coutumier. Complétée par des études particulières, cette connaissance lui fit découvrir et lui permit de signaler les fausses interprétations, les imperfections et les lacunes des coutumes rédigées. Aussi soit par son commentaire sur la coutume de Paris qui est avec raison considéré comme son chef-d'œuvre, soit par ses notes ou apostilles sur les autres coutumes, il est arrivé à préparer leur réformation.

Si l'on peut faire un reproche à Du Moulin, c'est de n'a-

---

[1] Charles du Moulin naquit à Paris en 1500 : suivant les uns, il était fils d'un avocat au Parlement et au Châtelet de Paris ; pour d'autres, il était d'une famille noble originaire de la Brie. Papyre-Masson prétendait qu'il était issu de Thomas de Boulen, vicomte de Rochefort, aïeul d'Eli sabeth d'Angleterre.

voir pas connu les écrits de nos grands jurisconsultes du XIIIe siècle. Ceux-ci, en effet, lui auraient fait découvrir les origines et la véritable source de ce droit dont il avait si bien pénétré l'esprit, en le ramenant en certains points à sa pureté primitive ; et cela lui était d'autant plus facile qu'il pouvait dépendre de lui de faire revivre et consacrer leurs décisions d'une manière officielle.

C'est ainsi qu'à propos de la maxime : « Propres ne remontent pas », Du Moulin prétend que cette maxime a pour but uniquement d'empêcher que les propres ne passent d'une ligne dans une autre, et non d'exclure les ascendants de la succession de ceux de leur propre ligne à laquelle ils sont appelés comme héritiers, et par préférence, s'ils sont donataires. Cette doctrine, consacrée depuis par l'art. 312 de la coutume de Paris et par l'art. 747 du Code civil, était celle de Beaumanoir. On voit par là l'influence qu'il eut sur la formation et les progrès de notre droit coutumier qu'il prétendait ramener à l'unité. Mais cette influence s'étendit comme ses études de ses travaux au droit romain et au droit canonique. Dans tous ses commentaires sur certains titres et certaines lois du Digeste et du Code, comme dans tous ses traités, on remarque, à la manière des Bartolistes, outre la science, la subtilité d'esprit, ainsi que cette hardiesse d'explications que rien n'arrête, pas même les textes qu'il torture pour les plier à son avis. Nous voyons cette hardiesse se manifester surtout dans ses traités sur le droit canonique ou ecclésiastique, en particulier dans son commentaire sur l'édit des petites dates d'Henri II et dans sa consultation contre la réception en France du concile de Trente qui lui suscitèrent des persécutions, tandis que d'un autre côté sa concordance des quatre évangiles et sa plainte au parlement, dirigées contre les calvinistes et leurs ministres, lui en suscitaient d'autres. C'est pour cela que son existence, si occupée par ses divers travaux, fut sans cesse agitée et traversée jusqu'à sa mort, arrivée à Paris, le 27 décembre 1566, par suite d'épreuves et de chagrins domestiques.

On a blâmé Du Moulin d'avoir eu en lui une telle confiance qu'il tranchait d'un ton d'autorité souveraine toutes les difficultés et toutes les questions, sans aucun respect pour les opinions et les personnes qui étaient d'un avis contraire au sien. On critique aussi son latin qu'on trouve barbare et incorrect, mais on est obligé de reconnaître que, soit qu'il écrive en latin, soit qu'il écrive en français, son style est vigoureux comme sa pensée. Par suite d'une difficulté d'élocution, il dut renoncer au barreau pour se borner à des consultations, et s'il fit quelques leçons, ce ne fut qu'accidentellement et sans être professeur. Du Moulin, qui avait le sens juridique dans toute l'acception du mot, était en réalité le premier des jurisconsultes français, car il était de ceux qui réunissaient la théorie savante à la pratique éclairée[1].

Dans ce même siècle, Du Moulin trouva un rival dans Bertrand d'Argentré[2], sénéchal ou président du présidial de Rennes, qui commenta, en partie du moins, l'ancienne coutume de Bretagne et adopta, par pure ostentation, en matière féodale surtout, les opinions contraires à celles de son illustre contemporain qu'il est loin d'égaler. Esprit original et ami du paradoxe, il lui est inférieur sous le rapport de la doctrine, mais il l'emporte sur lui sous le rapport de la forme. Il expose, d'ailleurs, des théories qui ne sont pas sans valeur dans un style à la fois plus élégant et plus correct.

Bien qu'il ait peu d'affection pour le droit romain, il a joui d'une grande réputation auprès de nos anciens jurisconsultes. Ses principaux travaux sont le commentaire de l'assise du comte Geoffroy et le traité du partage des nobles, celui des appropriances et celui des donations qui,

---

[1] OEuvres de Du Moulin, 5 volumes in-folio, 1681.

[2] Bertrand d'Argentré, né à Vitré en 1519, a aussi laissé un Commentaire sur la coutume de Bretagne et une Histoire de Bretagne.

d'après Hirin, est son chef-d'œuvre. Il naquit en 1519 et mourut en 1590[1].

La province de Nivernais eut aussi pour commentateur de sa coutume un savant et profond jurisconsulte du nom de Guy-Coquille, seigneur de Romenay[2]. Celui-ci, après avoir étudié le droit à Padoue, où régnaient les Bartolistes, dont il ne craint pas de signaler les défauts, suivit le barreau, fut investi de fonctions publiques et devint enfin député aux Etats-Généraux de Blois. Il ne limita pas ses travaux et ses études à sa coutume natale, car il composa aussi des institutes dans lesquelles il exposa le droit français commun des pays de coutume et dans son commentaire même de la coutume de Nivernais, ainsi que dans les questions qui s'y rattachent; ce n'est pas seulement le droit de sa province qu'il explique, mais c'est encore le droit coutumier, et cela à l'imitation de nos anciens jurisconsultes. Guy-Coquille fit partie du groupe des jurisconsultes qui soutenaient l'autorité du droit coutumier contre les prétentions des romanistes, comme il soutenait celle du roi et de la puissance paternelle, ainsi que les libertés de l'Eglise gallicane contre les prétentions de la papauté. Le premier volume de ses œuvres est composé de ses ouvrages ecclésiastiques, le second ne contient que ceux du droit coutumier[3].

Après Du Moulin, la coutume de Paris fut encore, dès le XVIᵉ siècle, l'objet de commentaires de la part de jurisconsultes d'une réelle érudition. Nous citerons notamment le commentaire de René Chopin, avocat au parlement de Paris[4]. Ce fut lui aussi qui commenta la coutume d'Anjou et composa des traités sur le domaine de la couronne et la

---

[1] Il est mort de chagrin, en 1590, de voir la France en proie aux horreurs de la guerre civile soulevée par les calvinistes.

[2] Guy Coquille, sieur de Romenay, jurisconsulte et publiciste, né en 1523, à Decize en Nivernais, mort en 1603.

[3] Edition de 1703, in-folio.

[4] René Chopin, né en 1537, mort en 1606.

police ecclésiastique. Ce qui donne du mérite à ses tra
vaux et ce qui leur donne une couleur historique qui
manque au commentaire de Du Moulin, c'est que, pour
l'explication du droit de son époque, il invoque l'autorité
des jurisconsultes des deux derniers siècles. Aussi, pour
nous, son ouvrage est d'autant plus précieux qu'il nous
fournit des indications fort utiles sur notre vieux droit et
ses principaux monuments.

Nous pouvons mettre au même rang le commentaire de
Charondas le Caron, jurisconsulte parisien [1], comme il se
nomme lui-même et l'un des plus savants de ce siècle.
Outre son commentaire sur la coutume de Paris, il publia
ses pandectes, ses observations et remarques du droit français qui prouvent une connaissance profonde de notre
vieux droit dont il édita lui-même deux principaux monuments : La somme rurale de Bouteiller et le grand coutumier de Charles VI, suivi de notes pouvant faire juger sa
science juridique. Ce dernier coutumier était l'œuvre d'un
ancien bailli de Chartres et d'Evreux, Jacques d'Ableiger,
inconnu de lui et de tous les autres éditeurs de cet ouvrage, mais que M. Léopold Delisle a découvert et nous a
fait connaître. On connaît encore de Charondas des notes
sur la conférence des ordonnances de Guinois et une édition du code Henri III, ainsi que la publication d'un recueil
du droit romain antérieur à Justinien et du corps du droit
de Justinien lui-même. Il en résulte que ses études historiques s'étendent au droit français et jettent sur son étude
une vive lumière.

Nous compterons aussi, parmi les jurisconsultes qui se
servirent de nos anciens monuments de jurisprudence du
droit coutumier pour expliquer les coutumes, Julien Brodeau, avocat au parlement et commentateur de la coutume

[1] Loys Lecaron dit Charondas, jurisconsulte français, né en 1536 à
Paris, mort en 1617, se fit, par ses écrits, une haute réputation et fut
nommé lieutenant au baillage de Clermont en Beauvaisis, charge qu'il
exerça jusqu'à sa mort.

de Paris [1]. Celui-ci, qui connaissait à fond tous ces monuments et qui même les cite, en a publié deux à la suite de son commentaire malheureusement incomplet, puisqu'il s'est arrêté au titre IV de cette même coutume; ce sont les coutumes notoires du Châtelet de Paris et les décisions de Jean des Mares. Il a publié aussi des notes très remarquables sur les arrêts de Lonet [2]. Brodeau vivait à la fin du XVI° siècle et dans la première moitié du XVII°. Son œuvre a complété celle de Du Moulin, dont il a été le biographe.

Au XVII° siècle, Thaumas de la Thaumassière [3] a continué l'œuvre de ses devanciers pour la publication de ses anciennes et nouvelles coutumes locales du Berry et de Lorris [4] (vers 1680), ouvrages des plus savants sur les origines de notre droit coutumier et la publication de la coutume de Beauvais par Beaumanoir avec les assises et bons usages de Jérusalem, en 1660. Quoique nous ayons des éditions nouvelles de ces derniers ouvrages, l'édition de la Thaumassière n'en a pas moins conservé son prix à cause des notes qu'elle contient. Nous croyons devoir ajouter aux ouvrages précédents, les questions et réponses, les décisions sur la coutume de Berry, les Maximes du droit coutumier, les nouveaux commentaires sur la coutume de Berry, ainsi qu'un traité du franc-alleu, pour avoir une idée exacte de son œuvre.

Après la Thaumassière, et dans le même ordre de travaux, se place Eugène de Laurière [5] qui, né en 1659 et mort en 1728, suivit et conserva, jusque dans la première moitié du XVIII° siècle, les traditions juridiques de l'école historique dans ses traités comme dans ses commentaires

---

[1] Julien Brodeau, mentionné dans les Satires de Boileau, était d'une famille originaire de la Touraine et mourut en 1653.

[2] Lonet (George), avocat puis conseiller au Parlement de Paris en 1584, a publié en 1602 un précieux recueil d'arrêts, vingt fois réimprimé, auquel Brodeau fit d'importantes additions.

[3] Thaumas de la Thaumassière mourut en 1712.

[4] Lorris, chef-lieu de canton du Loiret.

[5] Jacob-Eusèbe de Laurière, né en 1659, mourut en 1728.

et dans ses notes. Il faut d'abord ranger parmi les premiers son traité de l'origine du droit d'amortissement, puis sa dissertation sur le ténement pendant cinq ans (origine des rentes constituées)[1] son traité des institutions et des substitutions contractuelles ; dans les seconds se placent son commentaire de la coutume de Paris, publié d'abord en un, puis en trois volumes, ses notes si étendues et si complètes sur les Institutes de Loisel, qui en ont fait un manuel de l'histoire du droit français, sur l'indice de Ragueau, transformé en glossaire du droit français, sur les ordonnances de Néron ; son plan d'un nouveau recueil ou bibliothèque des coutumes avec Berroyer et Loger et le recueil avec notes des ordonnances des rois de France ou ordonnances du Louvre et parmi elles des établissements de Saint-Louis. La pensée qui l'a guidé dans tous ses travaux est d'ailleurs clairement exprimée dans le privilège de son premier ouvrage, que nous regrettons de ne pouvoir analyser. Ses travaux consistent dans l'application de l'histoire au droit français, à ses principales institutions, à ses textes, afin d'en faciliter l'intelligence. Il fait de l'histoire dans un but pratique, comme l'a toujours compris l'école historique française. Nul, d'ailleurs, ne le pouvait mieux que lui, puisque sa science s'étendait à toutes les sources et à tous les monuments de notre droit.

Pour suivre ce même ordre d'idées, mais toujours dans ce même XVIIIe siècle, et tout en laissant de côté les observations savantes, quoique systématiques, de Bouhier[2] sur la coutume de Bourgogne et l'esprit des lois, ce chef-d'œuvre d'histoire et de philosophie du droit, nous mentionnerons Henrion de Pansey[3] dans ses dissertations féodales et Hervé, dans sa théorie des lois féodales qui, tous deux, font l'application de l'histoire et de ses divers monuments à cette

[1] Origine des rentes constituées.

[2] Bouhier, président à mortier au Parlement de Bourgogne, né à Dijon en 1673, mort en 1746.

[3] Henrion de Pansey, jurisconsulte, mort à Paris en 1829.

partie si importante de notre ancien droit sur laquelle ils
jettent un nouveau jour. Avant eux et déjà au siècle précédent, Gallaud, dans son traité du franc-alleu et Caseneuve
dans son traité du franc-alleu du Languedoc, ainsi que
dominici de prerogativa allodiorum avaient dirigé sur
ce point leurs savantes recherches. Ainsi il est donc certain qu'à partir du XVIIe siècle, la science prit une autre
direction. Au lieu d'envisager les textes du droit romain
pur, elle porta ses études sur les textes du droit français. Il
peut se faire, du reste, qu'à ce moment l'école historique
n'ait pas eu de représentant éminent pour enseigner ses
doctrines dans les écoles, mais elle eut pour interprètes
de savants jurisconsultes dans la magistrature et le barreau.

A cette même époque, les anciens monuments de notre
droit firent l'objet des recherches et des publications des
savants dont la France s'enorgueillit, bien qu'ils ne fussent
pas jurisconsultes. De ce nombre furent Sirmond, l'éditeur
des *Concilia antiquæ Galliæ*, de notes sur les capitulaires
et des formules qui portent son nom, Ducange[1], l'auteur
du *Glossarium ad scriptores mediæ et infimæ latinitatis*,
source intarissable de documents sur le moyen âge et de
la Vie de Joinville qu'accompagnent, outre de savantes dissertations, le Conseil de Fontaines et les Établissements
de Saint-Louis, dont il fut le premier éditeur ; Baluze, éditeur des *Capitularia regum Francorum* avec les formules et les notes de ses prédécesseurs et les siennes propres, plus un choix de documents ; Mabillon[2] auteur des
Analecta, du traité de *Re diplomatica*, premier éditeur
des formules dites d'Angers et D. Bouquet[3], l'auteur de la
grande collection des *Scriptores rerum gallicarum* et
franciscarum.

---

[1] Ducange, historien et glossateur, mort en 1688.
[2] Mabillon (Jean), bénédictin de la congrégation de Saint-Maur, né à
Saint-Pierremont, près de Vouziers, en 1632, mort à Paris en 1707.
[3] Don Martin Bouquet, de la même congrégation, né à Amiens en
1685, mort à Paris en 1754.

Au point de vue pratique comme au point de vue scientifique, le droit français eut, au XVIIᵉ comme au XVIIIᵉ siècle, en dehors de la science historique pure ou appliquée, ses interprètes et mêmes ses professeurs. Louis XIV, en effet, par son édit d'avril 1679, semblait avoir couronné son œuvre législative. La promulgation de cet édit, qui abrogeait l'art. 69 de l'ordonnance de Blois en ce qu'il rétablissait l'enseignement du droit romain dans l'université de Paris et enjoignait aux professeurs de s'appliquer particulièrement à faire entendre par leurs élèves les textes du droit civil et les anciens canons qui servent de fondement aux libertés des églises gallicanes, fut la cause pour laquelle le droit français prit place dans nos Universités à côté du droit romain et du droit canonique, et pour laquelle aussi de nouveaux professeurs furent nommés pour l'enseigner. Nous nous contenterons d'en signaler quelques-uns dont l'enseignement a laissé quelques traces dans notre droit tel que Boutaric à Toulouse; Serres à Montpellier; Julien à Aix; Prévôt de la Jannès et Pothier, son successeur, à Orléans; Dunod à Besançon; Poullain du Parc, le maître de Toullier à Rennes, tous professeurs de droit français, commentateurs des ordonnances ou de la déclaration de 1682 ou même des travaux sur les principes de la jurisprudence française ou les éléments du droit français. C'est ce même édit de 1679 qui, en même temps qu'il règle l'enseignement, règle aussi la collation des grades dans nos Universités.

Outre les professeurs de droit français comme Boutaric et Serres, les ordonnances de Louis XIV et Louis XV eurent encore des commentateurs particuliers parmi lesquels nous devons citer Bornier (conférence des ordonnances de Louis XIV) [1], Jousse [2], conseiller au présidial d'Orléans, l'ami de Pothier, auteur des Traités de l'administration de

---

[1] Philippe de Bornier, lieutenant au présidial de Montpellier, né en cette ville en 1634, mort en 1711.

[2] Jousse, né à Orléans, le 10 février 1704, mort le 21 août 1781.

la justice civile et de la justice criminelle et des présidiaux qui, dans ses nouveaux commentaires, comprit les ordonnances rendues par Louis XIV en 1667, 1669, 1670, 1673 et 1695, à l'exception, toutefois, de celle de la marine rendue en 1695 et qui fut commentée par Valin ; Furgole, avocat, publia aussi des Observations et questions sur les ordonnances de Louis XV concernant les donations et substitutions [1].

Chacune des provinces de la France eut, au xvii° siècle et au siécle suivant, des commentateurs de sa coutume. Parmi ceux-ci, qui furent les continuateurs de l'œuvre de leurs devanciers, nous ne signalerons que les plus importants, comme Basnage pour la Normandie ; Dupineau pour l'Anjou ; Legrand pour Troyes ; Chabrol pour l'Auvergne et pour Paris. C. J. de Ferriére, auteur du Dictionnaire du droit et de pratique qui, dans le corps et compilation de tous les commentateurs de la coutume de Paris, résuma tous les travaux dont cette coutume avait été l'objet et Bourjon qui, dans son Droit commun de la France, reproduit le droit en vigueur au xviii° siècle, surtout d'aprés la jurisprudence du Châtelet de Paris.

Comme interprètes du droit français, nous devons compter aussi les auteurs de divers traités de procédure ou de droit civil, outre ceux dont nous avons parlé, tels que Imbert (*Enchiridium juris scripti Gallia....* et Pratique judiciaire, et Lizet, premier président au Parlement de Paris (Pratique judiciaire) au xvi° siècle ; Bacquel, avocat du trésor mort en 1597 (Traité des droits de justice, d'aubaine et de bâtardise) et Loiseau, si savant et en même temps si spirituel, avocat, et Bailli de Châteaudun, mort en 1627 (Traité des seigneureries, du déguerpissement, de la garantie des rentes, des offices et des abus des justices de village), Ricard, avocat au Parlement, mort en 1678 (Traité

---

[1] Furgole, jurisconsulte, né en 1690 à Castel-Ferrus, mort en 1761, fut avocat au Parlement de Toulouse.

des donations); Denis Lebrun, aussi avocat, mort en 1706 (Traités des successions et de la communauté); Remusson, mort en 1699 (Traité de la communauté, du douaire, des propres et des subrogations); Dunod de Charnoge, ancien avocat au Parlement de Besançon, professeur de droit à l'Université de cette ville, mort en 1750 (Traité des prescriptions), jusqu'à Furgole, mort en 1761 (Traité des testaments). A cette nomenclature d'ouvrages nous croyons devoir ajouter les œuvres d'A. d'Espierres, mort en 1658 qui comprennent les plus importantes matières du droit romain accommodées au droit français.

Nous ne saurions donner une meilleure terminaison à nos courtes remarques sur nos anciens jurisconsultes qu'en parlant de Domat et de Pothier, qui, parmi eux, doivent avoir une place à part : le premier à raison du caractère de son œuvre ; le second, outre le mérite de ses travaux, par suite de l'influence qu'il a eue sur la formation de nos Codes. Né à Clermont, le 30 novembre 1625, Domat, après de brillantes études littéraires et philosophiques, faites à Paris au collège de Clermont, sous la direction de son oncle le P. Sirmond, alla étudier le droit à Bourges sous Edouard Mérille, pour se préparer ainsi aux travaux qui devaient l'illustrer plus tard. Il était originaire de cette province d'Auvergne qui, bien qu'ayant une coutume, reconnaissait l'autorité du droit romain comme droit commun. Après avoir suivi le barreau de sa ville natale il fut investi des fonctions d'avocat général au présidial de Clermont. Arbitre de sa province par son savoir, son intégrité et sa droiture, il fut aussi l'arbitre des solitaires de Port-Royal avec lesquels il était très lié et qui prenaient même ses avis sur des matières de théologie. Domat se trouvait à Paris, lors de la dernière maladie de Pascal ; c'est ce qui explique pourquoi, après avoir reçu les derniers soupirs de cet illustre savant, il devint dépositaire de ses papiers les plus secrets. Par suite de la confusion qui existait dans nos lois, Domat puisa sans doute auprès de son ami Blaise

Pascal sa manière philosophique et rationnelle d'envisager le droit et la pensée d'en embrasser l'ensemble dans une vaste synthèse. Il prend, du reste, le soin de nous dire lui-même qu'après avoir reconnu le désordre qui existait dans les recueils de Justinien, où les décisions des grands jurisconsultes, des Empereurs eux-mêmes étaient placées sans ordre, sans suite et même sans rapport les unes avec les autres, ce qui, en nuisant à leur intelligence et à leur autorité, éloignait de leur étude, il a entrepris de les grouper sous certaines divisions, de manière à ce qu'elles puissent se soutenir et s'expliquer les unes les autres[1].

Ce travail, comme on peut le voir, n'était que l'application de la méthode scientifique ou philosophique aux textes du droit. Selon lui, les livres du droit romain devaient être considérés comme une sorte de dépôt des règles naturelles de l'équité ou encore comme constituant le droit naturel ou la raison écrite, et, à ce titre, il emploie ces textes comme des matériaux pour reconstruire leur édifice afin d'en faciliter l'étude ou l'application. Mais dans ce mode de coordonner les textes, il ne considère que leur valeur intrinsèque, rationnelle, et par là il se sépare tout à fait de l'école historique, comme il se sépare de l'école dogmatique par la solidité des citations, dont elle était si prodigue en retranchant l'inutile et le superflu.

Il y a, d'ailleurs, une remarque à faire dans son ouvrage, c'est que, bien que les textes du droit romain qui font autorité en France constituent le fond de son livre, il n'oublie pas d'indiquer en quoi ils s'écartent des règles du droit français, telles qu'elles résultent des coutumes et des ordonnances, c'est ce qu'il fait notamment pour la puissance maritale.

Le livre de Domat n'est donc pas seulement un traité de droit romain, mais aussi et surtout un traité général de droit français que l'on devra toujours étudier et consulter

---

[1] Préface des lois civiles dans leur ordre naturel.

lorsqu'on voudra bien connaître notre droit. Pour donner une idée de ces ouvrages, dont la première partie fut publiée en 1680, nous allons indiquer ici les principales divisions. Il est d'abord précédé du traité des lois en général, traité philosophique au point de vue chrétien dans lequel se trouvent exposés les premiers principes des lois, le plan de la société sur le fondement des deux premières lois, la recherche et l'amour du souverain bien et l'amour du prochain. De là et toujours dans ce même traité, le jurisconsulte s'occupe successivement des diverses espèces d'engagements des troubles qui blessent l'ordre de la société, de la religion et de la police, ainsi que du ministère des puissances spirituelle et temporelle. Ce remarquable chapitre, qui contient une doctrine pleine de sagesse, rappelle les beaux chapitres qu'un autre jurisconsulte chrétien, Beaumanoir, avait consacrés à ce dernier sujet dans ses coutumes du Beauvoisis[1]. Il est suivi d'un chapitre qui traite de la nature de l'esprit des lois et de leurs différentes espèces.

Aussitôt après ce traité, qui forme une sorte d'introduction, les lois civiles sont exposées dans l'ordre suivant : chapitre préliminaire des règles du droit en général, des personnes, des choses. Première partie : des engagements et de leurs suites : engagements volontaires et mutuels par conventions, des conventions et des diverses espèces de contrats, des vices des conventions, engagements sans conventions, des tuteurs ou autres, de ce qui se fait en fraude des créanciers, des suites qui ajoutent aux engagements en les affermissant, hypothèques, cautions ; des suites qui les anéantissent ou les diminuent, modes d'extinction. Deuxième partie : des successions en général, des successions légitimes ou *ab intestat*, des successions testamentaires, des legs ou autres dispositions à cause de mort, des substitutions et des fidéicommis. Les lois civiles sont sui-

---

[1] Coutume de Beauvaisis, XLVI, 11 et 12.

vies d'un traité de droit public dans lequel Domat s'occupe successivement du gouvernement, des finances, du domaine du souverain, de la police, des divers ordres de personnes, des officiers publics, des crimes et délits, de l'ordre judiciaire et de l'instruction des procès civils, des procès criminels. Le tout est complété par le *delectus legum*, d'après l'ordre du Digeste. Cet ouvrage de Domat a été diversement apprécié. Les uns l'ont exalté outre mesure, parce qu'il contenait, suivant eux, toute la science des lois ; pour d'autres, il ne méritait qu'une médiocre estime. Nous devons reconnaître, pour être juste, que cet ouvrage est l'œuvre d'une intelligence puissante, d'un esprit élevé en même temps que d'un profond et savant jurisconsulte. Il paraît certain, d'ailleurs, qu'ayant précédé les auteurs du droit du dix-huitième siècle, il ne fut pas sans influence sur eux, notamment sur Pothier.

Joseph-Robert Pothier, le plus populaire de nos jurisconsultes, naquit à Orléans en janvier 1699, d'une famille de magistrats et fut magistrat lui-même. Après avoir étudié le droit dans l'université de sa ville natale qu'il devait illustrer avec quelques-uns de ses contemporains, un goût particulier le porta d'abord vers le droit romain ; aussi en fit-il l'objet de ses premières études. Ce ne fut que plus tard qu'il s'attacha au droit français, non pas pour faire, comme Domat, un grand ouvrage d'ensemble, mais dans une série de traités devenus classiques, qui s'appliquent à toutes les parties du droit civil et principalement aux contrats, mais qui sont trop connus pour être plus amplement désignés. Dans ces traités, composés selon les règles, tant du for de la conscience que du for extérieur, Pothier, en révisant et résumant les œuvres de ses devanciers, expose avec la méthode, la sobriété, la précision et la clarté qui sont les qualités de son esprit judicieux, mais sans grande élévation ni originalité, les principes et les théories du droit français en vigueur au XVIIIe siècle.

Disciple de Cujas pour le droit romain et de Du Moulin

pour le droit français, il fut á la fin conseiller au présidial d'Orléans et professeur de droit français á l'université de la même ville. Nommé par le chancelier d'Aguesseau á la place de professeur de droit français, sans l'avoir demandée, il y succéda en 1749, á Prévôt de la Jannés, l'un de ses collaborateurs dans le premier commentaire de la coutume d'Orléans de 1740. Pothier publia depuis, en 1760, un nouveau commentaire qui fut un de ses meilleurs ouvrages. En effet, l'introduction générale, comme les introductions particulières, qui sont en tête de chaque titre, forment autant de petits traités excellents sous tous les rapports.

Pothier, qui établit des prix pour exciter l'émulation parmi les étudiants, était un homme doué de toutes les vertus morales et chrétiennes, charitable, bienfaisant, utile á sá patrie par son savoir et son esprit de conciliation [1]. On sait combien les rédacteurs du Code lui ont fait d'emprunts. Plus qu'aucun autre jurisconsulte, il se recommandait á eux par les qualités de ses œuvres, et, si leur tâche a été facilitée, c'est á lui que nous le devons. Aussi nous a-t-il semblé utile de le mentionner pour finir par un témoignage de reconnaissance á son adresse.

Les travaux de tous ces jurisconsultes, dont nous venons de parler, comme la jurisprudence de nos parlements á la tête desquels se trouvaient ou dont faisaient partie les hommes les plus savants de leur époque, tels que les Lizet,

---

[1] Il mourut en février 1772 et la ville de Paris fit mettre sur son tombeau, dans le Grand-Cimetière, l'épitaphe suivante :

Vir juris peritia, æqui studio,
Scriptis, consilioque,
Animi candore, simplicitate morum,
Vitæ sanctitate
Præclarus.
Civibus singulis, probis omnibus,
Studiosæ juventuti,
Ac maxime pauperibus,
Quorum gratia pauper ipse vixit,
Æternum sui desiderium reliquit.

les de Thou, les Brisson, les Lamoignon, les Daguesseau et
les ordonnances royales que nous avons indiquées avaient
amené notre droit à ce dernier degré de développement où
il ne lui restait plus qu'à devenir uniforme en revêtant la
forme de Codes. C'est cette transformation, successivement
méditée par Louis XI, Henri III, Richelieu peut-être, mais
à coup sûr par Daguesseau, qui va nous occuper et sur les
effets de laquelle nous aurons à nous prononcer.

Il est constant du reste qu'à l'époque du changement social résultant de la révolution, on éprouvait le besoin
d'écrire dans l'art. 19 du décret des 16-24 août 1790, qu'il
serait fait un Code général de lois simples, claires et appropriées à la constitution. Toutefois l'effort, qui fut fait, n'arriva
pas au but que l'on se proposait d'atteindre. En effet, le
Code pénal, par lequel on avait commencé, ne réunissait
aucune des conditions nécessaires à cette sorte de rénovation législative. L'Assemblée constituante ne put donc pas
préparer le code civil qu'elle avait annoncé ; ce fut la Convention nationale qui dut s'en charger et les Codes criminels, qu'elle avait adoptés, durent être refondus quelques
années plus tard, car les peines qu'ils édictaient, n'étaient
ni proportionnées aux délits, ni modérées, ni même stricte-
ment nécessaires. Ainsi le Code des délits et des peines,
du 3 brumaire an IV, prit la place de celui de 1791 ; ce fut
celui-là, dans lequel celui de 1791 fut refondu, qui resta en
vigueur jusqu'à la publication du Code d'instruction criminelle et du Code pénal, de 1808 et 1810.

Au point où nous en sommes, l'unité de législation, depuis
si longtemps projetée, était devenue nécessaire pour opérer
dans notre pays la fusion des diverses races que nous y
avons rencontrées dans l'origine. Nous ne voyons, en effet,
plus de hauts feudataires mais des provinces, plus de petits
suzerains indépendants sans cesse en guerre les uns contre
les autres et souvent ligués contre le monarque. Il n'y a
plus que le prince et ses sujets. S'il y a encore des distinctions de terre et de personnes, elles ne peuvent que cons-

tituer des ordres ou des degrés dans l'Etat mais sans en troubler la cohésion ni l'harmonie. Le moyen d'empêcher la nation française de se désagréger était de coordonner et compléter les lois particulières qui avaient été faites en quelques points. C'était d'en faire un travail d'ensemble. un Code. Le moment pour y arriver était on ne peut mieux choisi, car les coutumes allaient disparaître avec les débris de l'ancien régime.

Le premier projet de Code civil, rédigé par le comité de législation, fut présenté à la Convention, le 22 août 1793. Comme il n'était ni assez simple ni assez novateur on dut en présenter un autre plus en rapport avec les idées qu'on se faisait alors de la codification. C'est à propos de ce dernier que Cambacérès disait le 23 fructidor an II dans le style de l'époque que : « Pour nous, libres de tous préjugés, « nos lois ne seront que le Code de la nature, sanctionné « par la raison et garanti par la liberté » (*Moniteur* du 25 fructidor an II). Quelques articles seulement de ce second projet furent discutés et quand, pour la troisième fois, un nouveau projet fut formulé sous le Directoire, le 24 prairial an IV, il dut être modifié dans le sens des idées du moment. Ce dernier projet, qui avait été étendu et pour lequel des emprunts avaient été faits à l'ancien droit, mérita à Cambacérès de la part des rédacteurs du Code civil un très grand éloge pour avoir classé les matières avec autant de précision et de clarté. Ce projet, malgré les progrès que l'on y remarquait, n'aboutit pas plus que les précédents. Il était d'ailleurs le produit d'une époque de transition, dans laquelle les idées n'étaient pas assez arrêtées pour enfanter quelque chose de définitif en matière civile.

Ce fut sous l'empire de la Constitution de l'an VIII, à cette époque de réparation et de réconciliation avec le passé, que les anciens projets de codification furent repris avec succès et cette fois un arrêté des consuls du 24 thermidor an VIII nomma une commission pour le préparer. Cette fois, à force de travail, le Code civil fut fait en quatre mois si nous en croyons un de ses auteurs et son impression fut terminée le 1ᵉʳ pluviôse an IX.

A la différence de leurs devanciers en matière de codification, les rédacteurs du Code civil n'eurent garde de répudier, comme ils le disent eux-mêmes, le riche héritage de nos pères afin que l'élément ancien et l'élément nouveau, par leur association, pussent se communiquer mutuellement leur force propre pour vivifier le corps entier de la législa·tion. C'est pour le même motif qu'après avoir établi une transaction entre le droit civil et les coutumes et avoir concilié leurs dispositions ou les avoir modifiées les unes par les autres, ils ont conservé des anciennes ordonnances tout ce qui tient à l'ordre essentiel des sociétés, au maintien de la décence publique, à la sûreté des patrimoines et à la prospérité générale.

Il est certain qu'avec le développement qu'ont pu atteindre l'histoire et la critique actuellement on ne peut pas penser à une méthode pratique d'interprétation. Nous laisserons donc complétement de côté le système des glossateurs, car les textes que nous avons à interpréter aujourd'hui sont fixés et classés, tandis que les textes romains étudiés par ces mêmes glossateurs ne l'étaient pas à ce moment Emploierons-nous la scolastique ou la dialectique, il nous faudra alors déployer un luxe de distinctions et de sous-distinctions ; faire parade de subtilité dans les raisonnements, et la conséquence, au lieu d'être la lumière dans l'esprit, sera le doute, la confusion, l'obscurité.

Il nous semble préférable de suivre les errements de l'école historique. Précédés dans cette voie par Berriat Saint-Prix que ses connaissances en droit romain et en droit français, désignaient tout naturellement comme devant nous la montrer, nous établirons qu'à l'aide de la critique et de l'histoire l'esprit respecte mieux la loi et se tient mieux à son esprit. D'ailleurs, au moment de la promulgation du Code, nos universités françaises, ainsi que notre éminent professeur en a pu juger par lui-même, étaient déjà depuis longtemps disposées à admettre cette doctrine.

Commencée par Cujas, cette œuvre avait eu, il est vrai, pour continuateurs Loisel, les deux Pithou, Ragueau, Ayrault, Guillaume Maran, Janus à Costa, Denis Godefroy, Annibal Fabrot et Pothier. Mais aussi certains commentateurs primitifs de nos coutumes comme Bohier, Pyrrhus d'Engleberme, Samson, Barthélémy de Chasseneuz ont suivi la méthode de Bartole. Et si Du Moulin, l'oracle du droit français, a découvert et signalé dans notre droit de fausses interprétations c'est parce qu'il a embrassé dans ses études et dans ses recherches toutes les sources de notre droit au XVIe siècle, droit coutumier, droit romain, droit canonique et ordonnances. En quelque sorte le premier des jurisconsultes français qui ait ainsi recouru aux sources, cet esprit profond et hardi aurait certainement découvert les origines et les vraies sources de ce droit, s'il eût connu les jurisconsultes du XVIe siècle.

Nous ne nous arrêterons pas à d'Argentré qui a affecté dans certains cas de s'en tenir aux opinions contraires à celles de son illustre contemporain, car nous avons hâte d'ajouter que Guy Coquille, élevé dans les principes Bartolistes, n'a pas craint de nous signaler les défauts de cette école.

Ainsi déjà avant d'arriver à Brodeau, qui se sert des anciens monuments de droit coutumier pour expliquer la coutume, nous voyons les études historiques s'étendre au droit romain et y jeter sur son étude un jour tout nouveau. Accentué dans ce sens avec Thaumas de la Thaumassière et Eusèbe de Laurière, ce mouvement était déjà assez fort au XVIIe siècle, pour permettre à la science de faire une évolution de ce côté. Domat, nous devons le reconnaître, s'est séparé de cette école autant que de l'école dogmatique pour faire ce que l'on appelle la philosophie du droit. Il est cependant incontestable qu'il a eu de l'influence sur les jurisconsultes du XVIIIe siècle et en particulier sur Pothier.

Ce dernier, disciple de Cujas pour le droit romain et de Du Moulin pour le droit français, a continué les traditions de l'école historique et a en quelque sorte préparé par là cette espèce de révolution dans l'enseignement dont Berriat Saint-Prix s'est fait l'interprète.

Il est d'ailleurs évident, pour les jurisconsultes anciens qui avaient admis les principes de l'école historique comme il peut l'être pour nous-mêmes, que l'on ne doit aucunement mépriser le passé. Le passé comme le présent peut avoir sa part dans l'œuvre glorieuse de la formation de notre société et de notre législation. En nous considérant comme fils de nos œuvres nous paraîtrions répudier la gloire que nos ancêtres nous ont laissée en héritage. Il est constant d'ailleurs que si notre pays présente actuellement les caractères de l'unité et de l'homogénéité, c'est à nos ancêtres que nous le devons.

Assurément, si nous tenions de nous-mêmes, si nous étions sans racines dans le passé comme sans lien dans l'avenir, l'histoire perdrait son intérêt sinon son utilité et il devrait suffire de nous renfermer dans la contemplation et dans l'étude du présent. Les lois alors, portant en elles-mêmes leur seule raison d'être, ne devraient et ne pourraient être étudiées que dans les textes en vigueur, comme on étudie la volonté des contractants ou la volonté d'un défunt.

Quoi qu'il en soit, cette idée surprenante, déjà vieillie, mais sans cesse reproduite, nous paraît contraire à la raison. En effet, pour qu'une société puisse être formée par une simple convention ou par le fait d'une domination quelconque, il faudrait supposer des hommes préexistant à toute espèce de société, des hommes sans passé social c'est-à-dire en dehors de la nature et de l'état de l'humanité. Une telle supposition purement gratuite et invraisemblable, dont l'effet serait de conclure que l'homme ne peut vivre en société tandis qu'au contraire c'est dans la société de ses semblables qu'il naît et que ses facultés se développent, doit être écartée comme toutes celles qui admettraient de prétendues conventions. A aucune époque et dans aucun pays nous ne trouvons d'homme en dehors de la société pas plus que de conventions entre un plus ou moins grand nombre d'hommes pour vivre ensemble.

Le monde nous présente assurément des sociétés plus ou moins parfaites depuis la tribu du sauvage jusqu'à la société au milieu de laquelle nous vivons ; mais, si différentes qu'elles soient l'une et l'autre, ce sont toujours des sociétés humaines. Il est vrai de dire que, de ces diverses sociétés, les unes sont régies par les lois et d'autres par des coutumes, suivant leur développement moral. Aussi nous en devons conclure que, s'il n'y a pas d'homme sans société, il n'y a pas non plus de société sans lois.

Comme conséquence, les sociétés humaines ainsi que leurs législations ne sont plus l'œuvre d'un seul homme ou de quelques hommes même qu'elles ne sont l'œuvre d'une seule époque. Produites par des générations et par le temps, elles ont leurs racines dans le passé et contiennent en germe l'avenir. « On raisonne trop souvent, disait Portalis, « comme si le genre humain commençait et finissait à cha- « que instant sans aucune sorte de communication entre « une génération et celle qui la remplace. Les générations « en se succédant se mêlent, s'entrelacent et se confondent. « Un législateur isolerait ses institutions de tout ce qui « peut les naturaliser sur la terre, s'il n'observait avec soin « les rapports naturels qui lient toujours plus ou moins le « présent au passé et l'avenir au présent et qui font qu'un « peuple, à moins qu'il ne soit exterminé ou qu'il ne tom- « be dans une dégradation pire que l'anéantissement, ne « cesse jamais jusqu'à un certain point de se ressembler à « lui-même[1]. »

Ce que Portalis disait du peuple, dont le présent est plus ou moins lié à l'avenir peut se dire aussi de sa législation

---

[1] Portalis, Discours préliminaire sur le projet du Code civil.

qui forme une partie de sa vie et en est l'expression la plus vraie. Et cette proposition est particulièrement vraie pour l'histoire de la société française et de sa législation. En effet, depuis que la France existe, toutes les fois qu'elle manifeste sa grandeur par les armes ou par les lettres, sa législation brille d'un nouvel éclat. Nous ne craindrons donc pas d'être contredit, lorsque nous affirmerons que tous les souverains ou tous les grands hommes, qui ont été les fondateurs ou plutôt les restaurateurs de la société française l'ont été en même temps de sa législation. La gloire de leurs noms, si intimement liée d'ailleurs au progrès de notre civilisation, ne l'est pas moins à notre histoire juridique. Puisque le droit est une partie des peuples, leur force ou leur faiblesse doit se faire sentir dans la législation. Aussi lorsqu'à la voix de l'héroïne d'Orléans la France se réveilla pour chasser l'étranger de son territoire, sa législation reprit une nouvelle vigueur par la rédaction officielle de ses coutumes. Mais s'il en est ainsi et que la destinée de la législation d'un peuple soit liée d'une manière indissoluble à celle du peuple, la législation comme le peuple ne cesse jamais complètement de se ressembler à elle-même et il en résulte des rapports naturels qui lient le présent au passé. Les lois, d'ailleurs, comme les mœurs, se forment d'une manière insensible, en empruntant toujours un peu de ce qui a été et pour employer les termes du même Portalis : « Les mœurs et les coutumes se forment « insensiblement ; elles appartiennent au peuple entier ; « elles ne sont, à proprement parler, l'ouvrage de personne. « Les lois ne sont le plus souvent que des coutumes rédi- « gées. »

« Ne répudions donc pas le riche héritage social et juri- « dique de nos pères ; nos législateurs eux-mêmes ne l'ont « pas répudié. Ils se sont fait un devoir religieux de re- « cueillir avec soin dans les lois anciennes tout ce qui pou- « vait être adapté à nos mœurs et à l'ordre présent, car les

« Codes des peuples se font avec le temps, mais, à propre-
« ment parler, on ne les fait pas [1].

Ainsi le passé a sa place dans nos Codes et il en fait
partie. Dès lors, pour bien comprendre nos Codes, il faut
connaître, il faut étudier ce passé. Entendue de la sorte,
l'histoire de notre droit français n'est plus seulement une
étude intéressante au même titre que les autres parties de
notre histoire nationale, elle est en même temps le préliminaire et le complément indispensable de l'étude de nos Codes. Cette vérité, qui n'est pas nouvelle, n'avait pas échappé à la sagacité des jurisconsultes romains, car elle est ins-
crite dans le Digeste même comme dans nos Codes. Elle y
est consignée en ces termes : « *Namque nisi fallor istæ*
« *præfationes et libentius nos ad lectionem propositæ*
« *materiæ producent, et cum ibi venerimus, evidentio-*
« *rem præstant intellectum* [2]. »

Par suite, l'histoire du droit, d'après Cujas, d'une part,
prépare à l'étude des lois et d'autre part en rend l'intelligence plus facile. C'en est assez pour justifier l'utilité et
même la nécessité que peut présenter cette même histoire
du droit. Cujas, le plus habile interprète des jurisconsultes
romains, pour qui les avantages de cette étude n'ont jamais
fait doute, consacra tous ses efforts au triomphe de cette
idée ; et sa théorie sur l'application de l'histoire et l'intelligence des textes, après avoir été recueillie par ses disciples,
est devenue une maxime fameuse de l'esprit des lois. Ce
n'est qu'après avoir été traduite par Montesquieu en ces
termes : « Il faut éclairer l'histoire par les lois et les lois
« par l'histoire, qu'elle a été expliquée dans le discours
« préliminaire du Code où elle a reçu son application. »
En effet, l'histoire, qui nous occupe, n'est pas seulement
celle de la suite des faits et des événements, mais celle du
développement de ses institutions et de ses lois. C'est le

[1] Portalis, Discours préliminaire du Code.
[2] D. Loi 1, de origine Juris.

vrai moyen de connaître les mœurs d'un peuple, son génie particulier et son degré de civilisation. On comprend, du reste, si l'on veut étudier l'histoire d'un peuple ancien ou moderne, qu'il faille remonter à son origine pour le voir d'abord régi par des usages ou par des coutumes, c'est-à-dire par ce droit qui n'émane pas de la volonté expresse du souverain, qui n'est pas imposé mais qui naît en quelque sorte des besoins et des circonstances et qui est accepté par tous. C'est là la forme de droit positif qui convient le mieux à un peuple encore peu avancé en civilisation ; mieux que toute autre forme elle lui permet, à raison de sa mobilité, de se plier aux accidents, aux variations de la vie de ce peuple, à ses mœurs, à ses progrès. Mais si un changement considérable vient à se produire dans la manière d'être de ce peuple, la forme de son droit s'en ressent aussi. C'est ainsi que, lorsqu'un peuple cesse d'être nomade pour se fixer sur le sol, ce changement dans sa manière d'être donne naissance à une foule d'institutions nouvelles et rend nécessaire une modification dans ses lois. Les lois, en effet, ont quelque chose de fixe et de déterminé qui est mieux en harmonie avec la manière d'être d'un peuple dont la vie est réglée et se développe régulièrement. C'est pour ce motif qu'elles remplacent la coutume et les usages comme la vie sédentaire remplace la vie nomade et sauvage.

Le cas s'est présenté pour les Germains lorsqu'ils se fixèrent sur le sol de la Gaule. A peine y furent-ils installés qu'une loi, imparfaite sans doute, mais une loi enfin remplaça leurs coutumes ou du moins les fixa. Que fit Charlemagne lorsqu'il voulut assurer la stabilité de son empire ? Il fit rédiger par écrit toutes les coutumes des divers peuples qui lui étaient soumis. Aussitôt que la France est sortie de son état de lutte continuelle contre une nation rivale et qu'elle s'est assurée la libre possession de son territoire, elle pense que la fixation par écrit de la législation est une nécessité.

Le droit, sous une forme ou sous une autre, a un objet

multiple car il embrasse les rapports sociaux. Si seulement les peuples sont plus civilisés les rapports se multiplient avec les besoins et les ressources de ces peuples. Il faut alors dans le cas où la législation est écrite que les lois, destinées à régler ces rapports, se multiplient aussi. Si d'ailleurs les lois sont bonnes et qu'elles ne perdent pas leur vrai caractère, leur nombre ne doit pas être considéré comme un signe de corruption. C'est du reste ce qu'exprimait si bien Portalis dans le discours préliminaire : « Il ne « faut point de lois inutiles, elles affaibliraient les lois né- « cessaires ; elles compromettraient la certitude et la ma- « jesté de la législation. Mais un grand État comme la « France, qui est à la fois agricole et commerçant, qui ren- « ferme tant de professions différentes et qui offre tant de « genres d'industries, ne saurait comporter des lois aussi « simples que celles d'une société pauvre ou plus réduite... « Partout où les citoyens ont des biens à conserver et à dé- « fendre, partout où ils ont des droits politiques ou civils, « partout où l'honneur est compté pour quelque chose, il « faut nécessairement un certain nombre de lois pour faire « face à tout. Les diverses espèces de biens, les divers gen- « res d'industrie, les diverses situations de la vie humaine « demandent des règles différentes ; la sollicitude du légis- « lateur est obligée de se proportionner à la multiplicité et « à l'importance des objets sur lesquels il faut statuer [1]. »

Mais si, pous régir un peuple, déjà avancé en civilisation, de nombreuses dispositions législatives sont nécessaires, il arrive un moment où ce grand nombre de dispositions législatives ou pour mieux dire ce grand nombre de règles a besoin d'être ramené à l'unité. En effet, cette multitude de principes, composée d'éléments divers puisqu'elle résulte des lois, de la coutume ou de la jurisprudence, doit à une certaine époque être épurée ou refondue dans une œuvre nouvelle, c'est-à-dire dans un code.

[1] Fenet, tome VI.

Parmi les adversaires les plus acharnés des codes il n'en est aucun qui contestera que la codification soit le dernier terme du progrès dans le droit positif, l'état le plus parfait de la législation. Ils ne peuvent nier que, quand les divers éléments qui composent le droit positif se sont librement développés et ont fourni tous leurs résultats, il est nécessaire de mettre en harmonie ces divers éléments et de réviser les effets qu'ils ont produits afin de consacrer de nouveau ce qui d'entre ces éléments vit encore ou est applicable et peut convenir à l'état du peuple. Ce travail, qui consiste à éliminer ce qui ne lui convient plus et ce qui ne peut être appliqué, permet de séparer la partie vivante de la législation de la partie morte afin de donner plus d'énergie à l'une en la débarrassant de l'autre. Cette révision n'est pas seulement nécessaire à raison de la multiplicité des lois, elle l'est aussi à cause de leur opposition. En effet, il est bien difficile que, parmi la multitude de règles qui composent le droit positif d'un peuple, il n'y en ait pas qui soient contradictoires. Or, de cette contrariété dans les lois, il résulte une inégalité pour les citoyens d'un même Etat et que la codification peut seule faire disparaître. Mais, pour qu'un peuple puisse être régi par une loi unique, il faut que sa législation, comme la société qui la compose, soient l'une et l'autre en état d'être ramenées à l'unité. En effet, si les divers éléments du droit positif ne se sont pas librement développés et n'ont pas produit les résultats que l'on pouvait en attendre, la codification est prématurée et le développement du droit se trouve paralysé. Pour que cette codification puisse avoir lieu, il faut de plus qu'il y ait, en outre de l'harmonie entre les divers éléments du droit positif, une harmonie non moins complète entre les éléments sociaux qui constituent ce même peuple. Ainsi le droit ne peut être un, si la nation n'est pas également une ; autrement, ce droit ne serait pas en rapport avec la société. A ces conditions, l'existence d'un code ne saurait produire d'avantages pour la société et pour le droit.

Pour s'en rendre compte, il suffit de passer en revue les tentatives de codification, faites à diverses époques chez différents peuples anciens ou modernes. C'est ce qui explique pourquoi les projets de codification, formés par Charlemagne, Louis XI, et Louis XIV n'ont pu aboutir. Sous ces divers règnes, en effet, le droit français n'était pas encore à son dernier degré de développement. D'autre part, la société française était encore, à ces diverses époques, composée d'éléments trop différents pour être en état de recevoir une législation uniforme.

Si, au contraire, nous nous reportons à l'époque de la rédaction de nos Codes, ce changement dans les lois était tout à la fois nécessaire et possible. A ce moment, du reste, tous les éléments dont s'était formé notre droit français, l'élément romain, l'élément canonique, l'élément germanique, l'élément coutumier et féodal, les ordonnances, la jurisprudence même avaient atteint le dernier terme de leur développement. Il fallait reviser, mettre en harmonie entre eux les résultats acquis et résoudre les oppositions au sein d'une unité supérieure, car l'uniformité dans les éléments sociaux était le fait de la révolution de 1789.

Aussi nos codes, qui sont parfaitement en harmonie avec l'état de la société et du droit au moment de leur rédaction, sont considérés comme les plus beaux fruits de notre génie national et de notre civilisation. Ils contiennent bien, il est vrai, certaines imperfections que le progrès nous a révélées, mais ils ont triomphé de toutes les attaques dont ils ont été l'objet comme tout ce qui émane de la raison et du progrès.

Ainsi il est constant qu'après 1789, mais avant le Code civil, l'unité politique et administrative est fondée par les lois révolutionnaires, mais avant 1789 nous trouvons les ordonnances puis les coutumes et le droit romain de Justinien et, si nous remontons, nous voyons successivement les usages locaux, les capitulaires, les lois des barbares enfin le droit canonique et l'ancien droit romain qui avait succédé au droit celtique ou gaulois. Ce sont-là les éléments divers qui ont formé notre législation aujourd'hui si homogène. En cela elle ne fait que reproduire l'image de notre société qui présentait elle-même un spectacle identique.

Le pays, que nous habitons, fut d'abord habité par les Gaulois, puis et successivement par les Romains, les Germains, les Wisigoths, les Burgondes et les Francs. Ensuite viennent des hommes de toute race, vainqueurs et vaincus qui, mêlés et confondus ensemble, se distinguent entre eux soit par le territoire qu'ils habitent, soit par la classe à laquelle ils appartiennent. Ce sont ceux-là qui, sous le nom de nobles, roturiers ou serfs ont précédé les Français, que nous trouvons aujourd'hui, tous égaux et enfants d'une patrie commune.

Chacune de ces races, qui formait autant d'éléments de notre société, a apporté avec elle, sous une forme ou sous une autre, un élément nouveau qui a été la loi de chacune d'elles. C'est ce qui explique pourquoi notre législation, de gauloise qu'elle était, devient romaine puis chrétienne ; qu'ensuite, sans cesser d'être romaine et chrétienne, elle devient germanique ; qu'après, de personnelle qu'elle était, elle devient territoriale et coutumière, ce qui s'opère par le mélange et la confusion des éléments antérieurs ; qu'enfin, avec les ordonnances, elle tend à l'unité que notre siècle a vu s'accomplir.

L'introduction de ces divers éléments et leur existence simultanée ou leur fusion dans la société et le droit constituent assurément un des objets de l'histoire du droit français mais non pas le seul. Le droit, en effet, n'est pas seulement dans les monuments juridiques ; il est aussi dans les règles ou les institutions. Nous devons donc l'étudier dans les uns et les autres pour bien savoir quel élément juridique révèle son existence et sa transformation. Tel est le motif de la division admise aujourd'hui de l'histoire du droit en histoire interne ou histoire des institutions, et histoire externe ou histoire des sources et monuments historiques.

Quoique l'histoire du Droit français ait déjà été faite en France depuis le xvie siècle, sous une forme ou sous une autre, nous n'avons en France aucune histoire proprement dite du droit français comme il y en a depuis plusieurs années en Allemagne. Cette lacune, assurément regrettable, et en tout cas blessante pour notre patriotisme, eût été comblée si MM. Giraud et Laferrière avaient terminé leur œuvre. Les volumes de leurs ouvrages, qui ont été publiés, promettaient d'ailleurs à l'histoire du droit français des monuments dignes d'elle.

La pensée, que la création d'un cours d'histoire générale du droit français dans chacune de nos facultés de droit peut nous faire rompre à bref délai avec les précis et les abrégés d'histoire juridique, devrait déjà nous réjouir. Mais, comme nous avons mieux pour le moment que de l'espoir, puisque nous avons le bonheur de posséder le savant ouvrage d'un éminent professeur à la faculté de droit de Toulouse [1] notre satisfaction est bien près d'être complète. Ce savant travail, encore à peine connu des élèves, puisque les professeurs ne font encore que de le citer dans leurs cours, rendrait les plus grands services à ceux dont l'éducation juridique est déjà vieille et partant tout à fait imparfaite. Pour atteindre ce résultat il faudrait qu'il fût plus répandu, ce qui éviterait à ceux qui, comme nous, veulent faire l'essai de cette étude de se contenter de notes prises au cours sur l'ensemble de ce précieux ouvrage.

Quelle que soit la connaissance imparfaite que nous en ayons, nous ne pouvons cependant nous abstenir de dire que cet ouvrage est, comme ceux de Berriat Saint-Prix l'ont été autrefois, destiné à apprendre beaucoup à ceux qui le consulteront. Sous l'influence de divisions si nettement posées et qui toutes se réfèrent à des événements ayant donné naissance à une transformation correspon-

---

[1] Cours élémentaire de l'histoire générale de droit français public ou privé, par Ginouillac. Paris, 1884, Arthur Rousseau.

dante dans le droit et la société, il sera désormais facile de suivre le droit français dans son développement. L'étude, que l'on en pourra faire, coûtera d'autant moins de peine que chacune des périodes, dont nous avons fait l'énumération précédemment, a une physionomie particulière. Chacune d'elles a, en effet, ses sources et ses monuments juridiques et fournit au droit français un élément particulier. C'est pour ce motif et afin de donner plus de clarté, si tant est que ce remarquable travail en ait besoin, que l'auteur a eu la précaution de diviser son cours en autant de livres que de périodes. C'est là une attention qui aide beaucoup, puisqu'elle permet de simplifier l'exposé de l'état du droit dans chacune de ces périodes. Elle peut toutefois n'être pas inutile pour ceux qu'une attention soutenue fatigue lorsqu'il s'agit d'une étude encore peu connue, alors surtout que cet excellent ouvrage présente à la fois l'examen du droit public et privé tel que les sources et les monuments juridiques nous le révèlent.

Ainsi, la nécessité d'étudier l'histoire du droit est suffisamment démontrée. Elle n'est que la conséquence des principes dont Berriat Saint-Prix s'est fait l'organe, et qui, appliqués au droit français comme au droit romain, ont produit les résultats les plus inattendus.

Pour ce qui regarde spécialement le droit romain, l'influence de ces mêmes principes a été démontrée, il y a quelques années, d'une manière péremptoire, à l'occasion du jurisconsulte Gaius. Celui-ci, dont le manuscrit, découvert par Niebuhr à Vérone en 1816, présentait trois leçons bien distinctes : celle de Gœschen, celle de Bluhme, celle de Studemond. Toutes ont mis longtemps les Romanistes à la torture ; et bien qu'à leurs yeux la dernière passait sans contredit pour la meilleure, elle n'en laissait pas moins beaucoup à désirer. Un dernier effort de M. Studemond, pour la réviser, semblait une témérité à beaucoup de jurisconsultes. Il crut néanmoins devoir persister dans ses scrupuleuses investigations et parvint fort heureusement à combler un grand nombre de petites lacunes. De la sorte il réussit à nous faire connaître l'œuvre de Gaius mieux que nous ne la connaissions précédemment, mais aussi et surtout quelques-unes de ses leçons nouvelles ont jeté un jour inespéré sur des points obscurs de l'histoire du droit romain. Cette dernière révision, qui nous a procuré une brillante dissertation sur la saisine héréditaire en droit romain [1], a imprimé un nouveau mouvement à la critique. Aujourd'hui la révolution paraît devoir être complète. Désormais, on n'étudiera plus le droit romain comme un droit mort, mais comme un droit comparé.

Quant au droit français, pour posséder l'esprit de nos lois fondamentales, il faut l'apprendre à la lumière de la philosophie, de l'histoire et de l'économie politique. Des liens indissolubles unissent, en effet, l'étude du droit à celles faites précédemment. D'après les auteurs du Code civil : « Le rôle du législateur humain est celui de respec-« tueux interprète de l'équité naturelle ; les lois ne sont « pas de purs actes de puissance ; ce sont des actes de sa-« gesse, de justice et de raison [2]. » Or, la raison, la sagesse, la justice ou l'équité ne sont autres que la morale ou la philosophie. Plus loin ils ajoutent : « Quelle tâche « que la rédaction d'une législation civile pour un grand « peuple ! L'ouvrage serait au-dessus des forces humaines, « s'il s'agissait de donner à ce peuple une institution abso-« lument nouvelle, et si, oubliant qu'il occupe le premier « rang parmi les nations policées, on dédaignait de profi-« ter de l'expérience du passé et de cette tradition de bon « sens, de règles et de maximes qui est parvenue jusqu'à « nous et qui forme l'esprit des siècles [3].» Ailleurs encore, ils disent : « Connaît-on un peuple qui se soit donné un « Code civil tout entier, un Code absolument nouveau ré-

---

[1] Article de M. Dubois dans la Nouvelle revue historique de droit français et étranger, 4e année.

[2] Fenet, tome 1er, pages 465, 466.

[3] Fenet, tome 1er.

« digé sans égard pour aucune des choses que l'on prati-
« quait auparavant ? Interrogeons l'histoire, elle est la
« physique expérimentale de la législation. Elle nous ap-
« prend qu'on a respecté partout les maximes anciennes,
« comme étant le résultat d'une longue suite d'observa-
« tions [1]. »

Ainsi justice et tradition ou plutôt philosophie et histoire. Telles sont les sources de notre droit actuel ; c'est
à elles que nous devons remonter pour parvenir à comprendre nos Codes. Oui, assurément, il y a un lien étroit
entre le cours de philosophie, couronnement des humani-
taires et l'étude du droit. Platon, Cicéron, Grotius, Domat,
d'Aguesseau, Montesquieu et après lui Portalis, l'ont tous
compris ainsi. C'est pourquoi tous ont préludé à l'étude du
droit par l'étude de la philosophie.

« Le Code civil, riche des lumières combinées de l'Ecole
« Romaine et de l'Ecole Française, a dit un auteur distin-
« gué [2], est un Code essentiellement civilisateur. Il renferme
« trois caractères : tradition des anciens principes ; tran-
« saction entre les coutumes et le droit romain ; originalité
« puisée dans les principes de 1789 ».

Pour faire pressentir l'intérêt comme la grandeur de
l'étude qu'il y a à en faire, il faut aussi connaître les dispositions des lois romaines qui avaient civilisé le monde ; Il
faut savoir que le droit romain est demeuré la loi fonda-
mentale d'une grande partie de la Gaule, devenue la France ;
comment il a conservé dans l'autre partie l'autorité de la
raison écrite, ou en d'autres termes quelles différences
profondes ont existé entre les pays de droit écrit et les
pays coutumiers. Le moyen de répondre à toutes ces questions est encore d'interroger l'histoire. Ce n'est, on le sait,
qu'après avoir jeté un rapide coup d'œil sur le droit civil
de la France avant et pendant la révolution qu'on peut sui-

---

[1] Fenet, tome VI, page 39.

[2] Laferrière, Histoire du droit français, tome II, page 519. Paris, 1836,
2 vol. in-8.

vre les auteurs du Code dans le triage qu'ils ont fait parmi les règles de l'ancien droit et du droit nouveau.

L'histoire du droit n'est, il est vrai, qu'une partie de l'histoire générale, mais elle en est une partie considérable, puisqu'en racontant les changements opérés dans la législation elle décrit la marche même de la civilisation. En étudiant l'histoire de France on comprend mieux les lois de son pays car elles sont sorties des événements qu'il a traversé ; c'est en méditant ce qui a existé dans le passé qu'on arrive à se rendre un compte exact de ce qui existe actuellement.

En se plaçant au point de vue du développement historique on est encore frappé d'un fait, tout à l'honneur des Français, dans lequel chacun de nous puise sa foi dans l'avenir : nous voulons parler du progrès persistant de notre législation vers le respect de l'homme, Or, ce respect, sauf quelques obligations sorties de la charité, constitue à lui seul le droit tout entier. C'est à ce point de vue que se plaçait M. Cousin lorsqu'il faisait l'éloge de notre législation : « La France, « par toutes les pentes de son génie et de son histoire, a été « conduite à s'occuper avant tout de la liberté civile. (Dans « cette carrière) elle a dévancé l'humanité et c'est elle qui « l'y guide encore aujourd'hui. Des flancs de la révolution « de 1789, est sortie une société telle que l'œil des hommes « n'en avait pas encore vu, bien supérieure à la société « romaine elle-même, fondée sur l'égalité de tous devant « la loi, avec sa hiérarchie nécessaire et légitime ; création « originale de l'esprit français destinée à faire le tour du « monde selon la parole prophétique de Mirabeau ». [1] Aussi doit-on en conclure que l'étude de l'histoire du droit français conduit au même résultat que l'étude de la philosophie du droit, à une foi profonde dans l'existence et dans la souveraineté du droit naturel.

Souvent cette confiance dans le triomphe définitif du

[1] Études sur les femmes illustres de la société du XVIIe siècle. Avant-propos, page 11, 2e édition.

droit naturel domine l'enseignement du droit mais elle ne doit pas conduire celui qui la professe dans les exagérations de l'école purement philosophique. De même qu'on ne doit pas considérer avec l'école exclusivement historique le droit d'une nation comme le résultat du développement instinctif et pour ainsi dire organique de cette nation, de même nous devons nous abstenir de toute espèce de dédain pour les anciennes lois et les vieilles coutumes. Du reste M. Guizot a rendu sur ce point un jugement sans appel. Lorsqu'il a dit aux uns: «qu'il n'est pas donné à l'homme de saisir, d'avance et d'un coup d'œil, l'ensemble des lois rationnelles qui doivent régler les rapports des hommes soit entre eux soit avec la société en général». Comme lorsque s'adressant aux autres qui font partie de l'école exclusivement historique il leur a dit que si cette école :

« entreprend de légitimer les faits par les faits quand elle
« refuse de leur appliquer à tous l'invariable loi de la jus-
« tice et de droit rationnel, elle abandonne tout principe;
« elle tombe dans une sorte de fatalisme absurde et hon-
« teux ; elle déshérite l'homme et la société de ce qu'il y a
« de plus pur dans leur nature, de plus légitime dans leurs
« prétentions, de plus noble dans leurs espérances » [1].

Puisque notre législation actuelle repose sur le droit naturel que Dieu a déposé au fond des consciences, il faudra aussi rechercher dans la conscience les principes du droit qui sont la justice et la charité. Pour cela il faudra lire les poëtes et les orateurs qui, habitués à faire parler les voix divines de la conscience, peuvent entretenir chez celui qui l'étudie l'amour du beau et du bien. Quoiqu'on en puisse dire il y a un rapport intime entre le droit et la littérature qui donne tort à ceux qui traitent l'étude du droit d'aride tandis que le plus souvent elle ouvre une carrière qui répond aux plus nobles aspirations de l'âme. Mais ce n'est pas assez de s'occuper de philosophie, d'histoire et de littérature, il est

---

[1] Histoire des origines du gouvernement représentatif en Europe, 18e Leçon, tome II, pages 287, 294.

nécessaire aussi lorsqu'on fait des études de droit d'apprendre l'économie politique. Nous lisons encore dans le discours préliminaire du Code : « Il est des choses sur lesquel-
« les la question de justice se complique avec d'autres ques-
« tions souvent étrangères à la jurisprudence. Ainsi c'est
« dans nos connaissances, acquises sur l'agriculture, que
« nous devons chercher la justice ou l'injustice, l'utilité
« ou le danger de certaines clauses ou de certains pactes
« stipulés dans les baux à ferme. Ce sont nos connaissan-
« ces commerciales qui ont terminé nos interminables
« discussions sur le prêt à intérêt » [1]. En effet la plupart des lois relèvent de l'économie en ce sens qu'elles ne doivent pas contrarier la grande loi naturelle du travail dont le jeu ou le fonctionnement est l'objet même de l'économie politique.

Nous savons que la philosophie ou la morale, source première des lois, subordonne l'intérêt au devoir ; mais la philosophie ne conteste pas la légitimité de l'intérêt. Autrement ce serait méconnaître l'œuvre de Dieu qui a donné deux mobiles à notre volonté : le juste et l'utile. Aussi lorsque le juste et l'utile paraîtront être en désaccord on fera bien de préférer le juste à l'utile pour obéir à la morale. Une conséquence de la critique c'est l'étude de la législation comparée et de la jurisprudence. Il est, en effet, des dispositions des Codes étrangers qui sont utiles à connaître et de ce côté les recherches ne peuvent que tourner à l'honneur et au profit de la science. Pour la jurisprudence, qui donne en quelque sorte la vie à la loi, elle ne doit pas non plus être négligée, car il est pénible d'avoir à recommencer des études après la sortie de l'Ecole. Ainsi il faut connaître la philosophie, l'histoire, la littérature, l'économie politique, la législation comparée et la jurisprudence pour pouvoir sûrement respecter le texte de la loi et s'attacher scrupuleusement à son esprit. Sans ce bagage il paraît difficile

[1] Fenet, tome Ier, page 510.

d'étùdier notre Code. Celui qui ne le possède pas est nécessairement indifférent. Lorsque, dans les pays comme la Belgique où il a été porté par la conquête et où il a été conservé, sauf quelques légères modifications, on le proclame un chef-d'œuvre. [1] Si, au contraire, on est à même de savoir pourquoi, aux yeux de certains jurisconsultes, on le considère en quelque sorte dans toute l'Europe comme le symbole de l'émancipation des peuples, on s'explique l'influence sensible qu'il a exercée sur le progrès des législations européennes. [2]

Etant donné la méthode d'enseignement d'aujourd'hui qui consiste à recourir aux textes antérieurs, aux usages et aux traditions comme aux écrits des jurisconsultes dans lesquels la loi a été puisée, nous sommes amenés à conclure que cette méthode d'enseigner le droit doit être à peu près la même partout. On le sait, un Code ne peut sortir tout entier du cerveau d'un seul homme; et s'il contient des innovations elles y sont aussi rares que les découvertes dans les autres branches des connaissances humaines. Aussi lorsque Portalis dit : « La science explique les lois « par l'histoire et la philosophie, travaille à les épurer par « la morale, source première des lois. » Nous croyons pouvoir ajouter que son jugement est de tous les temps et de tous les pays.

Si timide que soit notre appréciation sur ce point elle paraît cependant corroborée par ce passage de l'avant-dernier ouvrage de M. de Savigny : « Respecter tout ce que nos de- « vanciers ont fait de grand est la disposition la plus favora- « ble à cette œuvre de concentration (entreprise par lui sur « le droit romain), mais de peur que le respect ne nous mène

---

[1] Ch. Laurent, Journal de droit international privé, tome IV, 1877, page 498.

[2] Dans le courant de 1820, l'empereur de Russie, roi de Pologne, nomma une commission chargée de rédiger un nouveau Code civil sur les bases du Code Napoléon. Plusieurs parties de ce travail ont été promulguées.

« à des idées exclusives et n'offusque la liberté de nos
« jugements nous devons constamment tourner nos regards
« vers le dernier but de la science. Rapprochée de ce but,
« la production de l'homme la plus achevée nous révèle son
« imperfection.

« ....Prétendre, comme on l'a fait souvent, que la
« science, envisagée sous le point de vue historique, pose
« la forme antique du droit comme le type absolu et im-
« muable pour le présent et pour l'avenir, c'est défigurer
« entièrement ce point de vue. Considéré dans son véritable
« jour, il nous apprend, au contraire, à reconnaître le
« mérite et l'indépendance de chaque siècle. [1] »

Au point où nous en sommes on peut assez facilement
comprendre quels bienfaits la science du droit a retiré de
l'interprétation des lois au moyen de l'histoire et de la
critique. En effet nous savons déjà que notre législation a
pour fondement le droit naturel dont les principes vrais
ont été déposés, comme nous l'avons dit, au fond des consciences. Nous savons aussi que notre Code a entendu
maintenir la tradition de nos anciennes lois civiles toutes
les fois que la justice n'a pas obligé ses rédacteurs à s'en
écarter. Dès lors, pour bien saisir la portée de notre droit
actuel, il faut avoir une notion de chacune des législations
qui en ont été les sources. Mais à supposer qu'il vienne un
jour à l'esprit d'un jurisconsulte quelconque de revenir au
système des glossateurs quels effets peuvent se produire ?
Il faut, avant tout, ne pas perdre de vue qu'entre les glossateurs et les commentateurs il y a une différence: l'explication des premiers est plus littérale et moins libre que celle
des seconds. D'autre part l'interprétation des glossateurs serait aussi beaucoup plus étroite puisqu'elle ne porterait pas
plus sur l'ensemble de la loi, que sur les causes qui l'ont fait
promulguer, et les sources où elle a été puisée. Il va sans

---

[1] Système du droit romain actuel. Préface, pages 12 et 16, traduction
de M. Guenoux.

dire, du reste, qu'il n'aurait que faire de l'esprit de la loi pas plus que des causes qui y ont donné naissance puisque le fait même de son interprétation restreinte le rendrait impuissant à pousser plus loin ses investigations.

Il se peut, et nous le croyons aussi, que cette école ait rendu plus de services à la science et à la législation en réunissant, en un seul groupe, tous les textes qui se réfèrent à la même matière que l'école des Bartolistes. Mais si, au lieu de reprendre et de chercher à appliquer le système des glossateurs, nous prenons, pour base de notre interprétation, les modes d'enseigner et de discuter de la scolastique et de la dialectique, nous arrivons à un dogmatisme qui ressemble beaucoup à celui de Doneau.

Celui-ci, il est vrai, en esprit profond, logique et subtil, excellait à édifier une théorie au moyen de textes qu'il savait combiner et expliquer avec une grande sagacité. Néanmoins, s'il avait toutes les qualités d'un dialecticien pour figurer au premier rang parmi les jurisconsultes de son école dont il était considéré comme le chef, il avait, et cela est incontestable, tous les défauts de cette même école. On lui reprochera donc, à bon droit, de ne pas étudier assez, comme le font les partisans de l'école historique, les textes en eux-mêmes, dans leurs origines. En effet à quoi bon sa subtilité et sa profondeur d'investigations, puisque ses conjectures s'effacent et ses explications tombent à la lumière de la critique et de l'histoire ?

Ainsi à tous les points de vue la forme du commentaire nous paraît la meilleure. Elle est moins scientifique, il est vrai, mais elle attache l'esprit à la lettre de la loi et la respecte davantage. Et le commentaire, nous le trouvons en étudiant l'histoire. Ce mode d'interprétation n'a rien de bien nouveau, car Cujas, Pothier et Furgole l'ont pratiqué eux-mêmes ; et ce dernier même l'employait comme une manière de rétablir les vrais principes oubliés par les auteurs. Quant aux jurisconsultes plus récents, qui étaient en pleine communauté d'idées avec eux, nous citerons

Montesquieu et Portalis, car c'est au soin qu'ils ont mis à éclaircir les lois par l'histoire qu'ils ont dû leur réputation.

Cette idée, reprise et développée par un homme d'initiative, a été féconde en résultats dans le passé et promet d'être non moins féconde dans l'avenir. Le savant professeur, dont nous examinons ici l'enseignement, a pensé qu'il fallait remettre en usage l'étude de l'histoire parce qu'à ses yeux c'était une introduction nécessaire à l'étude du droit. Nous lisons, en effet, dans sa préface de l'histoire du droit romain, cette définition [1] : « L'histoire du droit est l'exposé « des évènements qui ont donné naissance aux règles que « suit un peuple à une certaine époque ; de ceux qui, dans « la succession des temps, ont fait modifier ou abolir les « règles primitives ; des institutions qui ont influé sur « leurs rédactions et modifications [1]. » Or, sans cet exposé des évènements qui ont précédé les règles que suit un peuple à un certain moment, on ne peut aborder avec succès l'étude du droit ; car c'est cet exposé même qui en fait connaître l'origine. Et pour bien saisir les principes élémentaires de ces règles, qui sont le droit d'un peuple, il faut que l'origine de ces lois soit connue et qu'on ait pu établir la filiation dont il est le résumé.

A ces conditions il est facile de saisir que Du Moulin, Domat et Pothier aient pu être les plus illustres précurseurs du Code civil car ils étaient les dépositaires naturels de ces traditions de justice et d'équité dont les législateurs du Code n'ont pas dû se départir. On ne sera donc pas surpris s'ils en sont les plus sûrs interprètes : Leurs travaux, en effet, étaient autant de monuments du passé qu'il fallait utiliser dans l'intérêt de la science et qu'il fallait bien se garder de dédaigner comme inutiles, ainsi que certains juristes si spirituellement raillés par Troplong le préten-

---

[1] Berriat-Saint-Prix, Observations préliminaires de l'histoire du droit romain.

daient [1]. « La science a brisé aux premiers essais ses fai-
« bles liens ; elle débordait de toutes parts, elle apparais-
« sait insaisissable, immense, n'ayant d'autre borne que
« l'esprit humain et la variété infinie des intérêts qui s'a-
« gitent dans la société. Alors il fallut renouer la chaîne
« des temps et demander conseil au passé. » La voie étant
ainsi ouverte tant pour le droit ancien que pour le droit
nouveau, on devine sans peine, d'après la définition de
Berriat, que les progrès comme les révolutions politiques
sont souvent des causes de changement dans notre législation civile. C'est ainsi que s'expliquent la suppression de
l'esclavage dans les colonies, la publicité des contrats de
mariage, l'abolition de la mort civile, le rétablissement de
la transcription et l'abolition presque complète de la contrainte par corps depuis la promulgation du Code.

Quant à ce qui est antérieur, nous n'avons pas à nous en
inquiéter autrement, car, le principe étant posé, il n'y a
plus qu'à en déduire les conséquences. Nous n'insisterons
pas non plus sur le rôle des tribunaux qui, en secondant le
législateur par une jurisprudence, que l'application des
principes peut seule guider, lui permet de réaliser ce que
l'on appelle le progrès.

Ainsi, toute autre école que l'école historique n'ayant en
vue que l'interprétation littérale ou le mode de raisonner
et de discuter de la dialectique, on saisit sans peine l'a-
vantage que présente une théorie acceptée aujourd'hui par
tous les jurisconsultes et dont on ne peut calculer toute la
portée.

Due aux savantes recherches de l'éminent jurisconsulte
dont certains professeurs ne pouvaient prononcer le nom
sans se découvrir, cette théorie, comme une sorte d'édifice dont Cujas a posé la première pierre, est d'autant
mieux appréciée qu'on la voit à distance. Elle est le complément de ses travaux qui sont autant de monuments desti-

---

[1] Troplong, Commentaire de la vente. Préface, page XXX.

nés à perpétuer sa mémoire. Semblable à un historien, il a dû attendre que le temps, ce collaborateur nécessaire, lui procurât des juges impartiaux pour lui assurer l'immortalité.

S'il nous appartenait d'opposer à cette réputation éternelle de science et de mérite le silence qui s'est fait autour de Berriat, l'interprète de sa pensée, au nom de ce sentiment de respectueuse admiration qu'inspire toujours le calme inébranlable, la persévérance méthodique et patiente du savant et du sage, nous nous hâterions d'élever la voix pour lui. En effet, quand on a connu la physionomie de ce jurisconsulte si fécond et d'un esprit si varié qu'on peut compter jusqu'à cent le nombre de ses écrits touchant à toute espèce de sujets différents, depuis les points les plus abstraits du droit jusqu'au roman, quand on a mûrement réfléchi à cette longue vie, vouée au culte de la science, lorsqu'on se représente un homme, qui a vu la fin d'une société au milieu de laquelle il avait été élevé et le commencement de la société nouvelle dans laquelle il a occupé pendant cinquante ans un rôle important comme écrivain et comme professeur à Grenoble et à Paris, on peut s'étonner que son nom ne soit pas plus souvent prononcé.

D'autres jurisconsultes, il est vrai, paraissent aussi bien négligés. De ce nombre se trouve Delvincourt, car il est rarement question de lui. Cependant, il possédait aussi de grandes qualités : il énonçait avec clarté et précision des idées toujours nettes et simples. Toullier, bien que plus connu que lui, a dû sa réputation au charme de son style, attrayant, poli et sans enflure. Lui aussi a publié son droit civil français lorsque le Code civil de 1804 venait d'être promulgué et il n'arrive pas bien souvent non plus d'entendre prononcer son nom. Quelle en peut être la cause ? Serait-ce parce qu'à cette époque, tout était à faire et que la doctrine ayant à peine élevé la voix, les principales difficultés d'appréciation ne s'étaient pas encore présentées devant les tribunaux ?

Nous aimerions à le penser, surtout qu'à ce moment les jurisconsultes que nous venons de citer et qui ont entrepris d'expliquer le Code civil dans son ensemble ne devaient avoir d'autre pensée très modeste, d'ailleurs, que de travailler pour les élèves. Mais, pour Berriat, s'il n'a pas gagné les premiers rangs parmi nos grands jurisconsultes et même s'il est tombé dans l'oubli, malgré sa puissance et sa facilité merveilleuse de travail, c'est plutôt, selon nous, à cause de la prodigieuse quantité des productions de son esprit. C'est là, à nos yeux, sa véritable physionomie et tout en ressentant la légitime émotion que l'on éprouve au récit de cette vie partagée entre l'étude et la famille, qui s'éteint au milieu des siens dans la paix et la vertu, nous devons contenir une admiration dont la cause serait de l'enthousiasme pour rester dans les limites d'une critique modérée et sans passion.

BIBLIOGRAPHIE

ŒUVRES DE BERRIAT SAINT-PRIX

---

§ 1ᵉʳ. Jurisprudence.

I. Discours sur l'Enseignement du droit en France, avant et depuis la création des écoles actuelles, prononcé le 5 novembre 1838, à la séance solennelle de rentrée de la faculté de droit de Paris. Paris, Langlois, 1838, in-8, 80 pp.

II. Discours prononcé à la séance publique de la faculté de droit de Paris, le 7 août 1845, pour la distribution des prix. Paris, Vinchon, 1845, in-8, 20 pp.

II bis. Précis d'un Cours sur les préliminaires du droit. Grenoble, Allier, 1809, in-8, nouvelle édition revue et augmentée des notions préliminaires insérées dans le premier volume de son cours de législation précédemment publié.

III. Précis du cours de législation fait à l'Ecole centrale de l'Isère. Grenoble, 1803-1804, 2 volumes in-8. Il s'arrête au titre 2, livre 3 du Code civil. Les volumes 3 et 4 sont restés en manuscrits.

IV. Recherches sur les divers modes de publication des lois depuis les Romains jusqu'à nos jours. Paris, Langlois, 1838, in-8, 30 pp, lues à la séance publique de rentrée de l'Ecole de droit de Grenoble, en 1808. Elles ont été insérées dans le Magasin encyclopédique de 1809, tome 5, tirage à part. Paris, Sajou, 1809, in-8, 36 pp. (Revue étrangère et française de législation et d'économie politique, 2ᵉ série, tome 1ᵉʳ).

V. Recherches sur la législation et la tenue des actes de l'Etat civil, depuis les anciens jusqu'à nos jours. (Mémoires de la Société royale des antiquaires de France, tome IX). Tirage à part. Paris, Selligue, 1831, in-8, 53 pp. 2ᵉ édition, Paris, Videcoq, 1842, in-8, 36 pp., suivie d'une notice sur les anciennes signatures en France et d'une autre sur les lois puisées dans les écrits de Platon.

VI. Mémoires sur la révocation des donations pour survenance d'enfants. Paris, 1844, in-8, 21 pp. (Extrait du compte rendu de l'Académie des sciences morales et politiques).

VII. Mémoire sur la durée de la suspension de la prescription, lu à l'Académie des sciences morales et politiques, avril 1840, Paris, Langlois, 1841, in-8, 75 pp. Traduit en Italien par MM. Spaccapietra et Vignoli, sous ce titre : Memorie sopra la durata e la sospenzione della prescrizione. Bari, 1844, in-8, 73 pp.

VIII. Coup d'œil comparatif sur les lois civiles de la France et des Etats-Unis, surtout relativement à la prescription, Paris, 1844, in-8, 16 pp. (Extrait du Moniteur).

IX. Comparaison de la Charte grecque et de la Charte française, lue à l'Académie des sciences morales et politiques, le 18 janvier 1845. Paris, Joubert, 1845, in-8 de 12 pp. Extrait de la revue de droit français et étranger, tome II.

X. Réflexions et recherches sur le serment judiciaire, lues à l'Académie des sciences morales et politiques. Paris, Langlois, 1838, in-8, 38 pp. Extrait de la revue de législation et de jurisprudence, 1838, tome VIII. Ces réflexions ont été traduites en Italien par M. Spaccapietra, sous ce titre : Reflessioni e richerche sul giuramento guidiziaro. Napoli, 1839, in-8. (Il faut y joindre l'opuscule suivant de Berriat-Saint-Prix).

XI. Observations sur les remarques faites par M. Spaccapietra à la suite d'une traduction italienne d'un mémoire sur le serment judiciaire. Paris, Langlois, 1848, 40 pp.

XII. Cours de procédure civile. Grenoble, Allier, 1808-1810, 2 vol. in-8, de 572 pp.

  2ᵉ édition, Grenoble, Allier, 1811, 2 vol. in-8, de 633 p. p.
  3ᵉ édition, Paris,   Nève, 1813, 2 vol. in-8, de 672 p. p.
  4ᵉ édition, Paris,   Nève, 1821, 2 vol. in-8, de 800 p. p.
  5ᵉ édition, Paris,   Nève, 1825, 2 vol in-8, de 834 p. p.
  6ᵉ édition, Paris,   Nève, 1835, 2 vol. in-8, de 880 p. p.

Cette édition a été revue et annotée par un des fils de l'auteur, M. Félix Berriat Saint-Prix. Le cours de procédure a été traduit trois fois en italien. Palerme, Fr. Abate, 1823. 2 volumes in-8, sur la 3ᵉ édition ; Naples, Crisenola, 1825-1826, 2 vol. in-8, sur la 4ᵉ édition ; Naples-Tramater, 1826-1827, 2 vol. in-8, sur la 5ᵉ édition. Il a été contrefait en Belgique et traduit en allemand.

XIII. Mémoire sur la législation relative à la vente du mobilier des mineurs. Paris, Langlois, 1837, in-8, 23 pp. (Extrait du journal des avoués, tome LIII. Berriat Saint-Prix dans cet opuscule rapporte la conversation qu'il a eue avec l'Empereur).

XIV. Recherches sur le paupérisme, suivies d'observations sur la législation relative aux nullités des actes de procédure. (Mémoires de l'Académie des sciences morales et politiques). Tome IV, tiré à part. Paris, Didot, 1843, in-8, 60 pp.

XV. Cours de droit criminel fait à la faculté de droit de Grenoble. Grenoble, Vᵉ Peyronnard, 1817, in-8, 167 pp. 2ᵉ édition, Paris, Nève, 1821, 200 pp. Cette édition a été traduite deux fois en Italien, sous le titre de : Corso di diritto penale... de Giuseppe Malta, Napoli, 1824, in-8, et de Giuseppe Réservato, Palerme, Abbate, 1824, 2 vol. in-8, 3ᵉ édition. Paris, Nève, 1825, in-8, 216 pp. 4ᵉ édition, revue et annotée par le fils aîné de l'auteur, M. Charles Berriat Saint-Prix. Paris, Nève, 1836, in-8, 256 pp. 5ᵉ édition. Bruxelles, 1837, grand in-8 de 124 pp.

XVI. Recherches sur la législation criminelle et la légis

lation de police en Dauphiné au moyen-âge, suivie d'une notice sur le Président de Valbonnais et d'une description des repas d'Humbert II. Paris, Renouard, 1836, in-8, 67 pp. (Magasin encyclopédique de 1805, tome VI. La notice sur de Valbonnais, 1802, tome VI).

XVII. Comparaison approximative de la criminalité en France aux XVII et XIXᵉ siècles. Paris, Joubert, 1845, in-8, 15 pp. (Extrait de la Revue de droit français et étranger, tome 2ᵉ).

XVIII. Observations critiques sur une prétendue loi des Douze Tables, qui permettait aux créanciers de mettre en pièces le corps de leurs débiteurs. Paris, Didot, 1845, in-8 de 58 pp.

XIX. Observations sur le divorce et l'adoption, et sur l'usage ou l'abus qu'en faisaient les grandes familles à Rome, lues à l'Académie de Grenoble le 26 juillet 1803 et insérées dans le Magasin encyclopédique de 1814. — Refondues par l'auteur, elles ent été imprimées dans les Mémoires de la Société des antiquaires de France, tome X ; tirées à part, Paris, Duverger, 1833, in-8 de 58 pp. avec un tableau.

XX. Observations sur les traductions des lois romaines, lues en partie à l'Académie de Grenoble le 31 décembre 1806. Grenoble et Paris, 1807, in-8, 92 pp.

XXI. Observations sur les citations des auteurs profanes et surtout d'Homère dans les lois romaines. Paris, Langlois, 1839, in-8, 30 pp. (Extrait de la Revue étrangère et française de législation et d'économie politique. 2ᵒ série, tome XII, page 292 et suivantes).

Elle est la reproduction avec augmentation et correction d'une dissertation lue à l'Académie de Grenoble, le 14 juillet 1804, et insérée dans le Magasin encyclopédique de 1805. Tome V.

XXII. Histoire du droit romain, suivie de l'histoire de Cujas. Paris. Nève, 1821, in-8 de 620 pp. Elle a été traduite en italien sous le titre de : Storia del dritto Romano volgarizetto de Giuseppe del Re Napoli, 1823, in-8, puis contrefaite en partie à Bruxelles sous ce titre ? Traduction de la deuxième partie de l'histoire de Cujas. Bruxelles, 1822, in-8 (critiques par M. Rossi dans les Annales de législation et de jurisprudence de Genève, tome II, et par M. Taillandier, Revue encyclopédique, tome XII). Cet ouvrage, recherché en Allemagne, a été traduit sous le titre suivant : Jacob Cujas und seine Zeitgnossen von Ernest Spanzenberg. Leipzig, 1822, in-8. La dissertation sur cette question : Cujas fut-il refusé sur la demande qu'il fit d'une chaire de professeur à Toulouse, a été insérée dans la Thémis, tome I, et tiré à part. Paris, 1820, in-8, 34 pp. — La polémique, que Berriat Saint-Prix soutint contre M. Benech, donna naissance aux opuscules ci-après : Cujas et Toulouse, par M. Benech. Toulouse, 1841, in-8, 150 pp. — Lettre de Berriat Saint-Prix à M. Valette au sujet de l'écrit de M. Benech. Paris, Joubert, 1842, in-8 de 15 pp. (Extrait de la Revue Félix, tome IX). Réplique : Nouvelles observations sur l'échec essayé par Cujas lorsqu'il se présenta pour une chaire de droit civil à Toulouse, par Berriat Saint-Prix. Paris, Videcoq, 1842, in-8, 15 pp.

XXIII. Lettre aux rédacteurs de la Thémis à l'occasion d'un article de M. de Savigny sur l'histoire de Cujas. Paris, David, 1821, in-8, 10 pp.

XXIV. Observations avec M. Longueville sur la dissertation de M. Biener relative à l'usage que Cujas a fait des Basiliques (Thémis, tome X). Tirées à part. De Plassan, 1829, in-8, 49 pp.

XXV. Analyse d'un opuscule de Ciampo : Novum examen Loci Liviani. Thémis, tome IV, 1824.

XXVI. Sur un recueil d'opuscules de M. Macieiowski (Thémis, tome VI, 1824).

XXVII. Discours sur les vices du langage judiciaire prononcé à la séance de clôture de l'école de droit de Grenoble en 1807. Paris, Pain, 1835, in 8, 28 pp. Magasin encyclopédique, 1809. Journal des Avoués, tome XLIX). Tiré à part. Paris, Dufour, 1809, in-8, 40 pp.

XXVIII. Coup d'œil sur l'emploi de la langue latine dans les actes anciens sur sa prohibition au XVIᵉ siècle. Paris, Schmit, sans date, in-8, 24 pp. (Tome VI des Mémoires de la Société des Antiquaires de France).

XXIX. Rapport de recherches sur les procès et jugements relatifs aux animaux (Mémoire de la Société des Antiquaires de France, tome VIII). Tiré à part. Paris, Selligue, 1824, in-8, 47 pp. avec un tableau (Le premier jet de ce Mémoire avait paru dans la Thémis, tome I.

XXX. Coup d'œil sur les violences exercées jadis contre les huissiers et sergents. Paris, Duverger, 1835, in-8, 20 pp. (Mémoires de la Société des Antiquaires de France, Tome XI).

XXXI. Recherches sur la législation et l'histoire des barbiers-chirurgiens. Paris, Langlois, 1837, in-8, 40 pp. (Mémoires de la Société des Antiquaires de France, tome XIII et Gazette médicale du 9 nov. 1837).

XXXII. Mémoire sur le remboursement des rentes et sur l'indemnité due aux rentiers du XVIᵉ siècle. Paris, Langlois, 1837, in-8, 64 pp.

XXXIII. Remarques sur les collections générales de jurisprudence et principalement sur le répertoire de Merlin (Moniteur du 19 septembre 1811).

XXXIV. Notice sur la nouvelle édition de Cochin, précédée d'un coup d'œil sur la méthode des orateurs français au XVIᵉ et au XVIIᵉ siècles. Paris, David, 1823, in-8, 15 pp. (Cette notice, lue à la Société royale des antiquaires de France, a été insérée dans la Thémis, tome Iᵉʳ).

XXXV. Rapport sur plusieurs ouvrages de M. Pellat. Paris, Thorel, 1843, in-8, 7 pp. (Revue Fœlix, 3ᵉ série, tome Iᵉʳ).

XXXVI. Remarques sur l'origine du ministère public en France, in-8, 12 pp. (Moniteur universel du 27 août 1842.

XXXVII. Lettre sur la question de savoir si le jour a quo doit être compté dans un délai légal. Paris, Fromentin, 1843, in-8, 11 pp. (Journal criminel de Morin, 1843. Revue de droit de Bruxelles, tome VI).

XXXVIII. Rapport sur l'ouvrage de M. Bayle-Mouillard, études sur l'histoire du droit en Auvergne (Compte rendu de l'Académie des sciences morales et politiques).

XXXIX. Statut relatif à l'exécution sur la personne des débiteurs à Toulouse dans le moyen âge (Revue Fœlix, 1843, tome III).

XL. Rapport sur l'édition du Traité des personnes de Proudhon, publié par M. Valette (Revue Fœlix, 2ᵉ série, tome Iᵉʳ).

XLI. Remarques sur le mémoire de M. Fayet, relatif à l'état intellectuel des accusés (Moniteur universel du 15 mars 1844).

§ 2ᵉ. Economie politique. — Statistique. — Industrie.

XLII. Discours d'ouverture d'un cours d'économie politique prononcé à l'Ecole centrale de l'Isère, le 14 février 1800 (Mémoires d'économie politique de Rœderer, tome Iᵉʳ). Tiré à part, in-8, 28 pp.

XLIII. Mémoire sur les progrès de la population de la France et en particulier de la ville de Grenoble pendant la Révolution, lu à l'académie de Grenoble, le 24 juin 1800 (Annales de statistique française et étrangère, tome VII).

XLIV. Programme d'un prix proposé par la Société des sciences de Grenoble pour la statistique de l'Isère (Annales de statistique de l'an XII, tome VIII).

XLV. Recherches sur le paupérisme en France (Mémoires de l'Académie des sciences morales et politiques, tome IV).

XLVI. Mémoire sur le peignage du chanvre tel qu'il se pratique à Grenoble (Annales de l'Isère de l'an XI et bibliothèque commerciale de Peuchet, tome XI).

XLVII. Mémoire sur la filature à froid, lu à l'Académie de Grenoble, le 20 octobre 1796 (Magasin encyclopédique, 2ᵉ année, tome IV).

XLVIII. Mémoire sur le plâtre considéré comme engrais, lu á l'académie de Grenoble, le 21 février 1800 (Annales de l'agriculture, par de Tessier, tome XI).

XLIX. Mémoire sur les engrais tirés des immondices et des latrines de la ville de Grenoble, lu á l'Académie de cette ville, le 8 février 1803 (Annales de l'Isère, 1808). Tiré à part. Grenoble, Allier, 1808, in-8, 23 pp.

L. Rapport sur le Tavogliere de Puglia, de M. Romonazzo, fait à l'Académie des sciences morales et politiques, le 2 novembre 1844. Paris, Lacour, in-8, 8 pp.

LI. Observations relatives à des recherches sur Mulhouse (Compte rendu de l'Académie des sciences morales et politiques, tome IV).

§ 3e. Littérature.

LII. Discours sur les jouissances des gens de lettres. Grenoble et Paris, 1807, in-8, 38 pp.

LIII. Dissertation sur la signification du verbe imposer (Mémoires de l'athénée de la langue française, tome Ier).

LIV. L'amour et la philosophie. Paris, Lavillette, 1801, 5 vol. in-12 ; rare. Il y a des exemplaires sur grand papier (Bibliothèque de Grenoble. 17,548).

LV. Œuvres de Boileau, collationnées sur les anciennes éditions et sur les manuscrits, avec des notes historiques et littéraires et des recherches sur sa vie, sa famille et ses ouvrages, et une notice bibliographique des diverses éditions, au nombre de 350. Paris, Langlois-Delaunay, 1830-1834. 4 vol. in-4, et avec un nouveau titre. Paris, Philippe, 1837, 4 vol. in-8[1].

LVI. Observations sur un vers de la cinquième satire de Boileau, lues à l'Académie française, le 7 février 1840, in-8, 12 pp. (Moniteur universel du 1er juillet 1843).

---

[1] Cette édition n'a rien de remarquable sous le rapport typographique, mais elle se distingue de toutes celles qui l'ont précédée, par un ensemble plus complet de recherches minutieuses, de renseignements nouveaux et de pièces inédites.

§ 4°. Histoire.

LVII. Annibal á Carthage après la bataille de Zama, fragment lu à l'Académie de Grenoble, le 6 septembre 1805. Paris, Delarue, 1806, in-8, 48 pp. (Magasin encyclopédique, 1806, tome VI).

LVIII. Jeanne d'Arc ou coup d'œil sur les révolutions de France, au temps de Charles VI et de Charles VII et surtout de la Pucelle d'Orléans, avec un itinéraire exact des expéditions de Jeanne d'Arc. Paris. Pillet, 1807, in-8, vide un article de Danou dans le journal des savants. numéro de novembre 1847 et Journal encyclopédique de Millin, 1818, page 362, article signé M. B.

LIX. Lettre de Jeanne d'Arc, (Echo du monde savant, 12 mai 1844).

LX. Observations sur plusieurs lettres inédites de François et Henri, ducs de Guise. Paris, Smith, 1822, in-8, 40 pp. (Extrait des mémoires de la société royale des antiquaires de France, tome IV).

LXI. Recherches sur une réponse attribuée à Sully, et remarques sur quelques lettres inédites de ce ministre. Paris, Smith, 1825, in-8, 32 pp. (Extrait des mémoires de la société des antiquaires de France, tome VII).

LXII. Examen historique du tableau de Girard représentant l'entrée d'Henri IV à Paris, avec des recherches sur cet événement mémorable. Paris, Langlois, 1839, in-8, 80 pp.

LXIII. Supplément au récit fait par Chorier des désordres qui accompagnèrent en 1562 l'occupation de Grenoble par les protestants. Paris, Langlois, 1838, in-8, de 36 pp. (Extrait des mémoires de la société des antiquaires de France, tome XIV).

LXIV. Annuaire statistique ou almanach général du département de l'Isère pour les ans IX à XI. Grenoble, Allier, ans IX à XII, 4 vol. in-16.

. LXV. Notice sur diverses contrées du département de

l'Isère connues sous un nom spécial.Grenoble, Allier,1810, in-8, 15 pp. avec M. Champollion-Figeac.

LXVI. Rapport sur les antiquités et les bains d'Uriage près Grenoble (Mémoires de la société des antiquaires de France, 1828.Tome 8, tiré à part. Imp. Selligne, 1828, in-8, de 8 pp.

LXVII. Saint-Gervais (Album du Dauphiné, tome IV.

LXVIII. Fragments divers de la statistique de l'Isère, 1808-1809. Peyronnard, in-8, 73 pp.

§ 5°. Histoire littéraire.

LXIX. Notice sur les tables d'Avièrus (Journal de la librairie, 1820).

LXX. Remarques sur les anciens jeux des mystères, faites à l'occasion de deux délibérations inédites prises par le conseil de ville de Grenoble en 1535 relativement à l'un de ces jeux. Paris, Smith 1823, in-8, 52 pp. ; (5ᵉ vol. des mémoires de la société royale des antiquaires de France).

LXXI. Histoire de l'ancienne université de Grenoble. Paris, Smith, 1820, in-8, 64 pp. (Tome III des mémoires de la société royale des antiquaires de France).2ᵉ édition,insérée dans le tome V de la Revue du Dauphiné. Valence et Paris 1839, in-8, 60 pp.

LXXII. Notice sur Julius Pacius à Beriga, jurisconsulte et philosophe des XVIᵉ et XVIIᵉ siècles. Paris, Langlois, 1840, in-8, 30 pp. ; extrait de la revue étrangère et française de législation de M. Fœlix.

LXXIII. Remarques et recherches sur Massillon, d'Alembert et La Harpe. (Magasin encyclopédique.1811,tome III), tiré à part. Paris, Sajou, 1811, in-8, 30 pp.

LXXIV. Eloge historique de M. Mounier,conseiller d'Etat. Grenoble et Paris, 1806, in-8, 70 pp.

LXXV. Notice historique sur Pierre Liotard, botaniste, lue à l'académie de Grenoble,les 6 et 17 août 1799. (Magasin encyclopédique, tome XI ; en partie dans les siècles littéraires de Dessarts et dans le dictionnaire historique de Chaudon et de Delaudine).

LXXVI. Discours prononcé aux funérailles de M. Le baron Giraudo le 14 novembre 1842. Paris, Renouard, 1842, in-8.

LXXVII. Funérailles de M. Villiam Edwards, Versailles, le 26 juillet 1842. Paris, Renouard, 1842, in-8.

LXXVIII. Ouvrages divers de J. B. S. P. Renouard, in-8, xiij pp. (Liste des ouvrages de Berriat à l'occasion de sa candidature à l'Institut) juin 1837.

LXXIX. Notice d'un manuscrit original de la bibliothèque de Grenoble, contenant les poésies d'Antoine Assezan (Magasin encyclopédique 1802, tome I). Cette notice revue et reproduite dans l'histoire de Jeanne d'Arc.

LXXX. Observations sur Domat et Cujas, in-8, 12 pp. ; (extrait du compte rendu des mémoires de l'Académie des sciences morales et politiques, tome III).

§ 6e. Mémoire et factums.

LXXXI. Réponse pour les frères Colinet-Grange. Grenoble, Peyronnard, 1810 in-8, 28 pp.

LXXXII. Résumé et moyens pour la commune de Saint-Maurice (Isère). Grenoble. Allier, 1812, in-4, de 36 pp. et in-8, 71 et 74 pp.

LXXXIII. Observations pour la même commune, 1812, 12 et 19 pp.

LXXXIV. Précis pour Antoine Toulon. Grenoble, Allier, 1814, in-4, de 20 pp.

LXXXV. Mémoire pour les héritiers Magnificat. Grenoble, Allier, 1817, in-4, 158 pp.

LXXXVI. Mémoire sur le curé Dideron. Grenoble, 1817, in-4, 56 pp.

LXXXVII. Mémoire pour la commune de Saint-Gervais. Grenoble, Peyronnard, 1818, in-4, 74 pp., avec un plan.

§ 7e. **Manuscrits.**

I. Paratitles ou sommaires de ce qui est contenu dans chaque titre du Code et du Digeste (Traduits de Cujas, 1788, petit in-folio;

II. Opuscule écrit peu de jours après la journée des tuiles à Grenoble en juin 1788 et signé Jacques Berriat Saint-Prix, bachelier en droit;

III. Cours de législation, tomes III et IV. Le dernier volume s'arrête au titre II, Livre 3 du Code civil ;

IV. Dictionnaire universel de droit ou nouveau Ferrière allant de la lettre A á la lettre B. 1800. 2 volumes in-4°;

V. Consultation sur le droit civil, la procédure, le droit criminel, 1800-1805. 4 volumes in-4°;

VI. Statistique de l'Isère, 2 vol. in-4° (c'est cet ouvrage qui sous le voile de l'anonyme avait remporté le prix proposé par la société des sciences de Grenoble en l'an XII (Vide § II n° XLIV, et 4 n° LVIII.

VII. Histoire du 7 mars 1815 ou mémoire sur le passage de Napoléon Ier à Grenoble en 1815 (Vide, § 1 n° XIII.)

VIII. Mémoires et rapports inédits, lus á l'Académie des sciences morales et politiques de 1842 à 1845, sur le pénitencier de Tours ; sur l'histoire du cartésianisme, sur le repentir en matière criminelle ; sur les lois de la France et de l'Angleterre relatives au droit de grâce ; sur le traité des assurances de M. Alauzet, lu le 25 septembre 1845, six jours avant sa mort.

IX. L'amour et le bel esprit. Comédie en deux actes et en prose, 1802.

X. Les médecins du village, comédie vaudeville en deux actes.

ERRATA

Page 3, ligne 4, il faut : *eussent* été mieux en relief.

Page 20, note 1, il faut regum *flexit*.

Page 75, ligne 7, il faut : Didacus *Mevia*.

Page 99, ligne 28, il faut : *ridendas*.

Page 150, note, il faut : vers 221, ce n'est pas Boirude, mais Syreulde, le sacristain de la Sainte-Chapelle, qui portait ordinairement la croix ou la bannière aux processions. Vers 222, *paraître* s'écrivait *paroître* et se prononçait comme nous l'écrivons aujourd'hui.

TABLE DES MATIÈRES

—

Laval, imp. et stér. E. JAMIN, 41, rue de la Paix.